Carolin Wahl

STAAT X

WIR HABEN DIE MACHT!

Für meinen Mann,
denn ohne ihn würde es diese Geschichte nicht geben.

ISBN 978-3-7432-0230-6
1. Auflage 2019
© 2019 Loewe Verlag GmbH, Bindlach
Umschlagfotos: © dailin/Shutterstock.com,
© YanLev/Shutterstock.com
Umschlaggestaltung: Jessica Szczepanek
Redaktion: Sarah Braun
Printed in the EU

www.loewe-verlag.de

PROLOG

Jeder Mensch hat in unserem Staat
das Recht in Würde, Frieden und Freiheit zu leben.
Grundrecht, Staat X.

Luft. Ich brauche Luft!

Verzweifelt versuchte Lara, ihre Lunge mit Sauerstoff zu füllen. Es war, als hätten sich zwei Gewichte auf ihre Schultern gelegt, um sie tiefer ins Wasser zu drücken.

Immer wieder suchten ihre Finger nach dem Beckenrand, doch ihr unbekannter Angreifer war stärker. Zielstrebiger. Tödlicher.

Laras Gedanken überschlugen sich. Sie machte eine Drehung unter Wasser, stieß sich vom Rand ab. Der unerwartete Angriff hatte ihr die Luft aus der Lunge gepresst, zu viel Luft.

Vierzig Sekunden unter Wasser. Vielleicht etwas mehr. Und doch dehnte sich die Zeit für einen kurzen Moment, ließ jedes Gefühl und jede Emotion zu.

Ich hätte mich einfach an die Regeln halten sollen, schoss es Lara durch den Kopf. Es gab nur eine Erklärung. *Sie* waren auf ihre Recherchen über Staat X gestoßen. Und *sie* würden alles dafür tun, um sie zum Schweigen zu bringen.

Laras Nägel bohrten sich in die Haut ihres Angreifers. Es musste verdammt schmerzhaft sein. Doch die Genugtuung hielt nicht lange an. Über ihrem Kopf tanzten Lichter, Sterne, die sich durch die Glasfront des Schwimmbads kämpften.

Das Wasser zeichnete die Konturen des Gesichts ihres Angreifers weicher. Ließ es verschwimmen. Es kam ihr vertraut vor. Zu vertraut. Ihr Herz machte einen entsetzten Satz.

Ein Name zuckte durch ihren Kopf, Verzweiflung machte sich in ihr breit. Nein, *er* konnte es nicht sein. Allen hätte sie es zugetraut. Nur nicht *ihm*.

Ihre Lunge blähte sich auf. Ihre Glieder wurden schwer. Schwärze umnebelte ihren Geist.

Dunkelheit.

Und das Nichts.

ADRIAN

Es geht los. #StaatX

Gedankenverloren scrollte Adrian durch die Posts auf seinem Smartphone, die mit dem Hashtag des Schulprojekts versehen waren. Die allgemeine Euphorie hatte sich auf die sozialen Medien ausgebreitet, doch es gab nicht viel Neues. Das Profilbild eines Mädchens mit hellblonden Haaren, die in zwei auffällige Knoten gebunden waren, ließ ihn innehalten. Olga. Melinas beste Freundin. Automatisch öffnete Adrian Olgas Profil und entdeckte ein Foto, das Melina zeigte. Auf einer Tischtennisplatte sitzend, die Nase in einem Buch vergraben.

Adrian spürte, wie sich sein Brustkorb zusammenschnürte, doch er schaffte es nicht, den Blick von dem katzenhaften Augenpaar abzuwenden, das etwas in ihm auslöste.

Sehnsucht. Das war es.

Ich bin ein Idiot.

Seufzend schloss Adrian die App.

Es war beinahe Montag und *er* war noch nicht von seiner wichtigen Geschäftsreise zurückgekehrt.

Adrian lauschte in das tiefe Schweigen des Hauses hinein, einen Arm hinter den Kopf gestützt. Sein Blick fiel auf den tickenden Zeiger der schwarzen IKEA-Uhr, die über dem Türrahmen hing und vom Mondlicht beschienen wurde. Mit jeder Sekunde staute sich Hilflosigkeit in ihm an, weil er viel zu genau wusste, was jede weitere Sekunde zu bedeuten hatte.

Zu oft hatte Adrian überlegt, was der Grund dafür war. Warum sein Vater sich stärker, größer, männlicher fühlen musste. Warum er nicht aufhörte, bis Adrians Mutter seinen Namen wimmerte, versuchte, den Nebel zu durchdringen, der den Geist ihres Mannes verblendete.

Er war wieder da.

Adrian hörte den Schlüssel im Schloss, das unterdrückte Fluchen, als Messing auf dem Boden aufschlug, weil sein Vater es hasste, wenn ihm die Dinge englitten, wenn er die Kontrolle verlor. Vielleicht war es die einzige Ähnlichkeit, die sie miteinander teilten. Vielleicht waren es auch mehr.

Die Schritte waren lauernd, als wäre sein Vater auf der Jagd, auf der Suche nach seiner nächsten Beute. Dann wurden seine Schritte zu einem tiefen Grollen wie das Donnern eines Sommergewitters, kurz, bevor es sich in all seiner Gewalt entlud.

Adrian ballte die Hände zu Fäusten. Sein Vater gab sich nicht einmal Mühe, seine Absichten zu verbergen. Er war gekommen, um zu zerstören.

»Judith. Das Essen steht nicht auf dem Tisch.«

Herablassend, ohne auch nur einen einzigen Gedanken an die Gefühle der anderen Person zu verschwenden. Tatsächlich war die einzige Person, die im Universum seines Vaters existierte, er selbst.

Es war ihm einfach scheißegal, zu welcher Uhrzeit seine Frau für ihre Frühschicht im Krankenhaus aufstehen musste.

Trommelnd schlugen seine Schritte auf der Treppe auf.

»Adrian.«

Der Klang seines Namens ließ ihn aufschrecken und noch bevor er darüber nachdenken konnte, stand er bereits im Flur. In Boxershorts und mit nacktem Oberkörper. Innerlich stieß er einen Fluch aus, sobald er seinen Vater erblickte.

Eine Hand am Türrahmen des Elternschlafzimmers, der Ehering glänzte matt im Licht, die Ränder waren verblasst, ebenso wie sein Eheversprechen. Obwohl Adrian ihn mittlerweile beinahe überragte, wirkte er wie ein Riese aus Stein. In den Anzug gemauert, die Aktentasche unter dem Arm, das Gesicht glatt gebügelt mit winzigen Altersfalten um die Augen, die aussahen wie Adrians, nur ganz anders.

Wie ein Laserstrahl glitt sein Blick über seinen Sohn hinweg.

»Du bist tatsächlich zu Hause. Was für eine Überraschung. Und, bist du Präsident von Schule als Staat geworden?«

»Staat X«, murmelte Adrian.

»Was?«

»Ach, egal.« Adrian zwang sich, den Blick nicht abzuwenden, denn damit hätte er Schwäche offenbart. Er zögerte, nur einen winzigen Sekundenbruchteil. »Das ist noch nicht entschieden.«

Sein Vater verzog höhnisch den Mund. »Natürlich nicht.

Es würde mich nicht wundern, wenn du bereits in der ersten Runde ausscheidest.«

Wortlos wandte sich sein Vater um, doch die Enttäuschung hatte sich in dessen Gesicht gegraben.

»Mama schläft schon.« Geflüstert, um sie nicht zu wecken.

Mit verengten Augen drehte sich sein Vater wieder um. »Ich habe die letzten zwei Wochen durchgearbeitet, habe gerade fünf Stunden im Zug gesessen.« Erste Klasse. »Das Einzige, was ich erwarte, ist ein fertiges Essen, wenn ich nach Hause komme. Ist das zu viel verlangt?«

Du hättest auch unterwegs essen können, dachte Adrian, doch verkniff sich eine Antwort. Ebenso ließ er die Tatsache unerwähnt, dass seine Mutter in vier Stunden aufstehen musste.

Irgendetwas in Adrians Gesicht ließ seinen Vater innehalten. Grollend machte er einen Schritt auf ihn zu, baute sich wie ein Turm vor ihm auf, bis Adrian das Gefühl hatte, wieder so klein zu sein wie an jenem Tag, als er Melina verloren hatte. Wie in all den Jahren zuvor, in denen es nur sein Versagen gegeben hatte.

Du bist ein Niemand.

Das wirst du auch immer bleiben, wenn du dich nicht endlich mehr anstrengst.

»Du musst es nicht aussprechen, Adrian, ich kann dir deine Gedanken ansehen. Aber es ist eine große Enttäuschung, dass mein eigener Sohn nicht erkennt, was ich alles auf mich nehme, damit es uns gut geht.«

Die Ader in seiner Stirn pulsierte im Licht der Flurlampe, etwas, das ihm eigentlich nicht ähnlich sah, denn normalerweise konnte ihn nichts aus der Ruhe bringen.

»Sie schläft.« Halbherzig.

»Sie kann auch tagsüber schlafen.« Steinworte.

»Sie muss in vier Stunden aufstehen.«

»Das muss ich auch. Und im Gegensatz zu deiner Mutter habe ich einen Unternehmensverkauf vor mir, von dem viele Arbeitsplätze abhängen. Meine Arbeitszeit ist kostbar. Meine Erholung ebenso.«

Ich. Ich. Ich.

»Was ist denn los?«

Die Tür zum Schlafzimmer sprang auf. Adrian fuhr herum. Wie ein wirres Vogelnest türmte sich das braune Haar auf dem Kopf seiner Mutter, während die dunklen Halbmonde um ihre Augen sie viel älter erscheinen ließen, als sie eigentlich war. Sie wirkte so zerbrechlich, hungrig nach Schlaf.

»Ich wollte nur wissen, warum das Essen nicht fertig ist. Aber das konnte Adrian nicht nachvollziehen.«

Der müde Ausdruck in ihrem Gesicht wich Entsetzen. »Das Essen!«

Ihre Schritte verloren sich auf der großen Wendeltreppe und Adrian erhaschte noch einen letzten Blick auf ihren sandfarbenen Bademantel. Das eiserne Schweigen seines Vaters drang in seine Brust und insgeheim wusste er bereits, was nun folgen würde. Was immer folgte, wenn sein Vater enttäuscht war.

Die Strafe: Nichtachtung.

Als Kind hatte Adrian um seine Aufmerksamkeit gebettelt, erst leise, dann laut. Doch es hatte nicht funktioniert. Es hatte nie gereicht. Es war nie genug gewesen.

Sein Vater wandte sich ab. Die Audienz war beendet.

Schweigend sah Adrian ihm hinterher, als er die Treppe herabschritt. Was zurückblieb, war eine seltsame Stille in ihm.

Die Tür zu Tammies Zimmer schwang auf. In dem Gesicht seiner Schwester standen dieselben Gefühle, die auch in ihm tobten.

»Du hast es wenigstens versucht.«

Ihre geflüsterten Worte wurden vom Öffnen und Schließen der Küchenschränke verschluckt.

Adrian schüttelte den Kopf und drehte sich um, spürte dabei den Blick seiner Schwester im Nacken.

In seinem Zimmer war es dunkel. Nur das Handy leuchtete auf. Sechs neue Nachrichten. Drei von Felix, belanglos. Zwei von Kemal.

Schon gepackt?
Und bist du nervös wegen der Wahl zum Präsidenten?

Verdammt. Seine Gedanken waren überall, nur nicht bei Staat X. Das würde sich spätestens morgen ändern, wenn das Projekt endlich losging.

Adrian wusste nicht, was er seinen Freunden antworten sollte, also ignorierte er ihre Nachrichten. Bevor er das Handy weglegte, starrte er noch ein letztes Mal auf das Bild von Melina und fragte sich einmal mehr, warum ihn die ganze Schule wie einen Helden feierte, wenn er sich in Wirklichkeit wie ein Feigling fühlte.

VINCENT

Es roch nach Rosen. Vielen Rosen. So intensiv, dass Vincent sich einmal mehr fragte, ob vier Duftkerzen ihren Zweck vielleicht nicht etwas übererfüllten. Wenigstens dachte man nicht an Joints, wenn man sein Zimmer betrat, sondern eher an einen Wellnesstempel.

Auf Vincents Handy ploppte eine Push-Nachricht von der eigens für Staat X entwickelten App auf. Genervt scrollte er durch den Inhalt, der daran erinnerte, dass morgen der Präsident gewählt werden und das Projekt endlich losgehen würde. Kurz ärgerte er sich, die Push-Funktion nicht ausgeschaltet zu haben, denn er hatte durch seine Unaufmerksamkeit den Absprung in *Fortnite* verpasst. Dabei fiel ihm ein Kästchen am oberen Rand des Bildschirms ins Auge.

Vincent Wehrmann, 178. Mitglied von Staat X, Polizist.

Vincent pausierte das Spiel und öffnete die Nachricht.

Da stand es. Schwarz auf weiß. Man hatte ihn also nicht arbeitslos gemeldet, sondern der Polizei zugeteilt.

Er und Polizist.

Adam und Pavel würden sich totlachen.

Kurz darauf war er wieder in sein Spiel vertieft, so lange, bis er links von sich eine Bewegung wahrnahm. Für gewöhnlich reichte es aus, möglichst konzentriert auf den Bildschirm zu schauen. Manchmal halfen auch die übergroßen Kopfhörer, die Vincents Umgebung zum Schweigen brachten und aus denen wütender Hip-Hop bellte. So wie jetzt.

Doch dieses Mal konnte er seinen Vater nicht so einfach abwimmeln. Er stand in der Tür, keine vier Schritte von Vincents Schreibtisch entfernt, und doch trennten sie Welten. Die dürren Arme vor der Brust verschränkt. Sein Gesicht vom Leben gezeichnet, von dem, was ihn altern und seinen Sohn erwachsen werden ließ. Obwohl sein Vater sich nicht bewegte, spürte Vincent seine Anwesenheit, spürte, wie er ihn beobachtete, sich fragte, wer die schweigende Mauer zwischen ihnen errichtet hatte.

Sofort versteifte Vincent sich. Mumu, seine Katze, lag zusammengerollt auf dem kleinen Ecksofa, ruhig und entspannt, als würde sie die aufgeladene Atmosphäre nicht bemerken. Mumu hieß eigentlich nicht Mumu, sondern Blümchen. Aber es gab so Momente, bei denen eins zum anderen führte, und jetzt hörte sich Blümchen irgendwie falsch an.

Vincents Finger tippten die Tastenkombinationen nicht mehr präzise, sondern fahrig. Das Spiel auf dem Bildschirm verschwamm vor seinen Augen.

Er schoss daneben. Ein Mal. Zwei Mal.

Headshot.

Er war tot. Und sein Gegner vollführte einen dämlichen Freudentanz.

Dann, endlich, löste sich sein Vater aus der Starre und kam auf ihn zu. Er blieb direkt neben Vincent stehen und sah auf ihn herab. Sein Anblick war vertraut und zugleich fremd und die Sehnsucht nach einer Berührung stieg unverhofft in Vincent auf. Also wandte er sich wieder dem flimmernden Bildschirm zu.

Aus den Augenwinkeln sah er, wie sich die Lippen seines Vaters bewegten. Vincents Miene blieb starr und ausdruckslos, denn die Worte wurden von seinen Kopfhörern geschluckt. Sie verschwanden. Und hatten keine Bedeutung.

»Was?«

Vincent stülpte die Kopfhörer von den Ohren und tauchte nach einer gefühlten Ewigkeit wieder in der Realität auf. *Machine Gun Kelly* klang wie ein Echo in seinem Zimmer nach. Mumu streckte sich.

»Ich habe dich gefragt, ob du Lust hast, eine Pizza zu bestellen.«

»Pizza.« Es klang wie Scheiße.

Vincents Vater fuhr sich mit einer Hand übers Gesicht. Alt. Er sah alt aus. »Wir haben früher immer samstags Pizza bestellt und uns einen Film angesehen. Meistens einen, für den du noch viel zu jung warst. Du hast immer Adam und Pavel davon erzählt. *Lethal Weapon*. Erinnerst du dich?«

Er erinnerte sich. An alles.

»Ich bin keine zwölf mehr. Ich bin zu alt, um mich mit meinem Vater auf die Couch zu kuscheln und mir irgendwelche Filme anzusehen.«

»Ich weiß, das meine ich auch nicht. Ich … ich bin nicht besonders gut darin, die Dinge anzusprechen, Vincent. Aber ich habe das Gefühl, dass wir uns voneinander entfernt haben. Und heute ist doch der letzte Abend, bevor du eine Woche in der Schule übernachtest. Ich dachte … ich dachte einfach, dass wir den Abend gemeinsam verbringen könnten.«

Vincents Herz blutete bei diesen Worten, doch sein Blick blieb hart. Zu oft hatte sein Vater ihn übersehen. Zu oft seine ausgestreckte Hand ignoriert, wenn er sehnsuchtsvoll vor dem dunklen Schlafzimmer gestanden und Hilfe suchend seinen Namen geflüstert hatte. Die Nächte waren lang gewesen. Insbesondere nach dem Tod seiner Mutter.

Vincent ballte unter dem Schreibtisch die Hand zu einer Faust. Immer und immer wieder hatte sein Vater seine Hoffnung auf gemeinsame Zeit mit einem flüchtig dahingesagten Satz zerstört und dabei nicht einmal bemerkt, wie ein weiteres Stück seines Sohnes zerbrach.

»Ich penne heute bei Adam. Wir wollen noch ein bisschen zocken.« Das war gelogen. Er musste noch packen.

Sein Vater sah auf die Uhr über der kleinen Couch. 21.11 Uhr. Vielleicht fragte er sich, ob er strenger sein und ihm das Weggehen verbieten sollte. Aber Vincent war siebzehn. In vier Monaten volljährig. Und in einem Jahr raus aus der Bude. Dann würde dieses Zimmer nicht mehr als eine blasse Erinnerung an seinen Sohn darstellen.

»In Ordnung.« Sein Vater räusperte sich. »Wie du meinst. Sag mir Bescheid, falls du deine Meinung änderst.«

Ein unscheinbares Nicken, dann drehte er sich um und ging

aus dem Raum. Dabei fiel Vincent die lichte Stelle an seinem Hinterkopf auf. Und seine hängenden Schultern.

Vincent dachte daran, wie sein Vater ihn früher auf seinen Schultern getragen und er seine Arme um dessen Hals geschlungen hatte. *Äffchen, du bist mein Äffchen.* Vincent dachte daran, wie sie gemeinsam über die Wiese gerannt waren, während die Sonne über ihnen gelacht hatte. Ma hatte mit einem Strahlen im Gesicht am Straßenrand gestanden, sie war die Sonne und er das Äffchen. Sie hatten um die Wette gegrinst – albern und gelöst.

Damals war er sein Sohn gewesen.

Nein.

Er war immer noch sein Sohn.

»Warte.« Mit zwei Klicks war das Spiel beendet. Er stand auf.

Sein Vater drehte sich in der Tür um. Hoffnung schimmerte auf seinem Gesicht, dieselbe Hoffnung, die Vincent immer gehabt hatte. Er spürte plötzlich ein Brennen in seiner Kehle, doch er verdrängte es.

Nicht heulen. Nicht jetzt.

»Ich sage Adam ab. Ich muss sowieso noch packen. Lass uns *Lethal Weapon* schauen. Aber den zweiten Teil. Den ersten kenne ich in- und auswendig.«

Sein Vater lächelte. So anders und so vertraut.

Vincent grinste zurück. Vielleicht zum ersten Mal seit einigen Monaten.

Am nächsten Morgen fühlte sich Vincent beschissen. Nachdem sein Vater gestern auf der Couch eingeschlafen war, hatte er sich noch einen Joint gedreht. Ein letztes Mal Freiheit. Über die

Stränge schlagen, loslassen – bevor sich die Türen der Schule schlossen und sie für eine Woche einen funktionierenden Staat nachahmen würden. Mit Regeln. Konsequenzen. Verantwortung.

Als er sich die Kapuze seines Hoodies übergezogen hatte und noch einen Blick in den Spiegel warf, musste er unweigerlich an Adams Mantra denken.

Kein Problem. Man sieht nie, dass du gekifft hast. Na klar. Vincent sah aus, als wollte er zum Casting eines Zombiefilms gehen.

Der Duft von Kaffee lag in der Luft, als er die Zimmertür öffnete und in den kleinen Flur der Dreizimmerwohnung trat. Die große gepackte Sporttasche stellte er an die Haustür.

In der Küche fand Vincent ein gelbes Post-it auf der Kaffeekanne. Die Schrift war genauso unbeholfen wie ihr Inhalt:

> *Frisch gebrüht.*
> *Viel Spaß bei deinem Schulprojekt!*
> *Vielleicht finden wir ja bald mal Zeit*
> *für Teil 3 von* Lethal Weapon.
> *Papa*

Vincent kippte eine Tasse Kaffee herunter, schwarz und ohne Zucker. Mit schweren Schritten schlurfte er aus der Küche, vorbei an dem silber gerahmten Gesicht seiner Mutter auf den Stufen eines Tempels in Hongkong. Treppe runter, zur Haustür hinaus. Die Türkin vom Ein-Euro-Shop nickte ihm zur Begrüßung zu, während sie die Auslagen nach draußen schob. Manchmal, wenn ihr Mann nicht da war, schenkte Vincent ihr Zigaretten.

Adam und Pavel standen schon vor den Schultoren, den Hintern auf ihrem Koffer geparkt. Pavel gab sich ausgiebig seiner Nikotinsucht hin, doch Adam war für so was zu gesund.

»Na? Lebst du noch?« Adam grinste Vincent von der Seite an, als würde ihm jeden Morgen um 7 Uhr die Sonne aus dem Arsch scheinen.

»*Noch* trifft es ganz gut.«

»Wenn ich in Staat X arbeitslos wäre, würde ich auch so eine Miene ziehen.«

»Ich bin nicht arbeitslos.«

Pavel stieß einen anerkennenden Pfiff aus. Rauch kam aus seiner Nase. »Du hast einen Job?«

»Jap.«

»Ich hab's dir doch gesagt!«, meinte Pavel feixend und streckte auffordernd die Hand in Adams Richtung aus, der seinen Rucksack herumdrehte und aus seinem Ledergeldbeutel einen Zehneuroschein pflückte.

»Ernsthaft?«

»Hey, Geschäft ist Geschäft«, meinte Pavel schulterzuckend und ließ das Geld verschwinden.

»Ein halber Chinese, ein Viertel Afroamerikaner und ein ganzer Pole …«, hörte sich Vincent sagen. »Sind schon wieder krumme Dinger am Drehen.«

»Die Wette war legal.« Pavel lachte, während Adam als Antwort mit den Augen rollte. »Und der Witz ist uralt.«

Irgendwann in der siebten Klasse hatte Vincent aufgehört, die vielen Beleidigungen zu zählen. Mittlerweile war Adam in der gesellschaftlichen Leiter aufgestiegen und sie mit ihm.

»Apropos Migrationshintergrund: Irinas Eltern haben ihr

übrigens nicht erlaubt, bei Staat X mitzumachen«, warf Pavel ein.

»Was?«

Pavel nickte, den Mund zusammengekniffen.

»Und weshalb?«

»Sie sind nicht damit einverstanden, dass so wenige Lehrer anwesend sein werden. Während der Nacht. Das ist ihnen nicht sicher genug.«

»Als ob Irina zu Hause bei ihren Eltern sicherer vor dir und deinem polnischen Holzklotz wäre«, murmelte Vincent.

Adam nickte ihm anerkennend zu. Vincent zündete sich eine Zigarette an, obwohl er die Risiken kannte.

»Und wo hast du jetzt einen Job?«

»Das werdet ihr dann sehen.«

»Wenn du wenigstens ein bisschen Talent hättest, könnten wir dich in die Band einschleusen, aber so …«

»Ich weiß, meine Talente liegen woanders.«

»Prokrastinieren.«

»Ach, halt die Klappe.«

»Du bist doch einfach nur neidisch«, sagte Adam grinsend und schaute zwei Mädchen hinterher, die ihm unter gesenkten Lidern schmachtende Blicke zuwarfen. Die weite Jeans verbarg seine dünnen Beine, ansonsten gab es keinen Makel an ihm.

Vincent antwortete nicht, sondern nahm stattdessen einen tiefen Zug, hielt den Rauch in seiner Lunge, bis sie sich wehrte. Er hätte damit rechnen müssen, dass sie ihn damit aufziehen würden, und es ging ihm tierisch gegen den Strich.

»Und jetzt?«, bohrte Pavel weiter.

Vincent seufzte. Er würde es ihnen wohl oder übel verraten müssen, damit sie ihm nicht den letzten Nerv raubten. »Also gut, wenn ihr es genau wissen wollt: Ich bin bei der Polizei. Sie haben mich eingeteilt, weil es dort noch freie Plätze gab. Zufrieden?«

Adam stieß ein tiefes wieherndes Lachen aus und Pavel stimmte mit ein. Einige Schüler drehten sich zu ihnen um.

»*Du?* Bei der Polizei? Müssen die da denn keine Urinproben abgeben?«

»Vielleicht sollte ich euch während des Projekts filzen und einen ganz genauen Blick in deinen Gitarrenkasten werfen, Adam.«

Adam verengte die Augen zu zwei schmalen Schlitzen. Vincent schnippte seine Zigarette weg.

»Das würdest du nicht wagen.«

»Ich an eurer Stelle würde es mir jedenfalls nicht mit mir verscherzen, sonst stecke ich euch noch ins Gefängnis«, antwortete Vincent und klopfte Adam auf die Schulter. Dann griff er nach seiner Tasche und wollte gerade in Richtung Schulgebäude davonschlendern, als er eine helle, aber angenehme Stimme neben sich vernahm.

»Entschuldigung. Geht ihr auf das Johannes-Gutenberg-Gymnasium?«

Vincent hob den Blick. Neben ihm stand ein Mädchen, das er nicht kannte. Ziemlich groß und eindeutig sportlich mit relativ breiten Schultern und trainierten Beinen. Eigentlich nicht sein Typ, doch ihr Lächeln war einnehmend und perfekt – zu perfekt. Als wäre es präzise aufgemalt worden, als wüsste sie genau, in welchem Grad sie die Mundwinkel heben musste, um die gewünschte Wirkung zu erzielen.

In diesem Fall war es sein gestiegener Puls.

Adam und Pavel wirkten ebenso aus dem Konzept gebracht, dabei fand Adam immer die richtigen Worte.

»Ja.« Vincents Stimme klang seltsam.

»Könnt ihr mir den Weg zum Sekretariat beschreiben?«

»Selbstverständlich«, sprang Adam ein, und obwohl Vincent seinen Freund schon so viele Jahre kannte, war es immer wieder überraschend, ihn in Aktion zu sehen. Auf der Jagd.

Vincent sah es an seiner Haltung, der Art, wie er den Kopf schräg legte, und er verwettete seine Eier darauf, dass Adam jeden Moment dieses schiefe Lächeln auspacken würde. Das, bei dem er nur einen Mundwinkel hochzog, ein bisschen träge, ein bisschen arrogant. Das machte er nämlich immer, wenn er jemanden rumkriegen wollte.

Das Mädchen lächelte.

Auf einmal war Vincents Kopf ganz leer, jeder Gedanke verblasste.

Das Mädchen lächelte *ihn* an.

LARA

Das Hauptgebäude war Furcht einflößend. Groß und mächtig, kein wenig einladend. Wie das Maul eines jener Monster, die nachts unter Laras Bett gelauert hatten, als sie noch ein Kind gewesen war. Ihre letzte Schule war ganz anders gewesen: ein rotes Backsteingebäude, voll mit alten Geschichten, mystisch und vertraut. Immer von Meeresluft eingehüllt, ein bisschen … sicherer.

Ihre neue Schule bestand aus drei Teilen. Hauptgebäude, Nebengebäude und Turnhalle, an die ein Schwimmbad angrenzte. Sie hatte sich die Bilder auf der Homepage angeschaut, versucht, sich vorzustellen, hier zur Schule zu gehen, und sich dabei fremd gefühlt.

Das hier war ein Ort zum Lernen, ein Ort für perfekte Leistungen und gute Noten, für die Elite der Zukunft. Gläsern. Durchsichtig. Ein Ort, an dem sie sich nicht verstecken konnte.

Lara straffte die Schultern und folgte dem Schwarm Schüler,

die sich alle angeregt unterhielten. Ihre Gesichter leuchteten, viele der älteren Schüler zogen Rollkoffer hinter sich her, ein paar Eltern winkten zum Abschied aus dicken SUVs und komfortablen Kombis.

Staat X.

Sie konnte sich absolut nichts darunter vorstellen. Doch die E-Mail ihrer neuen Klassenlehrerin Frau Schmied hatte verheißungsvoll geklungen.

Eine Gruppe Jungs stand vor den Schultoren, zwei von ihnen rauchten. Lara ging direkt auf sie zu. Gerade schien der Größte von ihnen aufbrechen zu wollen, denn er schulterte seine Sporttasche. Glatte schwarze Haare und leicht mandelförmige Augen, deren Farbe sie nicht genau definieren konnte. Der zweite Raucher war blond und drahtig, mit so kantigen Zügen, dass Lara glaubte, sich an ihnen schneiden zu können. Der Dritte im Bunde, der an der Steinmauer lehnte, war schlank und seine Haut dunkler.

»Entschuldigung. Geht ihr auf das Johannes-Gutenberg-Gymnasium?«

Der große Schwarzhaarige hielt inne, sah sie an. Die Hände tief in den Hosentaschen seiner dunklen Hosen vergraben, die Miene ausdruckslos.

Aus der Nähe sah er noch besser aus, anders, und obwohl ihr wahrscheinlich die wenigsten zugestimmt hätten, wirkten die beiden anderen neben ihm blass und ein wenig langweilig, beinahe durchsichtig.

Ihre Blicke prallten aufeinander und Lara stolperte in seine außergewöhnlichen Sturmaugen hinein.

»Ja«, lautete seine simple Antwort, die anderen schwiegen.

Na, Halleluja.

Lara wurde ganz warm. Und ihre Mundhöhle fühlte sich ausgetrocknet an. Verdammt. Normalerweise war sie nicht der Typ, der sich grundlos und ohne ein Wort zu wechseln in eine Wachsfigur verwandelte. Eigentlich war Lara sogar ganz geschickt mit Worten, aber jetzt, in diesem Moment, kam es ihr so vor, als wäre ihr Kopf wie leer gefegt.

»Könnt ihr mir den Weg zum Sekretariat beschreiben?«

»Selbstverständlich.«

Der Junge mit dem vollmilchschokoladefarbenen Teint musterte sie interessiert. Als sie seinem durchdringenden Blick begegnete, fielen ihr seine braunen Augen, die schiefe Nase und ein Grübchen im Kinn auf.

»Du bist neu hier«, sagte der Typ jetzt mit einem unwiderstehlichen Lächeln, so einstudiert und perfektioniert, dass es auf das Cover eines Magazins gehörte. Doch auf sie hatte es ungefähr dieselbe Wirkung, wie einen ihrer Brüder beim Pickelausdrücken zu erwischen.

Sie kannte Typen wie ihn. War ihnen zu oft auf den Leim gegangen.

»Wie heißt du?«

»Lara.«

»Ich bin Adam.« Es klang wie eine Offenbarung. »Freut mich, dich kennenzulernen.«

Ja, mich auch.

Das wäre die richtige Antwort gewesen, aber ihre Lippen waren wie zugeklebt. Lara wusste selbst nicht warum, aber etwas in ihr sträubte sich dagegen, sich darauf einzulassen. Zu gefallen, um schnellen Anschluss zu finden.

Als sie nichts sagte, spannten sich seine Kiefermuskeln an. Er war es bestimmt gewohnt, dass sich Mädchen in seiner Umgebung die Kleider vom Leib rissen.

Sie lächelte entschuldigend. »Der Weg zum Sekretariat?«

»Durch den Haupteingang, die große Doppeltür da vorne. Treppe rauf in den zweiten Stock, nach links. Dann ist es ausgeschildert.«

Nun trat er von einem Bein aufs andere und fuhr sich mit einer Hand in den Nacken. Nervös. Und irgendwie ehrlicher als das Schauspiel von gerade eben. Lara beschloss, ihm etwas entgegenzukommen, bevor sie sich auf die Suche nach dem Schuldirektor machte.

»Macht ihr auch bei Staat X mit?« Neugierig sah sie zwischen den Jungs hin und her.

»Klar.« Sofort begann Adam zu strahlen, als hätte jemand eine Lampe angeknipst. »Pavel und ich und noch ein anderer Freund haben eine Band.« Er deutete auf den schlaksigen Typ neben sich, dessen blonde Haare an einen akkurat getrimmten Rasen erinnerten. »Wir geben Konzerte, jeden Tag zwei.«

»Klingt gut. Habt ihr einen Namen?«

»*Happy Obscurus.*«

Lara musste zugeben, dass ihr die Originalität des Namens und der Harry-Potter-Bezug gefielen. Sie selbst hatte auf eine Hogwarts-Einladung gehofft und war an ihrem elften Geburtstag bitter enttäuscht worden. Ihr Blick schnellte zu dem schweigsamen Jungen, dessen Namen Adam leider nicht genannt hatte.

Er schaute Lara unergründlich an und sie starrte zurück. Ihr Herz klopfte auf einmal schneller und sie sah wieder zu Adam, der sie nicht so durcheinanderbrachte.

»Eigene Songs?«

»Meistens.« Adam wirkte nicht wie der Typ, der eigene Lieder schrieb, aber sie wirkte auch nicht wie ein typischer Mathenerd, deswegen verkniff sie sich einen Kommentar. Vorurteile waren ziemlich scheiße.

»Und wie oft spielt ihr während des Projekts?«

»Eine kleine Auswahl an Songs am Nachmittag, etwas länger und andere Lieder abends, wenn die jüngeren Schüler den Staat verlassen.«

»Wieso spielt ihr unterschiedliche Lieder?«

»Da es Proteste der Eltern gab ...«, er ließ den Satz unfertig, aber er erschloss sich auch so.

»Helikoptereltern.«

»Ganz genau. Abends ist unser Konzert dann nicht mehr jugendfrei. Wir spielen definitiv interessantere Songs. Würde sich sicherlich lohnen vorbeizuschauen ... Und im Anschluss gibt es eine Party auf der großen Dachterrasse. Wir feiern den Start von Staat X.«

»Mal sehen.« Lara lächelte und blickte wieder zu Adams Freund, als ob sie von ihm magisch angezogen würde.

Adam sah zwischen ihnen hin und her und plötzlich änderte sich die Stimmung. Es kehrte eine unruhige Stille ein. Unausgesprochen hatten die unausgesprochenen Dinge eine viel größere Wirkung. So wie jetzt. Lara war sich ziemlich sicher, dass man ihr ihre Gefühle von der Stirn ablesen konnte. Dabei hatten sie

Aylin und Steffi immer mit ihrem undurchschaubaren Pokerface und dem Talent, genau zu wissen, was andere hören wollten, aufgezogen.

Laras Sensoren hingegen funktionierten immer noch ausgezeichnet.

Denn etwas hatte sich verändert. Gewaltig verändert.

Die Atmosphäre war statisch aufgeladen.

Der Ausdruck in Adams Augen wurde härter, fast schon bösartig, und als er Lara sein schiefes Lächeln schenkte, hatte sie das Gefühl, dass es seine Augen nicht erreichte. Was auch immer das gerade war, es hatte nichts mit ihr zu tun, sondern war eine Sache zwischen den beiden Jungs.

»Bis dann, Lara.« Adam drehte sich um. Ebenso wie seine beiden Freunde. Ohne sie noch einmal anzusehen.

Alle drei schlenderten davon, doch Lara spürte noch immer die Anspannung, die von Adam ausging. Und etwas anderes. War es Wut?

Seufzend setzte auch sie sich in Bewegung.

Das Sekretariat befand sich im zweiten Stock, so, wie Adam es beschrieben hatte.

Als Lara eintrat, nahm niemand Notiz von ihr. Sie bemerkte den Direktor, den sie von der Homepage der Schule erkannte. Er war in einen Stapel Unterlagen vertieft, kratergroße Runzeln gruben sich in seine Stirn. Graue Brusthaare sprengten den obersten Hemdknopf, er trug keine Krawatte und der gestutzte Bart wirkte wie ein wenig einladender Bettvorleger.

»Entschuldigung«, murmelte Lara, durchbrach die Stille des stickigen Vorzimmers und atmete tief durch.

Keine Reaktion. Dafür lugte der Sekretär mit der dicken Hornbrille hinter seinem PC-Bildschirm hervor. *Adios*, klischeehafte Geschlechterrollenverteilung.

»Herr Ehlsberg, Sie haben Besuch.«

Wie auf Kommando fielen die angespannten Falten auseinander und machten einem offenherzigen Lächeln Platz, das sich wie eine Umarmung anfühlte.

»Ah, Lara Hanser, oder?«

Sie nickte.

»Das ging ja schnell. Na dann, herein in die gute Stube.«

Schweigend und etwas eingeschüchtert folgte Lara ihm in das zweite Zimmer, das in einer Zeitkapsel stecken geblieben zu sein schien, denn bis auf die zwei Bildschirme hatte sich in den letzten dreißig Jahren wahrscheinlich kaum etwas verändert. Eine gelb verfärbte Zimmerpflanze gab den sterbenden Schwan, auch der Mülleimer sah aus, als wäre er zu Tode gefüttert worden. Überquellende, alphabethisch sortierte Aktenschränke ließen den Raum schrumpfen. Zwei Stühle krönten den Teppich und von mehreren gerahmten Fotos strahlte Lara eine Bilderbuchfamilie entgegen. Aber Lara wusste, wie täuschend ein Foto sein konnte.

»Nun, inwieweit bist du denn über Staat X informiert?«

Direktor Ehlsberg nahm hinter dem Schreibtisch Platz und bedeutete Lara mit einer Handgeste, sich zu setzen.

»Ich weiß nicht viel darüber. Frau Schmied meinte nur, dass diese Woche aus den Projekttagen besteht und ich deswegen heute zuerst zu Ihnen kommen soll.«

»Schule als Staat. Hast du davon schon einmal gehört?«

Lara schüttelte den Kopf. »Nein.«

»Die Schule wird sich für eine Woche in einen Staat verwandeln. Wir haben ein paar engagierte Schüler und Schülerinnen, die beinahe zwei Jahre ihrer Freizeit geopfert haben, um dieses Projekt auf die Beine zu stellen. Nun ist es leider so, dass es aufgrund von Schulinterna und der Vorlaufzeit kaum noch möglich ist, dass du an diesem Projekt auf dieselbe Weise teilnimmst wie deine zukünftigen Klassenkameraden.«

Lara spürte, wie sich ihre Kehle verengte. »Wie meinen Sie das?«

»Wir haben uns für eine etwas gewagtere Variante von Schule als Staat entschieden, denn die höheren Klassen werden auch in der Schule übernachten. Das hat anfangs für viele Diskussionen gesorgt, aber wir haben uns dazu entschlossen, noch einen Schritt weiterzugehen: Den Staat wirklich in die Hände der Schüler zu übergeben, was eine riesige Verantwortung ist, aber gleichzeitig auch ein tolles Experiment. So können wir sehen, ob sie tatsächlich fähig sind, einen Staat zu führen.« Direktor Ehlsberg faltete die Hände und sah Lara direkt in die Augen. *Er hat einen warmen Blick*, dachte sie. »Alles ist genau durchgeplant. Schlafplätze. Essensrationen. Die Jobs sind verteilt. Daher wirst du in Staat X leider arbeitslos gemeldet und abends wie die jüngeren Schüler nach Hause gehen müssen. Das ist die einzige Möglichkeit, wie du überhaupt an dem Projekt teilnehmen kannst. Ihr müsst einfach schauen, wie die Woche für dich gestaltet werden kann.«

Seine Worte drangen nur dumpf bis in Laras Bewusstsein. *Arbeitslos. Nicht übernachten.*

Sie würde wieder allein dastehen. Als die Außenseiterin. Als diejenige, die zwar bei dem Projekt mitgemacht, aber keine richtige Rolle gehabt und somit nicht die gleichen Erfahrungen wie die anderen gesammelt hatte.

»Ah, Frau Schmied. Das ist Lara Hanser, Ihre neue Schülerin aus Hamburg.«

Wie in Nebel gehüllt nahm Lara wahr, wie eine Frau mit strahlendem Lächeln auf sie zukam und ihr die Hand reichte. Irgendwie schaffte Lara es, aufzustehen und den Handschlag zu erwidern.

Eben war sie sich nicht sicher gewesen, ob sie zu Adams Konzert am Abend gehen wollte, jetzt hätte sie ihr letztes Hemd dafür gegeben. Um dazuzugehören. Um ein Teil der Gemeinschaft zu sein.

Ein Gefühl von Enttäuschung schwappte über Lara, nahm ihr die Luft zum Atmen und erst, als sie im Klassenzimmer stand und in eine Horde fremder Gesichter blickte, wurde ihr bewusst, dass sie sich zusammenreißen musste.

Es gab nur eine Chance für den ersten Eindruck.

Und die durfte sie nicht vermasseln.

ADRIAN

Adrian nahm zwei Stufen auf einmal, sprintete den Weg zur U-Bahn hinab, die große Sporttasche über die Schulter geschnallt.

Mit jedem Schritt spürte er, wie sich sein Körper etwas mehr entspannte. Mit jedem Schritt ließ er sein Zuhause zurück.

»Adrian, wie schön.«

Als er die schweren Einkaufstüten in Frau Zimmermanns Händen erblickte, blieb er prompt stehen. Wie Ketten schnitten die Henkel in die Haut seiner alten Nachbarin. Adrian sah die U-Bahn einfahren. Er wandte sich ab, obwohl er viel zu spät dran war. Felix konnte warten. Zumindest dieses eine Mal.

»Soll ich Ihnen helfen?«

Ihre Augen wurden glasig. »Das wäre wunderbar. Hab vielen Dank.«

»Nicht dafür.« Adrian schüttelte den Kopf. »Sie wissen doch, dass Sie mir Bescheid sagen können, wenn Sie etwas brauchen. Ich erledige die Einkäufe auch gerne nach der Schule für Sie.«

»Ach, Adrian. Danke. Du weißt, ich hab es nicht so damit, andere um Hilfe zu bitten.«

Wortlos nahm er Frau Zimmermann die beiden Einkaufstüten ab, trug sie den ganzen Weg zurück zum Nachbarhaus. Dichte Wolken hatten sich vor die Sonne geschoben und hielten die Wärme des gestrigen Sommertags gefangen. Ein wenig roch es nach Regen. Die Art von Sommerregen, die einen irgendwie glücklich zurückließ.

Mit jedem Schritt spürte er, wie sich sein Körper wieder anspannte, seine Glieder schwerer wurden. Die Jalousien der Hausnummer 17 blieben unten, der Anblick seines Elternhauses war gleichzeitig seltsam und vertraut. Er trug die Einkaufstüten in den vierten Stock des Hauses nebenan. Frau Zimmermann wollte ihm einen Zehneuroschein in die Hand drücken, doch er lehnte kopfschüttelnd ab und verabschiedete sich.

Als Adrian schließlich eine halbe Stunde später in der Schule ankam, war es ziemlich ruhig auf den Fluren.

Von den Wänden starrte ihm sein eigenes Gesicht entgegen. Im Gegensatz zu den anderen drei Kandidaten schaute er ernst und ohne ein Lächeln in die Kamera. Adrian hatte das Gefühl, dass eine seltsame Melancholie von dem Plakat ausging.

Dies war nicht das Foto eines Gewinners.

Dies war das Bild eines Verlierers.

»Da bist du ja. Ich dachte, du kommst früher.«

Wie aus dem Nichts tauchte Felix neben ihm auf, die Wangen gerötet, das blonde Haar stand in alle Himmelsrichtungen ab.

»Ich hatte noch etwas zu erledigen«, sagte Adrian ausweichend. Normalerweise gab es keine Geheimnisse zwischen ihnen. Aber Adrian wollte sich nicht die Blöße geben zu erzählen, dass er seiner alten Nachbarin geholfen hatte.

In diesem Augenblick bogen Johanna und Anna-Maria um die Ecke, ganz in ein Gespräch vertieft, und nahmen sie nicht wahr. Im Gegensatz zu ihren strahlenden Wahlplakaten wirkten die Mädchen heute sehr ernst.

Johanna bemerkte sie zuerst. Ihre konzentrierte Miene machte einem beinahe mörderischen Ausdruck Platz. Adrian wusste, dass Staat X ihr Baby war, alles, worauf sie in den letzten zwei Jahren hingearbeitet hatten. Er konnte es den beiden nicht verübeln, dass sie jemanden wie ihn nicht auf dem obersten Treppchen der Gesellschaftsleiter sehen wollten. Er, der für alles stand, was sie verabscheuten.

»Ist was?«, fragte Adrian gespielt locker.

»Wenn du die Mehrheit erhältst, lege ich Protest ein. Staat X wird nicht dein kleiner Hofstaat, Dennenberg«, zischte Johanna und verengte die Augen zu zwei schmalen Schlitzen, wodurch sie in etwa die Bedrohlichkeit eines Plüschhasens erreichte.

»Ist es dafür nicht etwas zu spät? Falls ich die Mehrheit im ersten Wahldurchgang erhalten sollte, ist das alles höchst demokratisch abgelaufen.«

»Du bist noch nicht einmal in einer Partei.« Vor Empörung lief Johanna knallrot an. »Du warst bei keinem einzigen Parteitag. Seit Wochen laufen da die Vorbereitungen. Wir hatten schon mehrere Abstimmungen, wir haben alle Gesetze beschlossen und du hast nicht einen Finger krumm gemacht. Du hast es gar nicht verdient, Präsident zu werden. Für dich ist das doch nur ein dämliches Spiel!«

»Tja, das Volk macht eben, was es will, und wählt denjenigen, der für die Interessen der Bürger einsteht.« Scheinbar unbeteiligt zuckte Adrian mit den Schultern. Für einen Moment dachte er an seine überzogenen Wahlversprechen – niedrige Steuern, gute Löhne und kurze Arbeitszeiten –, alles Versprechen, die er unmöglich einhalten konnte, ohne Staat X nach zwei Tagen in den Ruin zu treiben. Gleichzeitig war ihm sehr wohl bewusst, dass es in der *realen* Politik auch nicht anders aussah: leere Worte und verdrehte Wahrheiten.

Johanna verschränkte die Arme vor der Brust. »Ja, und nachdem du gewählt wurdest, machst du es wie Hitler und marschierst in Polen ein, um deinen verschwenderischen Staatshaushalt zu subventionieren.«

»Touché.« Adrian spürte, wie ein Lächeln an seinen Mundwinkeln zupfte. Johanna war schlagfertig und trug ihr Herz auf der Zunge, er mochte das.

»Na, aufgeregt?«

Lars, mit dem Adrian bis auf Sport keine gemeinsamen Kurse hatte, stieß mit zwei Freunden hinzu und schnitt Johannas Antwort ab, was Adrian grinsend zur Kenntnis nahm. Ihr Gesicht hatte mittlerweile die Farbe einer überreifen Tomate angenommen. Kurz verspürte er so etwas wie Mitgefühl.

Er und die Neuankömmlinge begrüßten sich mit Handschlag.

»Was meinst du mit *aufgeregt*? Wir wussten ja immerhin, worauf wir uns einlassen, als wir uns für die Kandidatur entschieden haben.«

»Ich finde es heute allerdings zehnmal so einschüchternd wie damals, als es um die Bewerbungen ging. Du nicht?«, fragte Anna-Maria. Niedlicher Schmollmund und große dunkelbraune Augen, aber hauptsächlich war sie ihm aufgrund ihrer argumentativen Diskussionen in Ethik aufgefallen.

Er zuckte mit den Schultern. »Ehrlich gesagt: nein.«

»Nein?«

Adrians Blick streifte ihr Gesicht, abschätzig und kühl, eine flüchtige Berührung. »Vielleicht ist das auch einfach nur ein weiteres Indiz dafür, warum kein Mädchen den Job machen sollte.«

Johanna ging zum Gegenangriff über: »Du bist dermaßen selbstgerecht und chauvinistisch. Das ist echt unglaublich!«

»Also ich finde Staat X auch ziemlich beeindruckend«, mischte sich nun Lars ein und sprang den Mädchen bei. Mit seinen schlaksigen Gliedmaßen und dem treuen Hundeblick hatte er Ähnlichkeiten mit Groot aus *Guardians of the Galaxy*.

Insgeheim malte Adrian ihm neben Johanna die besten Chancen aus, aber das musste er ihm nicht unbedingt auf die Nase binden. Lars war nett und aufgeschlossen und auf eine nervige Weise selbstlos, etwas, das die anderen spürten und als ehrlich empfanden.

»Die Aufmerksamkeit der ganzen Schule lastet auf dem Präsidenten, das geht doch nicht spurlos an einem vorüber«, fuhr Lars nun fort. »Die tolle Stimmung, die verschiedenen Institutionen und Funktionen. Ganz ehrlich? Ist doch der Hammer! Also ich finde die Vorstellung, Präsident zu werden und die Verantwortung für den Staat zu übernehmen, auch ganz schön beängstigend.«

»Wenn du meinst.«

Wie die anderen beiden gehörte auch Lars einer der fünf Parteien an – DP, Demokratische Partei, eine Mischung aus CDU und FDP, liberal, aber konservativ, politisch eher Mitte-rechts einzuordnen. Johannas Partei hingegen stand eher für Ökoschlappen und soziale Gerechtigkeit. Vielleicht war dies auch der Grund, warum die DP gemeinsam mit der Liberalen Volkspartei, kurz LVP, die Regierungskoalition bildete. Sobald es um den eigenen Geldbeutel ging, schien jeder sich selbst der Nächste zu sein, und beide Parteien hatten schlicht das beste Programm auf den Tisch gelegt.

»Wir werden sehen, wer später in die Stichwahl kommt.«

Damit nickte Adrian in die Runde und ging davon. Felix schloss sich ihm an, hatte jedoch den Blick abgewandt, als ob ihn etwas beschäftigte.

»Hey, Adrian!«

Sofort blieb er stehen und setzte sein unerschütterliches Lächeln auf, fest und sicher. Wie ein Rettungsring. Kemal und ein paar Mädchen aus der Parallelklasse kamen ihnen entgegen. Adrian hob die Hand zum Gruß, verbarg seine Selbstzweifel hinter guter Laune und lachte an den richtigen Stellen.

Sein Lächeln hielt.

Es hielt so lange, bis Melina um die Ecke trat und sich jedes bisschen seines Selbstvertrauens in Luft auflöste.

MELINA

Als Melina um die Ecke bog, stand Adrian Dennenberg bei den Spinden, umgeben von einer Horde Schülerinnen, die schmachtend an seinen Lippen hingen. Die letzten Jahre hatte sie es so gut wie möglich geschafft, ihm aus dem Weg zu gehen, doch seit ihr Klassenzimmer ins Hauptgebäude verlegt worden war, blieben ihre Begegnungen unausweichlich.

Melina konnte sie an zwei Händen abzählen. Acht Mal war sie ihm begegnet und jedes Mal hatte sie sich geschworen, nicht wie ein verschrecktes Reh vor einem Auto zu verharren. Jedes Mal war sie gescheitert.

Adrian grinste und wandte sich in ihre Richtung. Sein Blick traf sie wie ein Blitzschlag.

Für den Bruchteil eines Moments meinte sie, ein Aufleuchten in seinen dunkelbraunen Augen zu erkennen, etwas, das sich vertraut anfühlte wie Fingerspitzen, die über ihre Haut strichen.

Dann erlosch das Leuchten und machte einem harten Ausdruck Platz. Einem Ausdruck, der wie Zartbitterschokolade auf ihrer Zunge klebte.

Adrian runzelte die Stirn, sein Blick verweilte auf ihrer neuen Frisur. Sie fühlte sich schutzlos. Ausgeliefert.

Obwohl Melina rasch den Kopf senkte und den Griff um ihren Rollkoffer verstärkte, hatte sie das Gefühl, dass Adrian sie davon abhielt, einen klaren Gedanken zu fassen.

Auch die anderen wandten sich zu ihr um, suchten nach dem Grund für Adrians plötzliche Ablenkung.

Ihre Wangen brannten.

Wortlos beschleunigte Melina ihre Schritte und ärgerte sich einen Moment lang darüber, sich die langen Haare in den Pfingstferien abgeschnitten zu haben.

»Du kennst Kaschinski?« Die Stimme des Mädchens direkt neben Adrian klang beinahe schrill.

Weil Melina die Lüge nicht in Adrians Gesicht sehen wollte, schaute sie stur zu Boden, ihren dröhnenden Herzschlag und das Echo der Vergangenheit ignorierend.

»Nein.« Adrians Stimme öffnete alte Wunden. »Nicht wirklich.«

Wie von selbst verkrampften sich Melinas Finger um den Block und die Unterlagen, die den Ablauf von Staat X näher erläuterten, in der anderen Hand schob sie ihren Rollkoffer. Mit gesenktem Kopf und angehaltenem Atem ging sie an der Gruppe vorbei, die ihr nun keine Beachtung mehr schenkte und sich über die bevorstehenden Tage unterhielt.

Erleichtert atmete sie auf.

»… du wirst bestimmt Präsident.«

Wieder das Mädchen.

»Nachher wissen wir mehr«, hörte Melina Adrian antworten.

»Habt ihr eure Schlafplätze schon zugewiesen bekommen?«, fragte jemand und wechselte somit das Thema. Wahrscheinlich Felix, der sich wie ein Schatten in Adrians Nähe aufhielt.

Erinnerungen drängten sich an die Oberfläche, doch Melina versuchte, sie zu unterdrücken.

»Selbst wenn du nicht zum Präsidenten gewählt wirst, gibt es noch andere interessante Positionen. Also, ich arbeite im Standesamt. Du darfst mich gerne besuchen«, erwiderte das Mädchen.

»Ich dachte, du hast eine Stelle im Schwimmbad angenommen?« Etwas Anzügliches schwang in Kemals Stimme mit, der neben Felix Adrians bester Freund war. Melina nutzte die kurze Ablenkung, um einen Blick zu riskieren. Adrian sah genervt aus. Sein Stirnrunzeln sprach Bände.

»Es gab keine freien Plätze mehr«, flötete das Mädchen. »Aber wir können ja auch so mal zusammen schwimmen gehen.«

Melina spürte, wie sich ihr Gesicht zu einer höhnischen Grimasse verzog, als sie endlich außer Hörweite gelangt war und die Treppen ins zweite Obergeschoss des Hauptgebäudes ansteuerte. Noch immer hing der leichte Geruch von frisch aufgetragener Farbe in der Luft, obwohl die Renovierungsarbeiten bereits drei Wochen zurücklagen. Melinas Blick schweifte geistesabwesend hinunter auf den großen Schulhof, der aussah wie die Architektenpläne ihres Vaters, die den großen Schreibtisch in seinem Arbeitszimmer belagerten. Perfekt gepflanzte Bäume, unter denen Bänke standen, ein aufgemaltes Fußballfeld, drei Tischtennisplatten. Die großen, fast bodentiefen Glaswände spiegelten die Sonne und reflektierten das Wasser des Schwimmbads, das erst im letzten Sommer neu eröffnet worden war. Es war heiß für Juli. Verdammt heiß.

Melina konnte den Gedanken an Adrian noch immer nicht ganz abschütteln. An die Art, wie er ihre Bekanntschaft abgestritten hatte. Als sie endlich das Klassenzimmer betrat, rollte lawinenartig ein Gähnen durch den Raum.

Wortlos stellte Melina ihren Koffer an die Seite, neben den bunten Haufen der anderen, und ließ sich auf ihren Platz in der vorletzten Reihe nieder.

»Hast du einen Geist gesehen?«

Sie spürte den Blick ihrer besten Freundin Olga fragend auf sich ruhen. Lilafarbener Lidschatten, der zu dem engen Choker passte und gleichzeitig ihr schräges Outfit unterstrich.

»Müde. Koffein.«

Olga lachte, offen und ehrlich, sodass sich zwei Grübchen in ihren Wangen bildeten. »Sorry, Kaschinski, die Zwei-Silben-Technik funktioniert bei anderen, aber nicht bei mir. Was ist los?«

»Mhm-hm.«

»Melina.«

Melina wich dem Blick ihrer Freundin aus und wünschte sie auf den Mond.

»In Ordnung, dann eben nicht«, sagte Olga, kein bisschen beleidigt, sondern auf eine nervige Weise mitfühlend, sodass sie sofort ein schlechtes Gewissen bekam.

In diesem Augenblick klingelte Melinas Handy, und als sie

dranging, flötete ihr die Stimme ihrer Mutter ins Ohr: »Spätzchen, ich hab euch noch die restlichen Bilder für euer Büchercafé auf dem Weg zur Arbeit mitgebracht. Kommst du bitte zum Parkplatz?«

Melina erstarrte. Ihre Mutter besaß in etwa den Peinlichkeitsgrad eines Sumokämpfers in der Rolle einer Ballerina.

»Ja, klar. Bin gleich da.«

Seufzend steckte Melina das Handy in die hintere Hosentasche und wandte sich Olga zu, die durch die Staat-X-App scrollte und die Nachrichten las.

»Deine Mutter?«

»Ja, woher …?«

»Du bekommst immer diesen einen Gesichtsausdruck, wenn du mit ihr redest – eine Mischung aus Zahnarztbehandlung und Matheklausur.«

»Oh.«

Olga grinste und verabschiedete sich mit zwei Fingern an der Schläfe. »Ich halte die Stellung. Frau Schmied wird sowieso nur eine kurze Einführung geben. Falls sie Fragen stellt, erkläre ich ihr die Situation. Und richte deiner Mutter liebe Grüße aus.«

»Mach ich«, murmelte Melina und schlurfte durch die vollen Gänge in Richtung Hauptausgang. Dort lichteten sich die Reihen an fleißigen Helfern, denn in jeder Klasse würde es ein letztes Zusammentreffen geben, ehe sich alle Schüler ganz ihren Rollen widmeten. Es war seltsam, durch die Schule zu wandern und zu wissen, dass sich diese Räume heute in einen echten Staat verwandeln würden. So ganz konnte sie es sich noch nicht vorstellen, wie es sein würde, in der Schule zu übernachten. Wie es ohne Lehrer in der Schule sein würde. Doch zuerst würde sie gemeinsam mit Olga die *Büchereule* zum Leben erwecken.

»Was machst du denn hier?«

»Du hast deinen Rucksack vergessen. Ich fahre dir ja nicht zum Spaß hinterher.«

Die Stimme war tief, brummend. Wie das Knurren eines Pitbulls. Melina verharrte regungslos, hinter der Ecke des Schulflurs. Sie hätte diese Stimme unter Tausenden erkannt. Die Nächte, in denen diese Stimme sie verfolgt, sie um den Schlaf gebracht hatte, waren endlos gewesen. Dennoch war ein kleiner Teil von ihr davon überzeugt gewesen, sie nie wieder hören zu müssen.

Aber sie war so nah, so echt, so real. Kein Hirngespinst, kein Albtraum.

»Nicht so laut«, zischte eine zweite Stimme. Und Melina wusste auch, zu wem sie gehörte.

»Adrian.«

Die Stimme kam näher. Sie hörte Schritte, wollte sich bewegen, aber sie war wie festgefroren, als hätten sich Wurzeln um ihre Beine geschlungen.

»Wir sehen uns in einer Woche.«

»Ich bin danach zwei Wochen auf Geschäftsreise.«

»Na dann.«

»Adrian, warte.«

»Worauf?«

Melina schnappte nach Luft. Versuchte aufzutauchen aus der Erinnerung, die sie immer tiefer zog.

Plötzlich war alles wieder da.

Das Gefühl der absoluten Hilflosigkeit. Die Angst. Die Panik.

In diesem Moment bog Adrian um die Ecke und blieb abrupt stehen. Eine große Sporttasche in der Hand und einen Rucksack geschultert stand er da und starrte sie mit offenem Mund an.

Melina starrte zurück, sie ahnte, nein, sie wusste, was gleich geschehen würde. Sie schloss die Augen und hörte das Poltern von Lederschuhen auf dem Boden.

Sie hielt die Luft an.

»Adrian, ich …« Der Satz verklang unausgesprochen.

Stille dröhnte zwischen ihnen. Melina atmete heftig ein und aus, dann endlich schaffte sie es, sich aus ihrer Erstarrung zu lösen, schlug die Augen auf.

Adrian. Dahinter sein Vater, ein Schatten auf seinem Gesicht, blass und alt und anders.

Einatmen. Ausatmen.

Sie machte auf dem Absatz kehrt, floh. Ihr Herz donnerte.

»Melina!«, rief Adrian ihr hinterher, doch das war ihr plötzlich egal, denn das Brennen in ihren Augen nahm zu. Sie heulte nicht. Niemals.

Zitternd beschleunigte sie ihre Schritte, ging in die andere Richtung, orientierungslos hetzte sie durch den Flur. Schüler wichen ihr aus. Einige sprangen zur Seite. Tränenblind stolperte sie in Richtung Klassenzimmer. Ihre Gedanken überschlugen sich.

»Melina, warte bitte!«

Oh nein.

Adrian folgte ihr. Er kam hinter ihr her. Nach drei Jahren, in denen sie sich nichts sehnlicher gewünscht hatte, als ihren Freund wieder in ihrer Nähe zu wissen, war es ausgerechnet der heutige Tag, den er sich dafür ausgesucht hatte.

Mit einer Hand wischte sie sich die Tränen aus den Augenwinkeln.

Nicht jetzt. Nicht jetzt.

Mehrere Mädchen drehten sich fragend zu ihr um. Steckten die Köpfe zusammen und tuschelten.

Sie hasste nichts mehr, als im Mittelpunkt zu stehen. Doch selbst das rückte plötzlich in weite Ferne. Alles schien egal zu sein. Alles.

»Melina.« Adrians Stimme klang gepresst, als würde er selbst unter einem enormen Druck stehen. Und als würde er hinter ihr zurückfallen.

Gut so.

Endlich erreichte sie das Klassenzimmer. Mit einer Hand riss Melina die Tür auf, stolperte in den Raum und schlug sie hinter sich zu. Niemand bemerkte sie. Niemand außer Olga. Frau Schmied war noch nicht da.

Melina sackte auf den Stuhl. Ihre Hand zitterte so heftig, dass sie sie zu einer Faust ballen musste. Aber sie weinte nicht mehr.

Sei stark.

»Oh, das ging aber ...« Olga verstummte.

»Kannst du ... kannst du die Bilder im Auto meiner Mutter abholen?«, brachte Melina tonlos hervor und wischte sich eine Träne von den Lippen, die salzig und nach Erinnerungen schmeckte.

Olga stand ohne ein Wort auf und verschwand. Die nächsten Minuten vergingen zäh, als hätte jemand die Zeit in einen Sumpf getaucht. Als Olga zurückkam, setzte sie sich neben sie, ließ ihr

Abstand, ließ ihr Luft und bombardierte sie nicht mit nervigen Fragen, so, wie sie es sonst meistens tat. Dieses Mal schien sie zu spüren, dass es um etwas Ernstes ging.

Zum Glück klingelte es zum Stundenbeginn und der Schwung an hereinströmenden Schülern rettete Melina davor, in Erinnerungen und Gefühlen zu versinken.

Stattdessen breitete sie schweigend ihre Unterlagen auf dem Tisch aus, während der Lärmpegel weiter anstieg. Wortfetzen, die sich um die nächsten Tage drehten. Dann wurde es schlagartig still und erst als Melina den Blick hob, bemerkte sie Frau Schmied, die den Raum betreten hatte.

Aber sie war nicht allein. Hinter ihr stand ein Mädchen, das einen karierten Rucksack über eine Schulter geworfen hatte und sich im Raum umblickte, als ob ihr eine Wurzelbehandlung bevorstand.

»Sie ist hübsch«, flüsterte Olga und ihre Stimme klang ein wenig aufgesetzt, so, als würde sie versuchen, Melina abzulenken. »Unaufdringlich hübsch. Glaubst du, sie lassen sie noch mitmachen?«

Melina war für den Rettungsring dankbar. »Ich fürchte, nicht. Du weißt, wie streng sie mit den Schlafplätzen und der Kalkulation des Essens waren. Die Organisation dafür hat allein drei Monate gedauert.«

Melina sah zu der neuen Mitschülerin und musste ihrer Freundin zustimmen. Die Neue war hübsch und tatsächlich gab es kein besseres Wort als *unaufdringlich*, denn mit ihren dunkelblauen Chucks, der zerrissenen Hose und dem verwaschenen dunkelgrauen Shirt, das ihrer hochgewachsenen Figur einen

Hauch Individualität verlieh, hatte sie etwas, das sie von der breiten Masse abhob. Denn auf dem Oberteil standen passenderweise die Worte: *I'm not living – I'm just surviving.*

»Das ist Lara. Sie ist frisch aus Hamburg hierhergezogen ...«, begann Frau Schmied und Melina merkte, wie ihre Gedanken abschweiften.

Willkommen im Irrenhaus, dachte Melina und kritzelte auf ihrem karierten Block herum, bis die unscharfen Konturen an Stärke, an Kraft gewannen und sich Strich für Strich zu einem Bild zusammensetzten. Erschrocken ließ Melina den Stift wieder sinken und starrte auf ein wütendes Augenpaar, in dessen Tiefe eine Verletzlichkeit lag, die sie mitzureißen drohte. Hastig verwischte Melina die Zeichnung, bemerkte dabei, wie Olga sie mitleidig beobachtete, und schaute dann mit undurchdringlicher Miene nach vorne.

Nicht ohne vorsichtig mit ihren Fingerspitzen über den Jeansstoff auf ihrem Oberschenkel zu streichen.

Dort, wo dünne, weiße Narben ein Muster aus Schmerz bildeten. Dort, wo niemand sie sah.

Der Staat unterliegt dem parlamentarischen Prinzip.
Grundrecht, Staat X.

Jeder besaß einen Stempel. Eine Art gesellschaftliches Etikett, das in Neonfarben auf der Stirn prangte und nicht einmal den Bruchteil einer Persönlichkeitsfacette beleuchtete.

Schlampe. Streber. Aufreißer. Lesbe.

Johanna kannte ihren Stempel, wusste genau, was die anderen dachten, wenn sie ihr Etikett lasen.

Verbissen. Verkniffen. Verkrampft.

Sie hätte selbst ein anderes Wort dafür gewählt – weicher, nicht so hart –, aber sie wusste, dass es im Grunde stimmte. Dabei lag es nur daran, dass sie ein Mädchen war. Jungs, die zielorientiert waren, bekamen andere Adjektive zugeschrieben.

Stark. Selbstbewusst. Standhaft.

Ohne diesen bitteren Beigeschmack. Nein, sie wurden dafür bewundert und nicht bloß belächelt.

Johanna seufzte leise und fächerte sich mit einer alten Broschüre von Staat X etwas Luft zu. Mittlerweile waren sie auf die Staat-X-App umgestiegen. Weniger umweltschädlich, viel übersichtlicher, schneller. Jeder konnte sofort informiert werden.

In dem kleinen Raum im zweiten Stock, in dem sich die wichtigste Weiche für Staat X stellte, war es warm.

Bis auf das Amt des Präsidenten waren alle Ministerposten bereits belegt. Kleine Puzzleteile, die nur gemeinsam als Bild funktionierten. Der Innenminister, der zusammen mit dem Justizminister den Strafenkatalog der Judikative ausgearbeitet und dem Parlament zur Abstimmung vorlegt hatte. Die Judikative war bereits im Vorfeld des Projekts mit Richtern besetzt worden, die vom Justizminister überwacht und vom Parlament bestätigt worden waren. Ebenso war das komplette Banken- und Währungssystem vom Finanzminister in enger Zusammenarbeit mit dem Wirtschaftskurs der Oberstufe erstellt worden.

Alle drei Staatsgewalten agierten voneinander unabhängig, kontrollierten sich jedoch gegenseitig, waren aufeinander angewiesen.

Sie hatten sich bewusst für das französische Wahlsystem entschieden. Es war verständlich und bestand aus zwei Wahldurchgängen, weil die absolute Mehrheit von einem der aufgestellten Präsidentschaftskandidaten errungen werden musste. Da dies selten im ersten Durchgang geschah, gab es fast immer eine Stichwahl zwischen den zwei Kandidaten mit den meisten Stimmen.

»Es gab keine absolute Mehrheit im ersten Wahldurchgang«, meldete sich nun Sarah, eine der Organisatorinnen von Staat X zu Wort.

Johanna spürte bei den Worten einen kurzen Stich in der Brust, obwohl sie damit ja schon fast gerechnet hatte. Das wäre auch zu unwahrscheinlich gewesen.

Wie fast alle hier im Raum nahm auch Sarah die Teilnahme an Staat X sehr ernst. Zu viel Geld und Arbeit steckte darin. Und sie war diejenige, die die Wahl-App entwickelt hatte, jemand, den Johanna respektierte.

Es gab eine Person in der Schule, der Johanna den Wahlsieg nicht gönnen würde, und das war Adrian Dennenberg. Adrian, dessen Leben eine Aneinanderreihung aus Schulterklopfern und chauvinistischem Getue war, gebettet in eine Blase aus schmachtenden Neuntklässlerinnen, die für *Germany's Next Topmodel* lebten, und naiven Menschen, die ihn nicht durchschauten. Ihm ging es einzig und allein darum, Macht zu erringen.

Jetzt war sie beinahe froh darüber, dass an der Parlamentssitzung nur Abgeordnete und offizielle Organisatoren teilnehmen durften. Adrian Dennenberg gegenüber sitzen zu müssen, hätte sie zu viel Kraft gekostet.

»Wie immer gilt es, über das Ergebnis Stillschweigen zu bewahren, bis wir es öffentlich machen«, verkündete Sarah mit fester Stimme. Ein überraschter Ausdruck huschte über ihre Züge, als sie das Ergebnis von ihrem Tablett ablas. Kurz zuckte ihr Blick in Johannas Richtung, dann hatte sie sich wieder unter Kontrolle und räusperte sich.

Johanna schloss für den Bruchteil einer Sekunde die Augen, sammelte sich für das, was nun folgen würde.

Hauptsache, Adrian würde verlieren. Das war das Einzige, was wirklich zählte. Nur so konnte Staat X zu einem Erfolg werden.

LARA

Lara hasste nichts mehr, als die Neue zu sein.

Es war, als ob man ein riesiges Schild in die Hand gedrückt bekam, das alle dazu aufforderte, einen mit Fragen – oder noch schlimmer – mit abschätzigen Blicken zu durchlöchern. Blicke, die einen in eine Schublade steckten. Beurteilten. Verurteilten.

Bei dem Gedanken wurden Laras Handflächen feucht und ihre Mundwinkel rangen sich dasselbe aufgeklebte Lächeln ab, das sich seit den letzten vier Umzügen dort breitgemacht hatte, um ihr inneres, vor Nervosität schreiendes Ich zu verstecken.

Doch dieses Mal war es anders. Dieses Mal beachtete sie kaum jemand. Alle schienen mit anderen Sachen beschäftigt zu sein.

»Möchtest du dich kurz vorstellen, Lara?«

Frau Schmied schob sich mit der linken Hand die Brille wieder nach oben, was ihre vogelnestartige Turmfrisur in Schieflage brachte.

Laras Blick flog über die anwesenden Schüler der 10c des Johannes-Gutenberg-Gymnasiums hinweg. Die typischen Anzeichen eines Schüler-Biotops waren alle vorhanden: die Streber, die Schönen, die Uninteressierten, die Normalen, die Goths.

Laras Verstand flutete ihren Mund mit Wörtern, doch über ihre Lippen kam nicht ein Ton. Die Schüler in den vorderen Reihen runzelten die Stirn, erste fragende Mienen ließen Lara noch mehr erstarren und sie spürte, wie ihr Puls in die Höhe schnellte.

Konzentrier dich!, befahl Lara sich lautlos.

Alles, worauf es ankam, war der erste Eindruck. Sie hatte nur diese eine Chance, diese Möglichkeit, den anderen Schülern zu gefallen. Wenn sie versagte, würde sie für immer als die stotternde Lara aus Hamburg gebrandmarkt sein, und das konnte sie nicht zulassen.

Nicht mehr. Nicht, nachdem sie nach ihrem ersten Umzug zwei Jahre in der Hölle verbracht hatte.

»Ich heiße Lara Hanser«, presste sie endlich hervor, darum bemüht, nicht wie ein Chipmunk auf Drogen zu klingen. »Ich bin sechzehn Jahre alt, bin in Hamburg geboren und in den letzten sieben Jahren viermal umgezogen.« Jedes Wort saß. Kein Stolpern, keine Pause.

»Wunderbar. Bitte setz dich doch.« Frau Schmied klatschte begeistert in die Hände, so, als ob Lara mit ihren Worten soeben den Weltfrieden eingeläutet hätte. Dann deutete sie auf einen freien Stuhl in der dritten Reihe. Keine nervigen Fragen. Kein Weiterbohren. Der Junge auf dem Platz daneben lächelte Lara an. Sie lächelte zurück.

»Noch ein paar Informationen zum Ablauf des heutigen

Tages, dann wird es nach dem Pausengong die Verkündung des Wahlergebnisses auf dem Schulhof geben und ihr könnt im Anschluss eure Schlafräume beziehen. Falls es zu einer Stichwahl kommt – und davon ist auszugehen, schließlich benötigt euer Präsident die absolute Mehrheit des Volkes –, findet die Wahl ebenfalls auf dem Schulhof statt. Für alle, die die Staat-X-App nicht auf ihren Handys haben, gibt es Tablets, mit denen ihr euch in eure Accounts einloggen könnt. Anschließend wird der Präsident in sein Amt eingeführt.«

Lara verstand nur Bahnhof, während sie ihr Ledermäppchen und einen Karoblock hervorkramte, der etwas mitgenommen aussah. Die Seiten waren bereits aus dem Schuljahr in Hamburg beschrieben und kurz verspürte sie einen Stich in der Brust, als sie an Aylin und Steffi denken musste. Beide genossen bereits die Sommerferien. Steffi würde wahrscheinlich irgendwo in Dänemark in einer Hütte am Strand ihre Nase in Bücher stecken, während Aylin durch die USA tourte, auf der Spur der Reichen und Schönen. Traurigkeit machte sich in ihr breit.

»Hey, ich bin Daniel«, flüsterte Laras neuer Sitznachbar und ihre Mundwinkel schossen in die Höhe, als wäre sie gerade bei etwas Verbotenem ertappt worden.

»Lara«, antwortete sie und errötete prompt. Schließlich hatte sie sich gerade erst vor der ganzen Klasse vorgestellt. Daniel lächelte wissend, als hätte er denselben Gedanken gehabt.

Ob er mich jetzt für völlig bescheuert hält?

Kurz verspürte Lara einen Anflug von Panik und sie fragte sich, was sie überhaupt hier zu suchen hatte, zwischen all den leuchtenden Gesichtern und dem aufgeregten Getuschel.

»Hast du denn deine Zugangsdaten schon bekommen?« Daniel beugte sich zu ihr, als ob er ihre Resignation spürte.

»Nein.« Lara schüttelte den Kopf, biss sich auf die Unterlippe. »Ich darf wohl mitmachen, aber ... na ja, habe keinen Job und keinen Schlafplatz mehr bekommen.«

Daniel hob die Brauen. »Oh, tatsächlich? Das tut mir leid.«

»Muss es nicht. Sag mal, welches Gesellschaftssystem habt ihr eigentlich gewählt?« Lara hangelte sich zum nächsten Thema, damit sie nicht darüber nachdenken musste, wie ausgeschlossen sie sich fühlte.

»Wir haben uns für eine Mischung aus mehreren Systemen entschieden«, flüsterte er zurück, während seine Augen noch immer nach vorne gerichtet waren. »Zwar ist es ein präsidentielles Regierungssystem und wir verwenden das französische Wahlsystem – das heißt, der oder die Präsidentin wird vom Volk in zwei Durchgängen gewählt und hat die Funktion des Staatsoberhauptes inne –«

»Aber?«

»Aber anders als zum Beispiel in Amerika verfügen wir zudem über ein Parlament, das nur aus einer Kammer besteht. Wir wollten verhindern, dass es zu starken Blockaden zwischen der Opposition und der regierungsführenden Partei kommt.«

»Das klingt nach richtig viel Arbeit. Wer hat das denn ausgearbeitet?«, erkundigte sich Lara so leise wie möglich.

»Schüler aus dem Politik- und Geschichtskurs der Oberstufe. Die haben das während des letzten Schuljahres gemacht – also auch die Gesetzesentwürfe und die Verfassung erstellt. Und dann eigentlich alle aus der Schülervertretung«, erwiderte Daniel ebenso leise und Lara beschlich das Gefühl, dass er es genoss, sich etwas weiter zu ihr beugen zu können. »Legislative, Judikative und Exekutive haben wir in einem Schaubild zusammengefasst – ist alles in der App zu finden. Es soll schließlich auch für die jüngeren Schüler verständlich sein.« Plötzlich verzog er das Gesicht, als ob er etwas Falsches gesagt hätte. »Sorry. Das langweilt dich sicher.«

Lara winkte ab. »Nein, gar nicht. Ich habe ja gefragt.«

Staat X. Das klang so ernst. So offiziell. Und in den Gesichtern der meisten Schüler konnte Lara erkennen, wie sehr sie sich auf das Projekt freuten. Gleichzeitig verspürte sie einen Klumpen in der Magengegend, schließlich würde sie nicht die gleichen Erfahrungen wie die anderen aus ihrer neuen Klasse sammeln können.

Ihre Finger knibbelten an der Haut ihres Daumennagels, wie immer, wenn sie nervös war.

»Lara?«

Sie zuckte zusammen, als sie ihren Namen hörte, und musste feststellen, dass sie von den anderen Schülern beobachtet wurde. Sofort flammten ihre Wangen auf, was sie mit einem aufgesetzten Lächeln zu überspielen versuchte.

»Hier, darin findest du alle Informationen zu Staat X. Zumindest vorerst. Ich muss etwas erledigen, aber vielleicht können wir uns nach der Wahl noch mal zusammensetzen.« Frau Schmied holte eine Broschüre aus ihrer Aktentasche und legte sie Lara auf den Tisch. »Allen anderen wünsche ich weiterhin einen guten Aufbau und bis später.«

Laras Augen weiteten sich.

Staat X.

Schwarze Schrift. Ordentliches Layout, das sehr professionell aussah. Kleine Flaggen in Blau und Weiß schlängelten sich über die Vorderseite, in deren Mitte eine Schildkröte thronte. Staat X hatte sogar ein eigenes Wappentier.

»Kommst du mit?«

Fragend hob Lara den Blick und sah, dass Daniel seine Sachen bereits zusammengepackt hatte.

»Natürlich kommt sie mit. Was soll sie sonst machen?«

Das Mädchen, das sich unbemerkt genähert hatte, war schwarz gekleidet und hatte sich das aschblonde Haar zu einem hohen Pferdeschwanz zusammengebunden, wodurch ihre schmalen Gesichtszüge besser zur Geltung kamen. Die hellblauen Augen wirkten dank der Mascara und des auffallenden Lidschattens wie zwei gigantische Scheinwerfer. Einfaches Tanktop und ein kurzer Lederrock, der Laras Vater dazu veranlasst hätte, sie wieder in ihr Zimmer zu schicken, um sich *augenblicklich* umzuziehen.

Laras Blick fiel auf ihre Schuhe.

Lila. Mit einer Schleife.

Passend zu dem Choker und dem Lidschatten.

Und sie strahlte Lara auf eine so ansteckende Weise an, dass sie nicht anders konnte, als zurückzulächeln. Ein echtes Lächeln wickelte sich um Laras Mundwinkel.

»Ich bin Olga. Daniels Zwillingsschwester. Und das ist Melina.« Das zierliche, dunkelhaarige Mädchen mit den Sommersprossen um die Nase musste besagte Melina sein, denn ihre Mundwinkel hoben sich zaghaft, allerdings wich sie ihrem Blick aus. »Keine Sorge, Daniel und ich sind zweieiige Zwillinge. Deswegen die unübersehbare Ähnlichkeit.«

Olga knuffte ihren Bruder in die Seite, der das Gesicht verzog, als hätte sie gerade vor der versammelten Klasse verkündet, wie süß er doch sei. »Du kannst dich uns gerne anschließen, wenn du möchtest. Du siehst nämlich etwas verloren aus.«

Lara nahm die Einladung dankend an und packte ihre Unterlagen ein. Die einfachste Methode, um mit dem Strom zu schwimmen, war, sich dem großen Schwarm anzuschließen.

ADRIAN

Der Ausruf über die Lautsprecher ließ Adrian zusammenzucken. Er hob den Kopf und ließ die Karteikarten sinken. Die Leere im Klassenzimmer gab ihm die nötige innere Ruhe, um sich auf die Wahlverkündung vorzubereiten. Selbstverständlich hatte er eine Rede vorbereitet, nicht viel, nur eine Orientierung, denn er war besser im Improvisieren.

Es knarzte in den Lautsprechern, dann erklang eine weibliche Stimme: »Die Ergebnisse des ersten Wahldurchgangs stehen fest. Bitte findet euch alle vor der großen Bühne auf dem Schulhof ein.«

Selbst bis ins Klassenzimmer war der tosende Jubel, der überall in der Schule ausbrach, zu hören. Laut und dröhnend. Als Adrian auf den Flur trat, begegnete er vielen, die auf dem Weg zum Schulhof waren. Hände klopften ihm auf die Schulter. Im ersten Moment war er wie festgefroren, stocksteif. In seinen

Ohren rauschte ein Orkan, deshalb begriff er erst nach einigen Sekunden, was sie riefen.

Seinen Namen.

Sie riefen ihn immer wieder und wieder, bis er zu einem Schlachtruf heranwuchs, der seine Knie weich werden ließ.

Adrenalin schoss durch seine Adern, und obwohl er am liebsten auf die Bühne gerannt wäre, schob sich Adrian langsam und mit einem siegesgewissen Grinsen durch die Menge. Ein Lächeln, das seine Unsicherheit überspielte und ihn zu der Person machte, die alle in ihm sahen, die sie brauchten. Jemanden mit Selbstsicherheit und Kraft, jemanden, an den sie sich anlehnen konnten, der für sie einstand.

So war es schon gewesen, als er klein war.

Adrian hatte den Ärger kassiert. Die Strafen. Die Verachtung. Für seine Mutter. Für seine Schwester. Für seine Freunde.

Bei diesem Gedanken verrutschte sein Lächeln, als hätte sich jemand vermalt.

Endlich war er auf dem Schulhof angelangt. Draußen herrschte eine ausgelassene Stimmung und der Jubel nahm noch weiter zu.

Schon von Weitem sah Adrian, dass Johanna und Anna-Maria sich bereits auf der aufgebauten Bühne eingefunden hatten. Ebenso wie Vertreter der fünf Parteien und Direktor Ehlsberg. Einzig Lars fehlte noch.

Adrian sah sich nach Kemal und Felix um, konnte seine Freunde jedoch nirgendwo entdecken.

Als er sich wieder nach vorne drehte, begegnete sein Blick einem grünblauen Augenpaar, das an einen nassgrauen Regentag erinnerte und ihn festhielt, bis er glaubte, keine Luft mehr zu bekommen. Das zweite Mal an einem Tag. Ein Seil aus Schuld schlang sich um seinen Hals, drückte zu.

Der Blick tastete nach seiner Seele, durchlöcherte seine Fassade, als würde sie aus Pappe bestehen und nicht in Stein gemeißelt sein.

Melina.

Ihr Name in seinem Kopf und ein verblasster Fingerabdruck auf seinem Herzen.

Was würde sie von ihm denken, wenn er die Wahl nicht gewann? Er hatte bereits versagt. Hatte sie im Stich gelassen.

Für Melina hatte seine Popularität niemals eine Rolle gespielt, aber die Vorstellung, sie in irgendeiner Weise zu enttäuschen – wieder zu enttäuschen –, hinterließ einen bitteren Geschmack in Adrians Mund.

Abrupt wandte er sich ab, schob die Hände in die Hosentaschen, damit niemand das Zittern bemerkte, und grinste weiter wie ein Werbestar in die Runde, so lange bis er endlich die Stufen der Bühne erreichte.

Oben angekommen nickte ihm Johanna siegessicher zu. In diesem Moment schritt Lars an den Schaulustigen vorbei und Adrian musste ein Lachen unterdrücken, als er sah, was er anhatte: einen Anzug. Inklusive roter Krawatte. Selbst seine Haare waren ordentlich frisiert, der Ausdruck auf seinem Gesicht lächerlich stolz.

Adrians Blick fing die hinter ihm erscheinende Entourage ein, die Lars wie ein hungriges Wolfsrudel folgte, bereit, jedes Stückchen an Aufmerksamkeit zu verschlingen, das übrig blieb.

Das unterdrückte Lachen in seiner Kehle legte eine Vollbremsung hin, als die anderen zu grölen begannen. Ungläubig starrte Adrian hinunter. Auf den Mienen der Schüler spiegelte sich pure Freude. Und Begeisterung. Ohrenbetäubender Jubel brach aus und zu seinem Entsetzen stellte er fest, dass es nicht nur die jüngeren Schüler waren, deren Augen auf einmal leuchteten. Für den Bruchteil eines Augenblicks verspürte Adrian einen Stich in der Brust. Eine Nadelspitze.

Nein. Das ist bescheuert.

Er konnte unmöglich eifersüchtig auf Lars sein.

Ein paar ihm vertraute Gesichter waren in der Gruppe hinter Lars, viele aus seiner eigenen Stufe. Sobald sie Adrian erblickten, rutschten ihre Mundwinkel in die Höhe. Mitleidig? Entschuldigend?

Beinahe automatisch ballte Adrian die Hände zu Fäusten. Dann, endlich, hatte auch Lars die Bühne betreten.

Zurück blieb ein dumpfes Gefühl in Adrians Brustkorb. Und Angst. Angst davor, die Erwartungen an ihn nicht zu erfüllen. Allein der bloße Gedanke an die Reaktion seines Vaters ließ ihn augenblicklich verkrampfen. Dabei sehnte sich der Junge in ihm immer noch nach Anerkennung. Nach Zuneigung. Nach einem richtigen Vater.

Vielleicht war das auch der Grund, warum er so sehr hoffte zu gewinnen. Um wenigstens ein Mal die schweigende Mauer zu durchbrechen, um sich wenigstens ein Mal wie ein stolzes Kind zu fühlen.

Unweit der Bühne entdeckte er Felix. Wahrscheinlich ahnte er, was in Adrian vorging, denn er hatte diesen einen Gesichtsausdruck aufgesetzt, den er eigentlich nur ausgrub, wenn sein 10-jähriger Labrador zum Tierarzt musste.

Doch dann hob Felix das Smartphone in seiner Hand und deutete darauf. Noch bevor Adrian sein eigenes Handy aus der Tasche ziehen konnte, trat Sarah, eine der Hauptorganisatorinnen, ans Mikrofon. Nervös sah sie sich um, ihr Blick glitt über die Reihen von Schülern. Sie war es nicht gewohnt, im Mittelpunkt zu stehen.

Ihre Augen blieben an Felix hängen und sie schluckte. Dann setzte sie ein breites Lächeln auf.

»Wie schön, dass ihr heute alle gekommen seid. Und zum Glück spielt das Wetter mit. Regen wäre nämlich wegen der Bühne und der ganzen Technik ziemlich blöd gewesen.«

Komm zum Punkt, dachte Adrian.

»Es ist mir eine große Ehre, das Ergebnis des ersten Wahldurchgangs verkünden zu dürfen.«

Adrian versuchte, Felix' Blick einzufangen, der ihm auswich. Schlagartig wurde alles in ihm ganz ruhig. Windstill. Kurz, bevor der Sturm losbrach. Dann herrschte plötzlich Chaos in seinem Kopf. Mit zitternden Fingern zog Adrian das Handy hervor. Fünf neue Nachrichten. Drei Anrufe in Abwesenheit.

Natürlich.

Felix kannte die Ergebnisse. Zumindest der ersten Wahl. Er hatte seine Kontakte überall – nicht zuletzt Sarah, auf die er seit Kurzem ein Auge geworfen hatte. Und er hatte versucht, Adrian vorzuwarnen.

Adrian ahnte es, noch bevor Sarah die Worte aussprach.

Langsam hob er den Kopf und blickte zu seinem Freund.

Es tut mir leid, formten Felix' Lippen.

»... es gibt eine Stichwahl zwischen Lars Klügler und Johanna Dreyfuß.«

Adrian spürte, wie ihm die Gesichtszüge entgleisten. Die Kameras, die direkt auf ihn gerichtet waren, knipsten Bilder, die Schlagzeilen liefern würden.

Ihm wurde heiß. Dann kalt.

Das war es also. So fühlte es sich also an zu verlieren. Als ob jemand mit einer Schere dastand und seinen Schicksalsfaden durchtrennte.

Kurz dachte Adrian an seinen Vater. Daran, wie sich sein Mund höhnisch verziehen und ein »Habe ich es dir nicht gesagt?« über seine Lippen donnern würde. Er dachte an den verärgerten Ausdruck in seinem Gesicht, die Enttäuschung, die sich zu einem Schweigen wandeln und in Nichtachtung münden würde, weil er wieder nichts auf die Reihe bekommen hatte. Weil er nicht gut genug war. Nie sein würde.

Irgendwo in der Menge stand Melina und sah ihn an. So wie alle anderen würde sie nun endlich die Wahrheit erkennen – vielleicht hatte sie das auch schon längst.

Er war ein Versager.

Felix schüttelte resigniert den Kopf, sah aus wie ein Hundewelpe, dem man sein Spielzeug verweigerte.

Es war, als wäre nur noch ein Abziehbild von Adrian übrig. Eines jener billigen Tattoos, die sie sich als Kinder auf die Oberarme geklebt und damit besonders cool gefühlt hatten. Jetzt blätterte sein Innerstes ab wie die Konturen der Abziehbildchen nach dem Duschen.

»Der zweite Wahldurchgang wird jetzt freigeschaltet. In eurem Account in der Staat-X-App findet ihr unter der Rubrik ›Stichwahl‹ die beiden Kandidaten. Wir geben euch zehn Minuten Zeit, dann können wir das endgültige Ergebnis verkünden.«

Adrians Körper reagierte auf die Worte, seine ganze Anspannung verpuffte schlagartig.

Adrian hörte tief in sich hinein.

Doch da war nichts.

Nur Leere.

MELINA

Der Schulhof quoll buchstäblich über. Überall standen die Schüler in Grüppchen und nach Klassen sortiert zusammen, aufgeregtes Getuschel drang bis in den entlegensten Winkel. Unwillkürlich musste Melina an eine Dokumentation über ein Schwimmbad aus China denken, das so überfüllt war, dass die Menschen sich nicht mehr bewegen konnten – ein einziger riesiger Schwarm aus treibenden Leibern.

An mehreren Stangen waren Banner angebracht. »Staat X« prangte darauf in schwarzer Farbe zusammen mit einer Schildkröte auf blau-weißem Muster, das ein wenig an die bayrische Staatsflagge erinnerte. Flüchtig musste sie an Kaschinski, ihre Griechische Landschildkröte denken, was auch der Grund gewesen war, warum sie für das Wappentier gestimmt hatte. Ein Panzer, dessen Platten für jeden einzelnen Schüler standen. Melina mochte die Erklärung.

Die Stimmung war ausgelassen, überall wirbelten Wortfetzen umher. Wie Sommerschneeflocken. Eine fast greifbare Spannung, die in der Luft lag und jeden mitzureißen schien. Vor allem die jüngeren Schüler strahlten wie zuckrige Honigkuchenpferde.

»Der zweite Wahldurchgang wird jetzt freigeschaltet. In eurem Account findet ihr unter der Rubrik ›Stichwahl‹ die beiden Kandidaten. Wir geben euch zehn Minuten Zeit, dann können wir das endgültige Ergebnis verkünden.«

Wie auf Kommando wurden Smartphones gezückt. Mehrere Wahlhelfer schritten mit einem Tablet durch die Reihen. Viele der jüngeren Schüler loggten sich darüber in ihren Account ein und gaben ihre Stimme ab.

Wählen im 21. Jahrhundert.

»Gewählt?« Neugierig beugte sich Olga über Melinas Schulter.

»Ja.«

»Lars?«

»Schon mal was von Wahlgeheimnis gehört?«, mischte sich Olgas Bruder Daniel mit einem Augenzwinkern ein und steckte sein Handy in die Hosentasche seiner Shorts.

Olga verschränkte beleidigt die Arme vor der Brust. »Dann hätten sie Wahlkabinen errichten sollen. Aber sie wollten ja eine offene Abstimmung.«

»Das Volk wollte es so. Wir durften im Vorfeld darüber abstimmen, wie die Wahl gestaltet werden soll. Ist doch auch witziger, live dabei zu sein.«

»Wie auch immer.« Mit einem breiten Grinsen wandte sich Olga an Lara, die sie überrascht ansah. »So. Jetzt zu dir. Wir haben zehn Minuten. Du bist die Neue. Muss ziemlich nervig sein, immer dieselben Fragen zu deinem Lebenslauf. Weißt du denn schon, in welchen Beruf du eingeteilt wurdest?«

»Nein.« Sie zuckte beinahe unbeteiligt mit den Schultern, aber Melina hatte den Eindruck, dass sie ehrlich geknickt war. »Ich darf zwar mitmachen, aber nicht übernachten. Schlafplätze und Rationen sind schon berechnet, das macht die Sache schwierig. Und ich bin ... arbeitslos.«

»Oh. Mist. Verstehe. Also füttern unsere Steuern dich durch die Woche?«, scherzte Olga.

Lara zuckte unmerklich zusammen. »Scheint so.«

»An Olgas Direktheit muss man sich erst einmal gewöhnen«, sagte Daniel.

»Was macht ihr denn in Staat X?«, fragte Lara. Dabei bemerkte Melina, wie ein paar Mädchen neugierig zu ihnen hinübersahen. Lara war die Neue. Unübersehbar.

»Im Irrenhaus arbeiten.«

»Ernsthaft?«

Olga lachte. »Nein, aber witzig wäre es.«

»Ein Irrenhaus wäre ... echt schräg«, murmelte Daniel.

»Dafür soll es aber ein Gefängnis geben«, warf Olga ein.

»Ein Gefängnis?«, fragte Lara verwundert.

»Klar. Wir haben eigentlich alles, was einen Staat ausmacht«, fügte Daniel jetzt hinzu. »Also wirklich alles. Von einem Parlament über Gefängnisse bis hin zu zwei Zeitungen, die sich auf verschiedene Themen spezialisieren, Cafés, eine Bar, die nur Alkoholfreies ausschenkt, ein Kino und eine Schwimmhalle. Soweit ich weiß, will das Standesamt sogar gleichgeschlechtliche Lebenspartnerschaften akzeptieren.«

»Man kann auch heiraten?«

»Jup«, sagte Olga. »Wir müssen jeden Abend Steuern bezahlen, bevor die jüngeren Schüler nach Hause gehen. Es gibt aber steuerliche Vorteile, wenn man heiratet.«

»Man muss dafür nur den richtigen Partner finden«, warf Daniel ein und zwinkerte Lara dabei schamlos zu. Olga rollte mit den Augen, verkniff sich aber ausnahmsweise einen Seitenhieb.

»Und was arbeitet ihr jetzt wirklich?«

»Ich bin Staatsanwalt«, erwiderte Daniel, wobei er versuchte, nicht allzu zufrieden dreinzublicken. Dabei wusste Melina ganz genau, wie sehr er gehofft hatte, die Stelle zu bekommen. »Ich werde von den zukünftigen Steuergeldern bezahlt und kann die Vorzüge von Staat X in vollen Zügen genießen.«

»Wieso das?«

»Weil ich vermute, dass es wenig zu tun gibt.«

»Wenn du dich da mal nicht täuschst«, murmelte Olga. »Die Jungs dort drüben zum Beispiel, die haben nur Unsinn im Kopf.«

Olgas ausgestreckter Zeigefinger deutete auf Nils, Maxim, Jonathan und die anderen Idioten aus der Elften. Allein ihr Anblick versetzte Melinas Inneres in Aufruhr. Es war ein unbestimmtes Gefühl, etwas, das sich schlecht fassen ließ, aber in der Nähe der Sportler fühlte sie sich einfach nicht wohl. Es lag an der Art, wie sie die Mädchen beobachteten. Als wären sie Frischfleisch.

»Was machen sie?«

»Sicherheitspersonal. Bieten ihre Dienste der Bank und dem Casino an. Was anderes ist diesen Schwachmaten auch nicht eingefallen. Bis auf Nils, der wurde bei der Polizei genommen.«

Olga schnalzte mit der Zunge. »Oder der Haufen in der Raucherecke. Die nehmen das hier auch nicht wirklich ernst.«

»*Happy Obscurus?*«, fragte Lara, die Olgas Blick gefolgt war. Adam Giebel, Pavel Irgendwas und noch ein weiterer Junge, die in der Raucherecke standen, als würde sie die ganze Wahl nichts angehen.

Daniel schnaubte. »Ach, komm. Pavel kann nicht mal richtig Noten lesen.«

»Muss er auch nicht. Er hat Adam in der Band. Das reicht. Und sie spielen gut.« Olga grinste und hatte damit das letzte Wort.

Insgeheim stimmte Melina ihr zu. Adam besaß eine ungemein coole Ausstrahlung, als könnte ihm nichts etwas anhaben. Kein Wunder, dass er und Adrian sich schon vor Jahren zerstritten hatten – sie waren sich beide zu ähnlich. Angeblich redeten sie nicht mehr miteinander, weil er etwas mit Adrians kleiner Schwester gehabt hatte, die mittlerweile auf eine andere Schule ging.

Als Melina sich abwandte, bemerkte sie, dass Lara noch immer zu der Gruppe schaute. Genauer gesagt, zu dem anderen Jungen, dessen Namen Melina nicht kannte. Groß und ziemlich schlaksig mit dunklen Haaren, die seinem Schlafzimmerblick etwas Draufgängerisches verliehen.

Lara räusperte sich geräuschvoll, als sie Melinas Blick bemerkte. Dann sah sie zwischen Olga und Melina hin und her. »Und was macht ihr?«

»Olga und Melina führen ein Büchercafé«, sagte Daniel. »*Büchereule*. Sie haben einen Raum im Erdgeschoss des Nebengebäudes.«

Jetzt, so ausgesprochen, klang es etwas peinlich, trotzdem fühlte Melina einen gewissen Stolz, weil sie sich in dieser einen Woche einen kleinen Traum erfüllen würde. Etwas, das nur ihr und Olga gehörte. Etwas, das sie abgöttisch liebte.

Kaffee. Und Bücher.

»Melina stellt auch ihre Bilder aus«, fügte Olga hinzu, obwohl sie sich darauf geeinigt hatten, es nicht an die große Glocke zu hängen. »Eigentlich ist es eine Mischung aus allem. Büchercafé. Treffpunkt. Ausstellung.«

»Cool.« Lara sah Melina direkt an. »Das klingt echt gut. Ich bin leider total unbegabt. Wenn ich etwas male, sieht es aus, als hätte meine kleine Schwester ihre Wasserfarben über das Bild gekippt.«

Während alle lachten, betrachtete Lara sie neugierig aus ihren türkisblauen Augen und Melina spürte, wie sie sich automatisch in ihr Schneckenhaus zurückzog, eine unsichtbare Schutzmauer um sich baute. Sie hasste jede Art von Aufmerksamkeit.

Vielleicht war es an der Zeit, ihre inneren Dämonen zu bekämpfen und wenigstens so zu tun, als würde es ihr Freude bereiten, mit fremden Menschen zu sprechen.

Doch bevor sie den Mund öffnen und etwas sagen konnte, erhob sich Sarahs Stimme, drang dröhnend über den Schulhof.

Die zehn Minuten waren vorbei.

»Die Abstimmung ist abgeschlossen. Vielen Dank an alle, die mitgemacht haben, und ganz besonders an unsere Präsidentschaftskandidaten.«

Melina starrte auf die Bühne, wo Adrian nach hinten trat, als ob er Johanna und Lars den Vortritt lassen wollte. Seine Miene war stoisch, aber sie ahnte, was in ihm vorging. Dafür kannte sie ihn zu gut. Oder hatte ihn einmal gekannt.

Allein sein Anblick reichte aus, um sie wieder in Panik zu versetzen. Sie atmete tief ein. Schnappte nach Luft und grub ihre Nägel in die Handflächen.

Der Schmerz saugte die drohende Panik auf und sie spürte, wie sich Olga etwas dichter neben sie stellte. So dicht, dass ihre Körperwärme sich auf Melina übertrug. Dankbar lächelte sie ihre Freundin an.

Direktor Ehlsberg ging auf das Mikrofon in der Mitte der Bühne zu. Er blieb etwas zu nah davor stehen, und als er schließlich zu sprechen begann, drang ein stechendes Geräusch in Melinas Trommelfell.

Die Schüler stöhnten unisono auf.

»Seid gegrüßt.«

»*Zu den 76. Hungerspielen*«, raunte ihr Olga zu, was ein ehrliches Lächeln um Melinas Mundwinkel wickelte.

»Es ist mir eine große Ehre, heute unseren Präsidenten von Staat X in sein Amt zu erheben und damit einen wichtigen, ersten Schritt zu machen. Denn das ist der Moment, in dem ich gänzlich in der Funktion eures Schuldirektors zurücktrete.« Tosender Jubel brach aus, was Direktor Ehlsberg mit einem sympathischen Lächeln zur Kenntnis nahm. »Ab dem heutigen Morgen liegt das Projekt ganz in euren Händen. Sarah, bitte.«

Sarah trat wieder an das Mikrofon und hob ein Tablet. Kurz schweifte ihr Blick über die Menge. Sekunden verstrichen, wurden langsamer, zerfielen zu gedehnten Momenten.

Als ob man einen Luftballon aufblies.

Sarah ließ ihn platzen.

»Lars Klügler, herzlichen Glückwunsch! Mit einer Mehrheit von 57 Prozent bist du zu unserem Präsidenten gewählt worden.«

Ein Raunen rollte über die Köpfe hinweg, dann begannen alle zu klatschen und zu jubeln.

Eine Gänsehaut breitete sich auf Melinas Armen aus. Sie wurde mitgerissen. Vom Strom. Von der Euphorie. Jetzt ging Staat X endlich los!

»Ist das geil!«, rief Olga begeistert, riss den Arm in die Luft und schwenkte ein imaginäres Lasso, während Daniel johlende Laute ausstieß.

Ein fettes Grinsen pflasterte sich auf Lars' Gesicht. Melina bemerkte den säuerlichen und sichtlich geschockten Ausdruck auf Johannas Zügen, sah, wie Adrian etwas fragend aussah. Als könnte er nicht glauben, dass Lars tatsächlich gegen Johanna gewonnen hatte.

Ruhig und mit der nötigen Selbstsicherheit übernahm Lars schließlich das Rednerpult. Erst jetzt nahm Melina die Journalisten, die in den vorderen Reihen standen, wahr. Jemand von der *Städtischen Zeitung*, aber auch Schüler waren unter ihnen. Elif, die Redakteurin der *Morgenpost X*, und ein paar Mädchen aus der Parallelklasse, wie Tamara, die immer ein nettes Wort für jeden bereithielt und bei der *Neuen Zeitung* arbeitete. Hinter ihr stand Michelle, die Chefredakteurin. Melina konnte sie nicht besonders gut leiden, was wahrscheinlich daran lag, dass sie an niemandem ein gutes Haar ließ.

Kameras klickten, Kugelschreiber kratzten über Notizblöcke. Sie waren ganz in ihrer Rolle, gingen darin auf.

Zum ersten Mal wurde Melina bewusst, wie ernst und groß das Projekt war.

Wie ... *real*.

Mittlerweile hatte Lars sein einnehmendes Lächeln, das ihm zum Sieg verholfen hatte, ausgepackt und wirkte kein bisschen nervös. Allein die Vorstellung, auf der Bühne stehen zu müssen, trieb Melina Schweißperlen auf die Stirn.

»Liebe Mitbürger und Mitbürgerinnen«, begann er und einige kicherten bei seinen Worten. »Ich freue mich, dass ihr euch so zahlreich zu meiner Amtseinführung eingefunden habt.«

»Wir hatten auch keine andere Wahl«, rief jemand und einige stimmten in das aufkeimende Gelächter ein.

Selbst Lars grinste aufrichtig. »Wie gut, dass sich unser Staat aus einem demokratischen System zusammensetzt und wir keine Lehrer haben, die sich einmischen. Natürlich werden Herr Simon, Frau Ellwanger und Frau Schmied die ganze Zeit über als stille Beobachter anwesend sein.«

Die drei Vertrauenslehrer, die etwas abseits der Bühne standen und noch alle ziemlich jung waren, winkten in die Runde. Melina kannte sie bis auf Frau Schmied nur flüchtig. Frau Ellwanger war ausgebildete Ersthelferin und betreute gemeinsam mit drei Schülerinnen das Staat-X-Krankenhaus. Darauf hatten die Eltern vehement bestanden.

Lars' Gesicht nahm einen ernsten Ausdruck an und auch seine Stimme wurde tiefer, als er fortfuhr: »Selbstverständlich ist Staat X nur ein Experiment und ihr könnt die nächsten Tage auch einfach schwänzen.« Die Kunstpause, die folgte, war perfekt gewählt und sickerte bei allen ein. »Aber unsere Gemeinschaft kann nur bestehen, wenn jeder von uns seinen Beitrag leistet. Ganz egal, wie klein euch euer Job auch erscheinen mag, oder ob ihr keinen bekommen habt, ihr tragt alle einen wesentlichen Teil dazu bei, dass dieses Experiment ein Erfolg wird. Es geht darum, einen richtigen Staat nachzustellen, und unsere Gemeinschaft ist nur so stark wie ihr schwächstes Glied. Jeder Einzelne von euch ist ein Baustein unserer Gesellschaft – deswegen auch unser Wappentier«, er lächelte flüchtig. »Und ich bin wahnsinnig stolz darauf, dass ihr mich zu eurem Präsidenten gewählt habt.«

Normalerweise hätte Melina Olga eine spitze Bemerkung zugeraunt, sich darüber lustig gemacht. Normalerweise hätten sie sich gemeinsam über Lars' komische, politische Gesten amüsiert, doch alles, was Melina sagen wollte, blieb ihr im Hals stecken. Sie war wie gebannt und merkte, dass sie sich gar nicht darüber lustig machen wollte.

»Vielen Dank auch an die einzelnen Parteien und die Organisatoren, die vielen fleißigen Eltern und die Schüler, die sich im wahrsten Sinne des Wortes ihren Hintern dafür aufgerissen haben, dieses Projekt zu ermöglichen. Von den Sponsoren mal ganz zu schweigen.«

Mittlerweile war es so still geworden, dass Melina ihren eigenen Atem hören konnte. Ihr Blick schweifte zu Adrian, dessen Lippen sich zu einem verächtlichen Lächeln kräuselten, doch sie kannte ihn gut genug, um zu wissen, dass es Teil seiner Fassade war. Sein Schutzschild.

»Als ich vorhin durch die Gänge gelaufen bin, hat es sich schon so real angefühlt. Alles war da. Die Bäckerei wurde aufgebaut, die südamerikanische Bar hat den letzten Schliff bekommen, das Kino hat seine Programme ausgeschrieben und bei der *Morgenpost X* liefen die Drucker auf Hochtouren.« Lars schien jeden von ihnen anzusehen. »Es war so, als ob ich in einer kleinen Stadt wäre. Und das funktioniert nur dank euch. Wir haben die Macht, diese Woche unvergesslich zu machen. Lasst uns heute damit anfangen. Denn jetzt beginnt der erste Tag unseres Lebens in Staat X.«

Nun traten Abgeordnete des Parlaments nach vorne und hielten einen dicken Ordner in die Höhe. Die Verfassung des Staates X. Feierlich legte Lars eine Hand darauf und sagte: »*Ich schwöre, dass ich meine Kraft dem Wohle unseres Volkes widmen, seinen Nutzen mehren, Schaden von ihm wenden, die Verfassung und die Gesetze des Staates X wahren und verteidigen, meine Pflichten gewissenhaft erfüllen und Gerechtigkeit gegen jedermann üben werde.*« Es entstand eine kurze Pause. »Und damit, meine lieben Mitbürger und Mitbürgerinnen«, Lars schaute grinsend in die Runde, die Arme in einer Siegespose erhoben, »erkläre ich Staat X für eröffnet.«

Als er fertig war, schien es fast so, als hätte er in einem stockfinsteren Raum plötzlich das Licht eingeschaltet, denn ein synchrones Blinzeln setzte ein. Erst nach und nach erwachten alle aus ihrer Starre, doch dann fegte bebender Applaus über die Köpfe hinweg und riss sie wie eine Welle mit.

Noch lauter als zuvor. Intensiver.

Sie waren eins.

Direktor Ehlsberg sagte noch ein paar Worte, übergab Lars symbolisch den Schlüssel der Schule und bat die Klassensprecher, die extra für Staat X angefertigten Personalausweise zu verteilen.

Nachdenklich drehte Melina ihren Personalausweis zwischen den Fingern. Abgerundete Ecken, sogar mit hervorgehobener schwarzer Schrift.

Melina Kaschinski, 221. Mitglied von Staat X, selbstständig. Inhaberin der Büchereule.

Jetzt war es offiziell.

Staat X hatte begonnen.

LARA

Anscheinend stimmte es, was man über Massenveranstaltungen sagte, denn Lara spürte die Energie der Menge wie elektrische Impulse auf ihrer Haut. Sie war wie gebannt und tauchte erst wieder auf, als Lars seine Rede beendet hatte.

»Wahnsinn«, hörte sie sich murmeln.

Daniel sah aus, als würde er gleich auf die Bühne springen wollen, um den Präsidenten von Staat X zu umarmen.

Keine Ahnung, ob Lara jemals so eine Begeisterung live miterlebt hatte, aber es fühlte sich verdammt gut an. Ein bisschen wie frei sein. Ein bisschen wie ein Rausch. Ein bisschen, als ob man den Mount Everest in Bestzeit besteigen könnte.

Gleichzeitig machte sich eine tiefe Enttäuschung in ihr breit. Die Tatsache, dass sie keinen richtigen Platz bei dem Projekt einnehmen würde, schmeckte jetzt umso bitterer.

Keine zwei Minuten später teilte ein Mädchen mit Nasenring

und silbergrauen Haaren kleine Hartpapierzettel aus. Auf ihrem Gesicht stand der genervte Ausdruck einer Person, die gerade zum Abwasch gezwungen wurde. Das spiegelte sich auch in dem Tonfall wider, mit dem sie die Personalausweise an die richtigen Leute loswerden wollte.

»Melina Kaschinski?«

Neben Lara errötete Melina aufs Stichwort und hob fast scheu die Hand, obwohl Lara den Eindruck gewann, dass hinter ihrer schüchternen Fassade viel mehr steckte. Wahrscheinlich brauchte sie einfach nur etwas Zeit zum Auftauen. Es konnte nicht jeder so viele Wörter wie Olga ausspucken.

Kurz verspürte sie eine plötzliche Sehnsucht nach Geborgenheit. Nach einfacher Vertrautheit, ohne Small-Talk-Fragen, nach kichernden Abenden auf Aylins Bett zwischen Schokoladentörtchen und schnulzigen Liebesfilmen. Rasch verdrängte sie das aufkeimende Gefühl von Heimweh.

»Habt ihr Irina gesehen?«

Plötzlich stand ein dunkelhaariges Mädchen mit Locken neben ihnen, ihr Blick wirkte gehetzt.

»Elif. Hey.« Olga schüttelte den Kopf. »Nein, wieso?«

»Weil sie eigentlich eingeteilt ist, um ein Interview mit dem Präsidenten zu führen. Aber ich kann sie nirgendwo finden.«

»Irina Sharalova?«

»Ja.«

»Soweit ich weiß, haben ihre Eltern ihr verboten, an Staat X teilzunehmen«, sagte Daniel mit einem Schulterzucken.

»Was? Sie hat mir nicht geschrieben ... Dann muss ich es wohl machen.« Sie biss sich nachdenklich auf die Unterlippe. »Aber eigentlich sollte ich die Redaktion für die erste Ausgabe übernehmen, beides wird echt eng.«

»Elif Kaymaz ist die Chefredakteurin der *Morgenpost X*«, raunte Olga ihr leise zu und in Laras Kopf fügte sich Zahnrädchen in Zahnrädchen. Ihr kam eine Idee.

»Ich könnte ja einspringen.«

Die Worte waren aus Laras Mund, noch bevor sie darüber nachdenken konnte, und erst dann wurde ihr bewusst, was sie gesagt hatte.

Alle wandten sich ihr überrascht zu.

»Hast du denn schon mal für eine Schülerzeitung gearbeitet?«

»Ja.«

Das war gelogen, aber dies war ihre Chance. Ihre Möglichkeit, doch noch ein fester Bestandteil von Staat X zu werden. Einen richtigen Job zu bekommen und nicht nur ... arbeitslos zu sein. Dabei war sie so sprachlich begabt, wie ihre Mutter kochen konnte. Katastrophal. In der sechsten Klasse hatte ihr eine Lehrerin unter einen Aufsatz geschrieben, dass sie schon tolle Fortschritte machte. Es war eine Fünf gewesen.

»Und wo arbeitest du bisher?«

»Bisher noch nirgends«, antwortete sie schnell. »Also ist heute dein Glückstag. Mit mir hast du nämlich jemanden, der ganz unvoreingenommen an das Interview herangeht. Ich bin neu und kenne noch niemanden, eigentlich ideal für den Job bei der *Morgenpost*.« Lara pries sich selbst an wie eine Marktfrau, aber ihre Worte schienen die gewünschte Wirkung zu erzielen, denn Elif musterte sie nachdenklich. »Ich arbeite hart und schaffe eigentlich alles, was ich mir in den Kopf setze«, fügte Lara hinzu, was dieses Mal der Wahrheit näherkam. »Das Interview bekomme ich sicher hin.« *Und damit auch einen Job in Staat X.*

Bei dem Gedanken daran, ein Interview zu führen – noch dazu mit dem Präsidenten von Staat X –, verspürte sie ein mulmiges Gefühl. Aber Lara wusste, was auf dem Spiel stand. Was es hieß, die Außenseiterin zu sein. Dafür würde sie über ihren eigenen Schatten springen und einen Job machen, der so gar nicht ihrem Wesen entsprach. Sie liebte Zahlen. Und Biologie. Chemie. Physik. Diese Dinge waren logisch und einfach, folgten klaren Strukturen.

»In Ordnung, von mir aus ...«

»Elif!«

Ein Junge mit schlaksigen Gliedmaßen und einer etwas zu locker um die Hüfte sitzenden Khakihose winkte ihnen zu und kam näher.

»Julian, was ist los?«

»Irina wird wohl nicht bei Staat X mitmachen. Ich werde das Interview übernehmen.«

»Da bin ich erleichtert! Damit wäre unser Problem ja gelöst.«

Verdammt. Lara war ihrem Ziel ganz nah gewesen. Ihre Schultern sackten zusammen und sie verspürte einen unangenehmen Druck auf ihrem Brustkorb.

Gleichzeitig nahm sie die Blicke der anderen auf sich wahr, rang sich ein mühsames Lächeln ab und hob die Hand. »Das macht nichts, ich habe sowieso nicht damit gerechnet, dass es klappt.«

Elif wandte sich ihr zu. »Wieso denn nicht? Wenn Irina nicht kann, ist die Stelle zu haben. Pack deinen Koffer. Ich schick dir

Irinas Zugangsdaten, wenn ich alles mit ihr abgeklärt habe. Dann bekommst du ihren Schlafplatz und ihren Job. Wenn du ihn haben möchtest.«

Laras Miene erhellte sich schlagartig und sie stieß ein Schnauben aus. »Soll das ein Witz sein? Natürlich will ich den Job!«

Elif nickte ihr zu. »Perfekt. Dann willkommen bei der *Morgenpost X*. Du kannst ja vielleicht gegen 15 Uhr in der Redaktion vorbeikommen, bis dahin habe ich bestimmt alles abgeklärt.«

»Danke.« Lara strahlte von einem Ohr zum anderen. »Das ist genial!«

»Dank nicht mir, sondern Irinas konservativen Eltern«, erwiderte Elif lachend und zückte ihr Smartphone, um Laras Nummer einzuspeichern. »Die meisten Unternehmen haben eine eigene WhatsApp-Gruppe. Außerdem gibt es die App, in der du einen Lageplan von den Geschäften, Restaurants und so weiter findest«, erklärte Elif. »Ich brauche noch jemanden, der sich um die Gerichtsthemen kümmert, passt das?«

Lara nickte schnell, obwohl sie nicht die leiseste Ahnung hatte, was sie da tun musste. »Klar. Kein Problem.«

Mit einem Wink in die Runde verabschiedeten sich Julian und Elif und verschwanden in der Menge.

»Hat ja doch alles geklappt«, sagte Daniel. »Und noch dazu eine so coole Stelle. Elif leitet normalerweise die Schülerzeitung. Es gibt noch eine andere Zeitung, aber mit der *Morgenpost X* hast du eindeutig die bessere erwischt.«

»Gut, dann bin ich mal gespannt«, erwiderte Lara. »Eure *Büchereule* muss ich dringend besuchen. Ist sie denn schon fertig eingerichtet?«

»Noch nicht ganz«, meinte Olga. »Aber wir sind dran. Meine Eltern bringen nachher die restliche Einrichtung und die Bücherkisten in unserem Van vorbei.«

»Die Bücher, die ihr verkaufen wollt?«

»Genau.«

»Was sollen die denn kosten?«

»Der Umrechnungskurs ist zwei zu eins. Also wenn etwas zwei Euro kostet, dann sind das ein Xero.«

»Moment, es gibt eine eigene Währung?«, fragte Lara verwirrt, denn davon hatte sie noch nichts gehört.

»Klar«, Olga rollte die Augen. »Aber das Geld bekommen wir erst morgen. Unser Stundenlohn sind fünfzig Xero-Cents, was dann ein Euro ist. Ich glaube, wir starten alle mit zwanzig Xeros, und du kannst dir beliebig viel umtauschen. Es gibt zwei Währungsbanken. Die jüngeren Schüler kommen jeden Morgen durch die Sicherheitskontrolle rein und tauschen ihr Geld dann gleich dort um.«

»Sicherheitskontrolle?«, echote Lara dumpf.

»Na ja, die Polizisten überwachen die Eingänge zum Schulgelände, wo es Taschenkontrollen gibt«, erklärte Daniel nun. »Man will vermeiden, dass die Leute Sachen reinschmuggeln, die Waren dann an Wert verlieren und es zu einer Inflation kommt.«

»Oh. Verstehe. Danke übrigens.« Lara sah einen nach dem anderen an. »Dank euch fühle ich mich nicht so ... neu. Und glaubt mir, nach vier verschiedenen Schulen weiß ich, wie sich Neusein anfühlt.« *Und Ausgeschlossensein.*

Jetzt musste sie nur noch den ersten Tag als Journalistin überstehen. Aber das konnte ja nicht so schwer sein ...

Die Justiz regelt den Umgang mit Verstößen gegen Gesetze.
Wahlsystem, Staat X.

Die Schulflure im Obergeschoss waren wie ausgestorben. Totenstille. Felix' Schritte hallten quietschend von den Wänden wider. Immer wieder glitt sein Blick zu der Uhr an seinem Handgelenk.

Überall waren Plakate und Aushänge mit Informationen oder Ausschreibungen zu Staat X angebracht. Felix starrte auf die Wahlplakate. Adrians ernster Blick schien ihn zu verfolgen. Genauso wie das Zahnpastalächeln der anderen drei Präsidentschaftskandidaten.

Alles umsonst gewesen.

»Felix.«

Abrupt blieb er stehen und drehte sich in Richtung des Flüsterns um. An der Ecke zu den Toiletten im Obergeschoss stand ein dunkelhaariges Mädchen mit karamellfarbener Haut und unverschämt langen Wimpern. Sarah.

Sie wirkte atemlos.

»Was machst du denn hier? Ich dachte, wir treffen uns beim Sitzungssaal.«

»Pssst.« Sie legte einen Finger an die Lippen und kam rasch näher. »Nicht so laut, verdammt! Du weißt, ich riskiere hier gerade Kopf und Kragen.«

Ihre Finger gruben sich in seinen Unterarm, als sie ihn in eine Nische zog, in der drei große Blumenkübel sie vor den Blicken anderer schützten. Aber niemand war zu sehen.

»Es waren noch zu viele Abgeordnete im Parlament, sie bereiten ihre Reden für später vor. Ich hoffe einfach, dass sie mir nicht auf die Schliche kommen.« Ein Schatten huschte über ihre Züge und Felix legte ihr einen Arm um die Schultern. »Ich habe sogar eine Verschwiegenheitserklärung unterschrieben. Ich könnte komplett von Staat X ausgeschlossen werden, wenn herauskommt, was wir gemacht haben.«

»Niemand wird davon erfahren. Mach dir keine Sorgen.« Felix war überrascht, dass er wie Adrian klang, wenn er es wollte. Beherrscht, selbstsicher. Dabei fühlte er sich kein bisschen so.

Sarah nickte und ihr krauses Haar kitzelte seine nackte Haut. »Hoffentlich.« Sie senkte die Stimme, wohl aus Angst, belauscht werden zu können. »Johanna kam nach der Verkündung des Endergebnisses zu mir und hat nachgehakt, aber ansonsten schien niemand Verdacht geschöpft zu haben.« Sie lächelte ihr schelmisches Lächeln. »Wir haben es geschafft.«

Vorsichtig stellte sie sich auf die Zehenspitzen und drückte ihm einen flüchtigen Kuss auf den Mund. Ihre Lippen waren warm und weich und schmeckten nach Sommer. Felix seufzte.

Sarah war so aufgeschlossen, so lebhaft. Er mochte sie sehr. Dabei war sie diejenige, die ihre Beziehung noch nicht offiziell machen wollte.

»Nicht wir«, sagte er kopfschüttelnd. »Du. Du hast es geschafft.« Felix verspürte einen seltsamen Stolz.

Flüchtig huschte ein Lächeln über Sarahs Gesicht, verscheuchte die Anspannung. »Ich habe schließlich die App entwickelt. Es war ein Kinderspiel. Die Codierung hat mir mein Vater schon vor zwei Jahren beigebracht …«, sie schüttelte den Kopf, als wäre ihr gerade eingefallen, dass er keine Ahnung vom Programmieren hatte. »Adrian ist immerhin dein bester Freund. Ich habe auch schon mit Lars gesprochen. Er kennt die Wahrheit.«

»Und?«, fragte Felix.

Dieses Mal war ihr Lächeln eindeutig triumphierend. »Wir haben ihn in der Tasche.«

ADRIAN

Adrian war geschlagen. Am Boden. Nicht nur, dass er eine Niederlage hatte einstecken müssen und ihm die Lust auf Staat X gehörig vergangen war, nein, nach all dieser Zeit hatte das Schicksal ausgerechnet heute eingegriffen.

Adrian wusste nicht, was jetzt aus ihm in Staat X werden sollte. Wahrscheinlich würde er sich erst einmal arbeitslos melden müssen, schließlich gehörte er keiner Partei an und bezog somit kein Beamtengehalt wie Anna-Maria, die nun einfach Abgeordnete war. Nein, er würde zum Bittsteller, ehe er vielleicht eine Anstellung bei seinen Freunden in der *TT-Bar* erhielt ...

Genervt schloss Adrian die Augen und atmete tief durch, er fühlte sich gerädert, als hätte er nächtelang nicht geschlafen.

Melinas gequälter Gesichtsausdruck hatte sich für immer in seine Netzhaut eingebrannt. Allein der Gedanke daran schnürte ihm die Luft ab.

Keine Ahnung, wie er es geschafft hatte, überhaupt seinen Schlafplatz zu finden. Er hatte das Gefühl, auf einem Horrortrip zu sein.

Mit einer Hand massierte sich Adrian die Nasenwurzel, stand mit dem Rücken zu dem bunten Treiben und beobachtete den Aufbau der letzten Essensstände auf dem Schulhof. Ein Crêpestand und ein Bäckereihäuschen.

»Adrian.«

Als er sich umdrehte, stand Johanna vor ihm. Die Brauen waren wütend gewölbt, der Mund zu einer schmalen Linie zusammengepresst. Enger Rock und weiße Bluse, die Haare hochgesteckt. Obwohl sie nicht Präsidentin geworden war, nahm sie ihre Rolle als Parteivorsitzende wohl verdammt ernst und hatte sich extra dafür umgezogen.

»Wir suchen dich überall.«

»Wieso?« Er klang müde, abgekämpft. Erinnerungen wirbelten sein Innerstes auf. Am liebsten hätte er sich in eine dunkle Ecke verkrochen.

»Parlamentssitzung.« Sie spie das Wort förmlich aus.

»Und? Was hat das mit mir zu tun?« Obwohl er sich bemühte, seinen Worten einen neutralen Tonfall zu verleihen, klang er wie ein Feuer speiender Drache.

»Tu doch nicht so.«

Müde schüttelte Adrian den Kopf. »Ich habe keine Ahnung, wovon du sprichst.«

»Lars möchte dich zum Polizeipräsidenten ernennen.«

»Was?«, fragte Adrian verwirrt und straffte die Schultern, während sich seine Gedanken überschlugen. Polizeipräsident?

Ein Hoffnungsschimmer keimte in ihm auf, streckte sich ihm entgegen und ließ das Gefühl der Enttäuschung schrumpfen. »Was meinst du damit, er möchte mich zum Polizeipräsidenten ernennen?«

Johanna verschränkte die Arme vor der Brust. »Spiel bloß nicht den Unschuldigen. Den anderen kannst du vielleicht etwas vormachen, aber wir wissen beide ganz genau, dass Stephan sich auf diesen Posten gefreut hat. Und auf einmal redet er davon, dass ihm die Verantwortung zu groß sei und er lieber im Kino arbeiten möchte.« Sie schnaubte abfällig. »Und dann kürt Lars ausgerechnet dich zum neuen Polizeipräsidenten. Da geht etwas nicht mit rechten Dingen zu. Ich werde dich ganz genau im Auge behalten, Dennenberg.«

Er. Polizeipräsident.

Ein echtes Lächeln kroch über Adrians Gesicht, als er begriff, was Johanna da eben von sich gegeben hatte.

Plötzlich war alles anders.

Erleichterung durchströmte Adrian, warm und sicher. Ihm standen wieder alle Türen offen. Alles, was sich vor zehn Minuten noch angefühlt hatte wie Blei auf seinen Schultern, schien sich jetzt in Schnee zu verwandeln. Und Johannas Information war die verdammte Sonne, die den Schnee zum Schmelzen brachte.

Als Polizeipräsident würde er über sehr viel Entscheidungsgewalt und Macht verfügen, aber auch viel Verantwortung tragen.

Es war seine Chance, sich zu beweisen.

Es war seine Chance, es allen zu zeigen.

Ohne zu zögern, folgte Adrian seiner ehemaligen Mitstreiterin durch die überfüllten Gänge. Überall roch es nach Kuchen und anderen Leckereien. Viele hatten bereits Uniformen angezogen, manche von seinen Mitschülern erkannte Adrian kaum wieder.

Mit jedem Schritt gewann er etwas von der alten Selbstsicherheit zurück. Mit jedem Schritt verdrängte er Melinas Gesicht aus seinen Gedanken. Er musste sich jetzt konzentrieren.

Oben im Parlamentssaal, dem umfunktionierten Physiksaal, angekommen, standen die Abgeordneten der einzelnen Parteien beisammen. Als er und Johanna eintraten, sagte niemand mehr ein Wort, fast so, als hätte jemand die Stummtaste gedrückt.

Adrian räusperte sich und entdeckte Lars. Noch immer im Anzug. Mit roter Krawatte, das Haar ordentlich nach hinten gekämmt.

»Ah, da bist du endlich. Perfekt. Dann können wir uns gleich an den ersten Punkt der Tagesordnung machen, damit du dich deiner neuen Arbeit widmen kannst. Setz dich doch bitte.«

Adrian war noch nie überraschter gewesen. Warum sollte Lars ihn unterstützen und ihm einen solch repräsentativen Job geben? Welchen Nutzen zog er daraus?

Er schaffte es nicht, seine Verwirrung zu verbergen, und nahm in der ersten Reihe Platz. Johanna setzte sich ans andere Ende des Halbkreises, wo sie ihn genauestens im Auge behielt.

Adrian versuchte zuzuhören, als Lars mit seiner Rede begann. Die Wörter sprudelten förmlich aus seinem Mund. Er erklärte, dass Stephan kurzfristig von seinem Posten als Polizeipräsident aus persönlichen Gründen zurückgetreten war und dass er Adrian für einen adäquaten Ersatz hielt. Schließlich hatte er Führungskompetenz und Ehrgeiz bewiesen, als er sich als Kandidat für das Präsidentenamt aufgestellt hatte.

»Adrian ist einer der ältesten Schüler. Stark und durchsetzungsfähig, ihm hören viele zu, wenn er etwas zu sagen hat. Deswegen schlage ich vor, ihn als Polizeipräsidenten einzusetzen. Wie auch bei meinem Amt wird ein Aufsichtsgremium die finanziellen Mittel und die demokratische und saubere Ausführung seiner Arbeit überwachen.«

Nun wandte sich Lars Adrian direkt zu. Es war das erste Mal, dass er ihm direkt in die Augen sah, und Adrian erkannte so etwas wie Missbilligung in seinem Blick. Nur ganz kurz, trotzdem spürte er den Widerwillen des anderen, als ob er ein Schild mit der Aufschrift »Die Sache stinkt!« in die Höhe hielt.

»Adrian Dennenberg, möchtest du das Amt des Polizeipräsidenten annehmen?«

»Ja.« Seine Stimme klang anders, vielleicht sogar etwas unsicher, jedenfalls genauso, wie er sich in diesem Moment fühlte. Nämlich unwohl.

Mit dieser Veränderung der Ereignisse hatte er nicht gerechnet. Doch sie war ihm willkommen. Denn er brauchte Kontrolle. Er wollte diese Chance um keinen Preis vermasseln. Sein Ansehen und Ruf waren Adrian heilig, schließlich war die Schule der einzige Ort, an dem er sich nicht so klein fühlte.

Lars nickte ernst. »Dann würde ich dich bitten, aufzustehen und auf die erste Verfassung von Staat X einen Amtseid zu leisten. Sarah hat dir eine Vorlage vorbereitet.«

Wie aufs Stichwort tauchte Sarah neben ihm auf und legte ihm ein Karteikärtchen auf den Tisch. Sie zwinkerte ihm zu, was er irritiert zur Kenntnis nahm. Adrian erhob sich mit wackligen Knien und setzte ein unerschütterliches Lächeln auf, einstudiert und perfektioniert. Mit ruhiger Stimme las er den Amtseid vor. Die anderen klatschten.

»Herzlichen Glückwunsch, Adrian. Damit bist du neuer Polizeipräsident«, sagte Lars und reichte ihm feierlich die Hand.

Als sich die Tür des Parlamentssaals hinter ihm schloss, fiel die Anspannung von Adrians Schultern und sein Blick landete auf der Liste in seiner Hand. Unzählige Namen, fast vierzig Stück, und keiner von ihnen brachte auch nur die kleinste Glocke in seinem Kopf zum Läuten.

Dies waren seine Polizisten. Und er war ihr Polizeipräsident.

Seufzend schaute Adrian auf und stellte fest, dass sich das Gebäude in einen florierenden Bienenstaat verwandelt hatte. Um ihn herum schwirrten Schüler und es roch nach Gebäck, was ihn daran erinnerte, dass er noch nichts gegessen hatte.

Wieder sah er auf den Zettel, der sich trotz des dünnen Papiers zentnerschwer zwischen seinen Fingern anfühlte. Vielleicht war es die Verantwortung, die zwischen den Zeilen lag. Jetzt konnte er ansatzweise nachvollziehen, weshalb Stephan das Handtuch geschmissen hatte.

Die Namen auf der Liste und die dazugehörige Klassenangabe hatten in etwa dieselbe Wirkung auf ihn wie eine ungewollte Ice-Bucket-Challenge: Sie waren ein ganz schöner Abturner. So viele Mädchennamen. Und die meisten Jungs waren kaum älter als dreizehn, was die nächtlichen Sicherheitskontrollen erschweren würde. Keine Ahnung, wie der Staat mit einer Truppe aus Mädchen und Unterstufenschülern als Polizisten funktionieren sollte.

Dann las Adrian einen Namen, der ihm tatsächlich bekannt

vorkam, und schlagartig kehrte die Anspannung zurück, drang in jede Faser seines Körpers.

Vincent Wehrmann. Adams bester Freund.

»Du siehst ziemlich unglücklich aus. Alles in Ordnung?«

Adrian blickte auf. Vor ihm standen Felix und Kemal in lächerlich bunten Hawaiihemden und khakifarbenen Shorts, mit verspiegelten Sonnenbrillen auf der Nase und auf ihrem Gesicht war ein breites Lächeln betoniert.

»Ach du Scheiße.«

Felix nahm die Brille ab. »Hey, wir fühlen uns in unsere Rollen als Barbesitzer ein. Die *TT-Bar* ist unser heiliges Reich.«

»*TT-Bar.* Was zum Henker soll das eigentlich heißen?«

»*Top This.* Besser als die Dachterrassen-Bar. *Rooftop.* Sehr einfallsreich.«

»Um die Konkurrenz auszustechen, gehören Engagement und Opferbereitschaft dazu«, sagte Kemal und seltsamerweise hatte Adrian das Gefühl, dass er es wirklich ernst meinte. »Wir nehmen uns ein Beispiel an Lars.«

»Euch sollte man direkt ins Gefängnis stecken«, murmelte er.

»Und weswegen?«

»Erregung öffentlichen Ärgernisses zum Beispiel. Das ist Vergewaltigung der Augen.«

Kemal stieß ein röhrendes Geräusch aus, das entfernt als Lachen durchgehen könnte. »Bullshit. Außerdem bin ich mir sicher, dass es so ein Gesetz nicht gibt. Wobei, du als neuer Polizeichef kannst das bestimmt ändern. Kleiderordnung in Staat X und so.«

»Dann würden aber alle Mädchen, die älter als fünfzehn sind, verdammt kurze Röcke tragen«, warf Felix ein.

»Oder gar keine«, erwiderte Kemal und sah bei dieser Vorstellung so zufrieden aus wie ein kleiner Junge an Weihnachten.

Adrian zog die Brauen zusammen. »Woher weißt du überhaupt, dass ich Polizeipräsident geworden bin?«

Felix und Kemal kommunizierten mit einem stummen Blick miteinander.

»Nicht jetzt.«

»Was meinst du damit?«

Aber Felix schüttelte bloß den Kopf. »Heute Abend. In einer ruhigen Minute. Dann erkläre ich dir alles. Was ist das?« Felix deutete auf den Zettel zwischen Adrians Fingern.

»Die Liste der Polizisten.«

»Und?«

»Bunt gemischt und kaum Leute dabei, die ich persönlich kenne. Viele Unterstufenschüler, viele Mädchen …« Er zuckte die Schultern.

»Das klingt ja vielversprechend«, sagte Felix mit Grabesstimme, was Adrians negative Stimmung nur verstärkte.

Kemal besaß den Anstand, nicht weiter darauf herumzureiten, sondern wechselte rasch das Thema: »Was steht bei dir jetzt an?«

»Das erste Polizeitreffen beginnt bald. Das wurde schon angekündigt, bevor ich den Job übernommen habe. Ihr gönnt euch jetzt sicher erst mal einen Cocktail, nehme ich an. Sehen wir uns dann später auf der Party?«

Das selbstgefällige Grinsen auf Kemals Zügen erinnerte Adrian an die Katze aus *Alice im Wunderland*.

»Darauf kannst du deine Eier verwetten.«

VINCENT

Vincent betrat die Turnhalle, als es gerade zur nächsten Stunde klingelte. Von zwei nach Popcorn duftenden Mädchen hatte er aufgeschnappt, dass das Stundenklingeln noch ausgeschaltet werden sollte.

Seine Hände in den Tiefen der Shorts vergraben, zog er etwas die Schultern hoch, ganz leicht. Obwohl man ihm seine Unsicherheit wahrscheinlich auch so ansah. In der Turnhalle roch es nach Schweiß und wochenlang getragenen Socken. Die Hitze sammelte sich dank der großen Glasfenster wie in einem Gewächshaus und brachte die Luft zum Kochen.

Mit einem Donnern schlug die Tür hinter ihm ins Schloss, sodass einige der bereits anwesenden Schüler auf ihn aufmerksam wurden und neugierig zu ihm hinübersahen.

Na, großartig.

Vincent spürte, wie sein Gesicht sich verdüsterte, eine Maske aus Gleichgültigkeit über seine Züge glitt, wie so oft, wenn er im Mittelpunkt stand. Er wandte den Blick ab und starrte wieder nach vorne. In ihm wie immer diese Leere.

Wahrscheinlich hatte niemand von ihnen mit ihm hier gerechnet.

Vincent selbst am allerwenigsten.

In Grüppchen standen sie zusammen oder saßen auf den Holzbänken, die entlang des aufgemalten Spielfelds aufgereiht waren. Unterstufenschüler. Tatsächlich machte es den Anschein, als ob fast nur Schüler anwesend waren, die den Stimmbruch noch lange nicht hinter sich gelassen hatten. Auch einige Mädchen waren dabei, sie reichten ihm kaum bis unters Kinn. Gleichberechtigung war eines jener Themen, das ganz oben auf Johannas Agenda gestanden hatte.

Mit etwas Sicherheitsabstand blieb Vincent stehen, weit genug von den anderen entfernt, um nicht aufzufallen, und nah genug, um alles im Auge zu behalten.

Sein Blick fiel auf einen schlanken Typen, der ihm den Rücken zudrehte und sich mit drei anderen Jungs unterhielt. Das braune Haar türmte sich zu einer unordentlichen Frisur auf, ein ausgewachsener Undercut. Obwohl Vincent sein Gesicht nicht sehen konnte, wusste er auch so, dass es Adrian Dennenberg war.

Es war die Art, wie er sich mit der Hand in den Nacken fasste. Die Art, wie die Umstehenden ihm bewundernd ihre volle Aufmerksamkeit schenkten, und dabei aussahen, als hätten sie gerade das neue *GTA*-Spiel zwei Monate vor Veröffentlichung ergattert. Warum Adrian hier war, war ein Rätsel für ihn. Leitete er nicht gemeinsam mit seinen Freunden eine Bar?

Als hätte er seine stumme Frage gehört, drehte Adrian sich um. Suchend glitt sein Blick über alle Anwesenden hinweg, wobei er jeden Einzelnen abscannte. Sein Ausdruck war irgendwie zufrieden, als hätte er einen Blowjob zwischen den Unterrichtsstunden bekommen. Dann schaute er zu der großen Uhr über dem Stauraum der Trainingsutensilien, straffte die Schultern und wandte sich der Gruppe zu.

In diesem Moment bemerkte er Vincent.

Seine Miene wurde undurchdringlich wie eine Mauer. Kühl und beherrscht, doch in seinen Augen loderte Zorn. Der einzige Grund, warum er Vincent so ansah, war dessen Freundschaft zu Adam. Denn Adam stand für so vieles, was an ihrer Schule, wahrscheinlich sogar in der ganzen Gesellschaft, falsch lief. Ein Typ, der nicht einmal mit dem Finger schnippen musste, um von Disney verseuchte Mädchen rumzukriegen, und sich dann mit seinem Erfolg brüstete. Wahrscheinlich lag seine Abneigung aber einfach daran, dass er Adrians kleine Schwester entjungfert und sie anschließend wie Scheiße behandelt hatte.

Wäre er nicht Vincents Freund, seit Adam ihn im Kindergarten davor bewahrt hatte, von drei anderen Jungs mit Sand gefüttert zu werden, wüsste er nicht, ob sie noch in Kontakt wären. Aber es gab Freundschaften, die ihr Verfallsdatum überdauerten. Ungeachtet dessen, wie bitter sie schmeckten. Weil man sich an eine Vorstellung oder einen Wesenszug klammerte, etwas, das man früher am anderen gemocht hatte. Weil man insgeheim hoffte, dass dieser Persönlichkeitssplitter noch in dem Freund steckte, selbst wenn man genau wusste, dass es nicht so war.

Für ein paar Sekunden starrten sie einander an. So viele Emotionen standen Adrian auf der Stirn geschrieben und Vincent ahnte, dass er ihm stellvertretend für Adam am liebsten die Fresse polieren würde.

Schließlich veränderte sich Adrians Haltung und er hatte nichts mehr mit Mike Tyson kurz vor einem Boxkampf gemeinsam.

»Hey. Hört mal alle kurz her.«

Selbstverständlich hatte Adrian binnen weniger Sekunden die Aufmerksamkeit aller Schüler sicher, die nun näher kamen. Vincent war der Einzige, der zurückblieb. Wie bestellt und nicht abgeholt.

»Seid ihr alle wegen des Polizeitreffens hier?«, fragte Adrian. Ein paar nickten artig.

Warum will er das wissen?

Eine Ahnung machte sich in Vincent breit und er kämpfte gegen den Impuls an, einfach wieder zu verschwinden. Aber das ging nicht. Er hatte sich für Staat X verpflichtet. Und auch wenn kaum Lehrer anwesend waren, so würden sie doch mitbekommen, wenn er schwänzen würde.

»Stephan hat sich vom Posten des Polizeipräsidenten zurückgezogen«, sagte Adrian und sah einen nach dem anderen an. »Unser Präsident hat nach Abstimmung mit dem Parlament mir die Verantwortung für die Polizei übertragen.«

Und ich dachte, es könnte nicht mehr schlimmer werden.

»Das hier soll ein kurzes Briefing werden, damit ihr wisst, was auf euch zukommt.« Irgendetwas schwang in seiner Stimme mit, doch Vincent konnte es nicht so recht einordnen. »Wir sollen während Staat X ein gutes Team sein. Ein Team, das zusammenhält und sich an die Gesetze des Staates hält, darauf achtet, dass auch die anderen sich an die Gesetze halten. Denn wir haben eine wichtige Funktion. Wir dienen als Vorbilder. Wir sind das Herzstück von Staat X. Wir müssen dafür sorgen, dass alles reibungslos über die Bühne geht.« Geschickt baute er eine Pause ein.

Keiner sagte ein Wort. Es war so still, dass Vincent die anderen atmen hören konnte.

»Wir sind für die Abläufe zuständig. Die Zölle, die Steuern, die Sicherheit. Wir erwecken Staat X zum Leben.« Adrians Blick fand seinen. »Alle, die sich dieser Aufgabe nicht gewachsen fühlen oder ein Problem damit haben, dürfen gerne gehen. Es gibt bestimmt die Möglichkeit, noch einen anderen Arbeitsplatz zu bekommen.«

Keiner rührte sich. Niemand. Sie alle hingen an seinen Lippen.

Sehr wahrscheinlich sollte das sein Stichwort sein, sein Ausweg, doch zu Vincents eigener Überraschung, setzten sich seine Beine bei Adrians Worten nicht in Bewegung. Stattdessen verschränkte er die Arme vor der Brust und starrte abwartend zurück.

Überraschung blitzte über Adrians Züge, dann hatte er sich wieder unter Kontrolle und fuhr fort: »Wir bekommen Uniformen gesponsert. Am Ende des Treffens könnt ihr euren Namen und eure Kleidergröße in eine Liste eintragen.«

Vincent fragte sich, warum so Typen wie Adrian oder Adam eigentlich immer so wirkten, als würde ihnen die Welt zu Füßen liegen. Wenigstens bei Adam wusste er, dass dessen Leben nicht wirklich so glatt poliert war.

Adrian hingegen schien schlichtweg perfekt zu sein. Angefangen von seinem erfolgreichen Vater über das tolle Haus und das gute Aussehen bis hin zu seiner scheinbar lockeren Art, mit der er jeden für sich einnahm.

Aber vielleicht täuschte das ja auch. Vielleicht war es bei ihm wie bei jedem anderen von ihnen auch, nur schaffte Adrian es besser, seine Probleme vor den Augen der Öffentlichkeit zu verbergen. Vielleicht saß er im Gegensatz zu Vincent nicht in einem Glaskasten, in den jeder hineinschauen konnte.

»Ich werde immer einen der älteren Schüler mit einem jüngeren Schüler für die Patrouillen einteilen, damit die Polizei eine gewisse Autorität ausstrahlt. Abends, wenn die jüngeren Schüler nach Hause gehen, werden sich die Älteren zu Zweiergruppen zusammenschließen. Es wird die ganze Nacht abwechselnd patrouilliert.«

»Ist das denn notwendig?«, fragte ein Mädchen mit dunklen Haaren, Quynh-Anh. Vincent kannte sie, seit er auf der Welt war. Seine Ma und ihre Mutter hatten sich im Volkshochschulkurs kennengelernt.

Was ihre Mütter verbunden hatte, die Fremde, das Anderssein, war nicht auf die Kinder übergesprungen. Vincent und Quynh-Anh hatten jahrelang nicht mehr wirklich miteinander gesprochen.

Adrian sah ihr freundlich in die Augen. »Ja.«

»Und weshalb?«

»Weil wir unseren Job ernst nehmen.«

Quynh-Anh lachte. »Aber was soll denn passieren?«

»Wir gehen ja auch nicht davon aus, dass etwas passiert.

Aber falls jemand auf dumme Gedanken kommt, wollen wir vorbereitet sein.«

»Und falls was passiert, was machen wir dann?«

»Dann kommen diejenigen, die Ärger machen, vorläufig ins Gefängnis, bis ihr Prozess beginnt. Das übernimmt dann die Staatsanwaltschaft.«

Eine unruhige Stille senkte sich über die Sporthalle und Adrian ließ seine Worte sacken. Vincent spürte ein seltsames Gefühl in sich. Es waren einfache Worte, doch ihre Bedeutung besaß eine viel größere Tragweite.

Ohne es beeinflussen zu können, hatte Vincent auf einmal das Gefühl dazuzugehören. Es war albern und es war komisch, aber dieses kurze Treffen allein reichte aus, um etwas in ihm anzustoßen.

»Gibt es sonst noch irgendwelche Fragen?«

Ein paar schüttelten den Kopf, ansonsten meldete sich niemand zu Wort.

»Gut. Quynh-Anh, hättest du Lust, unsere Pressesprecherin zu werden?«

Quynh-Anh sah überrascht aus, doch dann nickte sie. »Klar. Was muss ich da machen?«

»Wenn es Ärger gibt, dann werden die Journalisten sicher Fragen an die Polizisten haben, und ich möchte verhindern, dass eure Arbeit behindert wird. Eine reine Vorsichtsmaßnahme.«

Vincent schluckte. Es klang nicht wie eine Vorsichtsmaßnahme. Sondern eher wie eine Prophezeiung.

LARA

Die Tür von Zimmer 202 war nur angelehnt, doch von drinnen drang ein beständiges Brummen nach draußen auf den Schulflur, als ob jemand einen Mähdrescher angeschmissen hätte. Zögerlich klopfte Lara an das blau gestrichene Holz, dabei polterte ihr Herz wie wild in der Brust. Nervös biss sie sich auf die Lippe, denn in ihrem Kopf hatte sich das Horrorszenario verfestigt, dass Elif jeden Moment ihre kleine Lüge enttarnen und sie somit arbeitslos werden würde. Denn sie hatte nicht den blassesten Schimmer von Journalismus, geschweige denn, wie es hinter den Kulissen einer Zeitung zuging.

Wenigstens hatten Laras Eltern den neuen Entwicklungen zugestimmt. Sie durfte ab morgen in der Schule übernachten und würde noch heute Abend ihre Koffer packen. Ein Problem weniger. Jetzt musste sie nur noch ihre nicht vorhandenen journalistischen Fähigkeiten entdecken.

Als niemand auf ihr Klopfen reagierte, trat Lara vorsichtig ein. Die Luft im Zimmer stand. Buchstäblich. Wie eine Wand aus Hitze. Überall wuselten Schüler herum. Mehrere Computer und Laptops waren aufgebaut, eine große Pinnwand stand am hinteren Ende des Raumes, genau gegenüber der Tür. Laras Blick fiel auf eine Reihe von Druckern, die alle in Betrieb waren, unter der Last der Aufträge ächzten und stöhnten. Dann entdeckte sie Elif, die zwei sehr jungen Schülerinnen Anweisungen gab. Auf der einen Seite wunderte sie das ein wenig, auf der anderen Seite fand sie es nett, dass alle einen Platz in Staat X bekamen. Nicht nur die höheren Stufen.

Lara trat auf Elif zu. Sie roch gut. Nach Vanille.

»Hallo.« Lara winkte kurz und hatte somit ihre Aufmerksamkeit sicher.

»Ah, Lara!« Elif drehte sich zu ihr um. Dabei fiel Lara auf, wie perfekt geschminkt sie war, dabei konnte sie kaum älter als sechzehn sein. Ihr Teint war dunkel und so ebenmäßig, dass Lara sich für einen Moment wünschte, wenigstens den Abdeckstift benutzt zu haben, der irgendwo auf dem Grund eines Kartons zwischen anderen Kosmetikartikeln versauern musste. Auch Elifs Lächeln war so einnehmend und offen, dass sie nicht anders konnte, als zurückzulächeln.

»Willkommen in der Redaktion. Du kommst genau richtig. Ich habe gerade etwas Luft für eine kleine Einführung. Hast du denn gut hergefunden?«

»Ja, das war kein Problem.«

»Perfekt. Also wie versprochen bekommst du Irinas Stelle und ihren Schlafplatz im Schwimmbad. Dort wurden superbequeme

Luftmatratzen zur Verfügung gestellt. Ein Matratzenhersteller aus der Gegend wollte sich das Sponsoring natürlich nicht entgehen lassen. Du wirst sehen, dass wir auch eine Rubrik mit Werbung in unsere Auflage drucken werden – nur so können wir das ganze Projekt finanzieren.«

»Klingt interessant.«

»Na ja, ein kommerzielles System eben. Kurzzeitig hatte bei der Abstimmung um die Gesellschaftsform sogar ein richtiger sozialistischer Staat die Nase vorne, aber komischerweise war dann der Ehrgeiz der einzelnen Leute doch zu groß. Jeder gegen jeden. Und so hat jeder ja auch die Chance, bei Null zu starten und etwas aus seinem Job zu machen.«

»Klingt ziemlich real.«

Elif entblößte eine Reihe weißer Zähne. »Ist es auch. So und jetzt zu dir. Du schreibst die Gerichtsartikel. Das geht in Ordnung, oder?«

Allein der Gedanke daran löste bei Lara einen mittelschweren Herzinfarkt aus, doch sie gab sich äußerlich cool. Jahrelangem Training sei Dank. »Ja, klar.«

Elif nickte. »Du hast die Sparte ganz für dich allein, weil wir niemanden gefunden haben, der es machen wollte.«

Das klang ja wahnsinnig aufbauend. Anscheinend konnte man die Panik in ihrem Gesicht ablesen, denn Elif fügte hinzu: »Keine Angst. Jemand wird dir erklären, wie die Zeitung aufgebaut ist. Julian zum Beispiel«, sie deutete auf einen dunkelblonden Jungen am hinteren Ende der langen Computertische, »hat schon Erfahrungen bei einer richtigen Zeitung gesammelt und ist meine rechte Hand. Ich selbst mache in den Sommerferien zum zweiten Mal ein Schülerpraktikum und leite außerhalb von Staat X die Schülerzeitung. Daher kannst du dich auch gerne an mich wenden, falls du noch Fragen hast.«

»Danke. Das ist supernett.«

»Kein Problem. Wahrscheinlich wirst du sowieso wenig zu tun haben und erst einmal Mädchen für alles sein. Also uns beim Layout helfen oder die Zeitung verkaufen. So lange bis der erste Gerichtsprozess läuft. Sollte es denn einen geben.«

»Ich mache alles. Das passt schon.« *Solange ich bei Staat X richtig mitmachen kann.*

»Leute, alle mal kurz herhören.«

Einige Köpfe reckten sich ihnen entgegen, Hälse wurden länger und länger. Lara versuchte, nicht ganz so verlegen dreinzublicken, wusste aber genau, dass sie dabei scheiterte. Ihre Hand zupfte an ihrem Shirt mit dem Aufdruck *I'm not living – I'm just surviving* herum und sie spürte genau, wie einige Blicke daran kleben blieben und über den Spruch nachdachten. Sie hätte dringend ihre anderen Klamotten aus den restlichen Kisten ausräumen sollen.

»Das ist Lara. Sie übernimmt die Sparte Recht und Gericht. Und falls ihr jemand erklären möchte, wie es bei uns zugeht, lasst euch nicht aufhalten. Ansonsten wäre es klasse, wenn wir die erste Ausgabe bis morgen drucken könnten, pünktlich zum richtigen Start von Staat X.«

Es wurde fleißig genickt, dann widmeten sich alle wieder ihrer Arbeit und das Interesse an Lara verflog genauso schnell, wie sie die Schule gewechselt hatte.

Julian gab Lara die versprochene Einführung. Wörter wie

»Redaktion«, »editieren« und »Zeichenzahl« schwirrten in Laras Kopf umher und sie machte sich eifrig Notizen. Seelenruhig erklärte er ihr, wie sie die richtigen Fragen stellte und worauf sie zu achten hatte, wenn sie einen Bericht schrieb.

»Das war es auch schon. Wenn du deinen ersten Artikel verfasst, bekommst du eine Zeichen- oder Wörterzahl vorgegeben. Der Redakteur behält den Überblick über die einzelnen Themen und entscheidet, wie umfangreich alles ausgearbeitet wird. Alles klar so weit?«, fragte Julian.

Laras Kopf bewegte sich artig hoch und runter, während ihr Kugelschreiber über das Karopapier stolperte.

»Noch Fragen?«

»Wer ist der Redakteur?«

»Elif.«

»Ah, Lara, bevor ich es vergesse.« Wie aufs Stichwort meldete sich Elif, ging zu einem großen Schreibtisch hinüber und fischte ein kleines Kärtchen hervor. Dann nahm sie einen Stempel aus einer Kiste und setzte ihn darauf. Als sie ihn anhob, konnte Lara die Buchstaben entziffern.

Lara Hanser, 417. Mitglied von Staat X, Journalistin, Morgenpost X.

Ein Grinsen erhellte ihre Züge.

Scheiße. Das klang verdammt gut.

MELINA

Die Schlafräume waren überall auf dem Schulgelände verteilt. Es gab zwei größere Räume im Obergeschoss des Hauptgebäudes, die mit Luftmatratzen ausgestattet worden waren. Sie lagen direkt neben den Badezimmerräumen des Hausmeisters – zwei Duschen für sechzehn Mädchen.

Melina stellte ihren Koffer ab und sah sich um.

»Meins.«

Zielsicher schmiss Olga ihren Schlafsack auf eine Luftmatratze am Fenster. Tische und Stühle waren weggeräumt worden und Melina fühlte sich an ihre Lesenacht in der vierten Klasse erinnert. Eine Lesenacht, die eine Woche lang dauern würde.

Kribbelnde Vorfreude stieg in ihr auf.

»Weißt du, ob Lara auch hier eingeteilt wurde?«

»Ich glaube, Irina hatte einen Platz bei den Schlafräumen im Schwimmbad.«

»Dort sind dreißig Mädchen untergebracht, oder?«

»Ja, aber sie haben mehr Duschmöglichkeiten. Ich fürchte, wir müssen mit Katzenwäsche und Trockenshampoo auskommen.« Olga schnupperte an ihren Haaren. »Aber nach der Party heute Abend brauche ich unbedingt eine Dusche.«

»Oben auf der Dachterrasse?«

»*Rooftop*, genau. Wir haben da oben einfach den meisten Platz und irgendwie wäre es auch kein richtiger Sommer ohne eine Dachterrassenparty. Du kommst übrigens mit.« Olga sah ihr direkt in die Augen. »Ablenkung tut dir gut.«

Melina war nicht nach Party zumute. »Mhmm ... Sollen wir noch die restlichen Bücher ausräumen?«, fragte sie und legte ihre Sachen auf die Luftmatratze links von Olga.

Zwei Mädchen aus der Parallelklasse betraten den Schlafraum, unterhielten sich angeregt über die ersten Erlebnisse. Auch sie hatten bei der Affenhitze ihre Rollkoffer in den dritten Stock geschleppt und sahen aus, als hätten sie bereits einen Marathon hinter sich gebracht. Trotzdem leuchteten ihre Augen.

»Ja. Ich bin froh, dass meine Mutter den Van genommen hat, sonst hätten wir die Kisten da lassen müssen«, sagte Olga.

»Oder die Deko.«

Auf dem Weg zur *Büchereule* begegneten ihnen viele Schüler, die mit dem letzten Feinschliff ihrer Läden und Unternehmen beschäftigt waren. Überall waren die Staat-X-Flaggen angebracht, ein reges Summen erfüllte die Luft. Es gab Läden und Bars zu entdecken, ein Junge mit wildem Lockenkopf brachte ein Plakat mit den Kinovorstellungen am schwarzen Brett an.

Als sie endlich im Erdgeschoss des Nebengebäudes ankamen

und Melina die Tür der *Büchereule* aufschloss, fühlte sie sich wie zu Hause. Zwar lagen noch immer überall Bücherkisten herum, halb gefüllt, voll verborgener Leben und Leiden, aber der Großteil der Einrichtung stand. Sie hatten sie bereits am Samstag in mühseliger Kleinarbeit aufgebaut.

Zwei große Bücherregale türmten sich mitten im Raum, umgeben von mehreren Lesenischen und Ledersesseln, die von großen Zimmerpflanzen umarmt wurden. An den Wänden hingen Melinas Bilder und ein paar ihrer Zeichnungen, was sich noch etwas seltsam anfühlte.

Tintenherz lachte Melina entgegen. Kurz entschlossen kramte sie es aus der Kiste, schlug ihre Lieblingsstelle auf und fuhr vorsichtig mit den Fingerspitzen über das eingetrocknete Blut, während sie sich daran erinnerte, wie sie an der spannendsten Stelle Nasenbluten bekommen hatte, aber nicht hatte aufhören wollen zu lesen. Es schien fast, als wäre Staubfinger sehr blutig aus der Geschichte gelesen worden.

»Warum tust du das?«

»Was?«

»Das.« Mit spitzen Fingern deutete Olga auf einen Leseknick in der Seite und sah dabei aus, als hätte sie in eine Zitrone gebissen. »Wie kannst du nur? Du willst später was mit Büchern machen, aber vergewaltigst sie? Das ist furchtbar.«

»Nur gelesene Bücher mit Narben, Falten, Ecken und Wasserspuren sind auch gelebte Bücher«, sagte Melina und war ausnahmsweise sehr zufrieden mit der Antwort.

Olga rollte mit den Augen. »Das ist keine Begründung. Bücher haben eine Seele, die beschützt werden muss. Man kann sie nicht einfach so massakrieren. Du willst ja auch nicht, dass ich dir eine reinhaue und es damit rechtfertige, dass du durch meine Schläge abhärtest.«

»Ja, Bücher haben eine Seele, sie sollen leben. Nicht in einem Glaskasten sitzen und von außen betrachtet werden.«

»Von mir aus kann der Inhalt leben, aber warum muss die äußere Hülle darunter leiden?«

»Erinnerst du dich an *Liebe ist was für Idioten. Wie mich?*«

»Mhm.«

Melina wusste, dass Olga das Buch abgöttisch liebte und insgeheim gerne so cool und äußerlich herzlos wäre wie der Hauptcharakter Viki. Dagegen sprach allerdings alles, was ihr Wesen ausmachte. Und ihre viel zu behütete Kindheit, angefangen von den Sommerurlauben in Italien mit dem VW-Bus bis hin zur Bilderbuch-Familie mit ihren beiden Geschwistern, die jeder Telekom-Werbung Konkurrenz gemacht hätte.

»Worauf willst du hinaus?«, fragte Olga nun misstrauisch.

»Du hast geweint.«

Olga runzelte die Stirn. »Habe ich nicht.«

»Leugnen ist zwecklos. Ich habe den Beweis gesehen. Du hast es mir geliehen. Was mir recht gibt: Gute Bücher müssen nicht aussehen, als hätten wir uns vor dem Lesen Handschuhe angezogen.«

»Ich habe …«, begann ihre Freundin, hielt jedoch inne. »Ich habe Wasser verschüttet.«

»Hast du Priester gespielt und eine Weihe nachgestellt, oder was?«

Olga schnaubte verächtlich, doch ihre hellblauen Augen

leuchteten dabei. »Wo hast du denn diese Schlagfertigkeit plötzlich her?«

Vorsichtig stellte Melina das Buch in das aufgebaute Regal, um anschließend eine formvollendete Verbeugung auszuführen. »Ich lerne von der Meisterin. Was ich eigentlich sagen will: Bücher mit Gebrauchsspuren bedeuten nicht, dass man sie nicht gernhat. Im Gegenteil.«

»Okay.«

»Okay?«

»Ich lasse dein Argument gelten. Ausnahmsweise. Und nun zum Ernst des Lebens«, fügte sie hinzu und warf Melina dabei diesen Olga-Blick zu, den sie nur aufsetzte, wenn sie wirklich wichtige Themen anschneiden wollte. Themen, denen Melina von Natur aus eher aus dem Weg ging, weil sie meistens bedeuteten, dass sie sich mit ihrem Gefühlszustand auseinandersetzen musste. Sofort schlug ihr Herz schneller.

»Ich weiß, dass es dir schwerfällt. Ich habe schon versucht, mit dir an unseren Leseabenden darüber zu reden oder letzten Sommer, als wir die kompletten Ferien im Garten meiner Eltern gezeltet und uns unsere intimsten Geheimnisse anvertraut haben. Heute Morgen habe ich es ignoriert und dich einfach in Ruhe gelassen. Ich habe deine Mutter abgewimmelt. Kein Wort gesagt, nicht danach gefragt ...«

Melina wurde schlagartig eiskalt und sie fröstelte, denn sie ahnte, worauf Olga hinauswollte.

»Wir haben nie über *die Sache* geredet und ich respektiere deine Privatsphäre. Deswegen werde ich nur ein einziges Mal fragen und dann das Thema nie wieder ansprechen.«

»Nein«, flüsterte Melina und traute sich nicht mehr, Olga anzuschauen. Dröhnend wummerte ihr das Herz in der Brust, Bilder stiegen auf. Bilder, die sie nicht noch einmal heraufbeschwören wollte.

»Melina.«

Olga sah sie an, hielt ihren Blick vorsichtig fest und vermittelte ihr ein Gefühl von Sicherheit. Wie ein Sicherheitsnetz.

Wenn ich falle, wird sie mich auffangen. Ganz gleich, wie tief der Fall ist.

»Ich weiß, dass Adrian und du Nachbarn und seit dem Kindergarten befreundet wart. So lange, bis deine Familie ans andere Ende der Stadt gezogen ist. Aber das ist nicht die ganze Geschichte, oder?«, fragte Olga sanft. »Es gibt noch mehr, nicht wahr?«

Melina nickte. Langsam, so als würde sie dadurch schon zu viel preisgeben.

»Ich möchte dir nur sagen, dass ich Adrian für toxisch halte. Er beachtet dich kaum und wenn, dann benimmt er sich wie ein Arsch. Tut mir leid, aber ich bin für Gleichberechtigung, egal ob in einer Partner- oder Freundschaft. Respekt. Ich weiß«, Olga verzog das Gesicht, als hätte sie Schmerzen, »manchmal überschreite auch ich Grenzen, aber das ist menschlich. Wenn ich merke, dass dir etwas unangenehm ist, würde ich dich nie bedrängen. Das hier ist eine Ausnahme. Nur weil du schüchtern bist, heißt das nicht, dass man dich und deine Gefühle einfach übergehen kann.«

»Danke.«

Olgas Worte bedeuteten ihr eine Menge. Sie legten einen Finger in die Wunde. Aber sie trafen auch nicht ganz den Kern des

Problems. Adrian Dennenberg mochte auf andere wie *Prince Charming* wirken, aber Melina kannte die Wahrheit über ihn, über sein Leben. Es gab immer zwei Seiten einer Medaille. Trotzdem – und das ahnte Olga nicht –, Melina war niemand, der sich irgendein grenzüberschreitendes Verhalten gefallen lassen würde. Von niemandem.

Olga holte tief Luft. »Melina, was ist zwischen Adrian und dir vorgefallen?«

»Klopf, klopf«, ertönte es in diesem Moment von der Tür und Lara steckte den Kopf herein, sah fragend zwischen ihnen hin und her: »Störe ich?«

Erleichtert stieß Melina die Luft aus, während Olga ihr mit den Augen zu sagen versuchte, dass das letzte Wort zu diesem Thema noch nicht gefallen war.

»Nein, kein bisschen, komm rein«, sagte Melina.

Staunend blickte sich Lara in der *Büchereule* um und bewunderte die Kaffeemaschine, die Olgas Tante ihnen zur Verfügung gestellt hatte.

»Wahnsinn. Schön habt ihr es hier. Sind das die Bilder, von denen ihr gesprochen habt? Hast du das gemalt?«

Melina nickte verlegen, als Lara vor einer Bleistiftzeichnung stehen blieb, die zwei alte Hände in Großaufnahme zeigte. Melinas Großmutter, eine Erinnerung an sie. Wie eigentlich jedes Bild eine Erinnerung war und eine persönliche Verbindung zu ihrem Leben hatte. Als hätten sich kleine Fäden aus ihrem Herzen gelöst und wären durch den Stift oder den Pinsel ins Bild geflossen.

»Hast du schon deinen Schlafraum gesehen?«

»Ja, der ist in den großen Umkleidekabinen der Schwimmhalle, was perfekt ist, weil ich in Hamburg fast täglich geschwommen bin«, sagte Lara und ihre Augen leuchteten dabei. »Ich fahre jetzt heim und packe meine Sachen.«

»Willst du nicht noch zur Party bleiben?«

»Welche Party?«

Olga grinste. »Na, wir müssen den Beginn von Staat X doch feiern! Nächsten Samstag ist das Projekt ja auch schon wieder vorbei.«

»Eigentlich habe ich nichts Passendes zum Anziehen dabei …«

»Da finden wir sicher etwas in meinem Koffer«, antwortete Olga.

Nachdenklich zog Lara die Stirn kraus. »Mhm, da müsste ich meine Eltern fragen. Meine Mutter wollte mir nämlich noch beim Packen für die Woche helfen. Aber sie sind eigentlich ziemlich locker. Wann geht es denn los?«

»Gegen 19.30 Uhr.«

»Okay. Vielleicht habe ich ja Glück.«

VINCENT

Auf der Dachterrasse der Schule herrschte eine ausgelassene Stimmung. Die Nacht war klar und warm, der perfekte Sommerabend. Musik dröhnte über ihre Köpfe hinweg, ein Bass, der durch den Brustkorb vibrierte.

Als Vincent ins Freie trat, wurde er von Hip-Hop-Beats, frischer Abendluft, tanzenden Körpern und lachenden Gesichtern empfangen.

An der Seite unter einem aufgebauten Pavillon entdeckte er Herrn Simon und Frau Ellwanger, zwei der drei Vertrauenslehrer. Herr Simon war einer der wenigen Lehrer, die Vincent wirklich schätzte, nicht nur weil sein Deutschunterricht abwechslungsreich und spannend war, sondern weil er seinen Schülern auf Augenhöhe begegnete und sowohl pädagogisch als auch fachlich etwas draufhatte.

»Willst du was trinken?« Pavel boxte ihm gegen den Oberarm.

»Herr Simon und Frau Ellwanger sind hier ...«

»Das geht klar. Es gibt eh bloß Bier und die Barkeeper schenken es nur an die über 16-Jährigen aus.«

»Alkohol in der Schule?«

Pavel zuckte mit den Schultern. »Ist ja gerade keine Schule mehr. Und solange du das Bier nicht direkt vor ihm trinkst, scheint er nichts dagegen zu haben. Ist auch nicht seine Aufgabe in Staat X. Darum solltest *du* dich eigentlich kümmern.«

Vincent feixte. »Ich bin nicht im Dienst. Wo ist Adam?«

»Duschen. Das erste Konzert lief übrigens gut. Danke der Nachfrage.«

»Sorry, ich war zur Patrouille eingeteilt.« Was nicht stimmte, aber Vincent hatte keine große Lust auf Adams Einmannshow gehabt.

»Wir haben dich vermisst.«

Vincent antwortete nicht.

Die Hände in den Hosentaschen vergraben stand er da, ab und zu ging er zur Bar und holte sich ein frisches Bier, aber wirklich angekommen fühlte er sich nicht, obwohl Pavel immer wieder versuchte, ihn mit dämlichen Videos zum Lachen zu bringen. Normalerweise wäre die Party genau sein Ding gewesen, ein bisschen Ablenkung, ein bisschen Loslassen, ein bisschen von Alles-ist-egal.

Die Stimmung wurde immer ausgelassener. Von überallher kamen Leute, die meisten kannte Vincent, andere wiederum hatte er noch nie in seinem Leben gesehen. Wahrscheinlich wurden sie in Staat X willkürlich zusammengewürfelt, um neue Kontakte zu knüpfen.

Dann erblickte Vincent sie. Das neue Mädchen. Lara. Sie stand in einer Ecke, lehnte gegen die Tür und beobachtete das Treiben mit einem angedeuteten Lächeln auf den Lippen, in der Hand ein Light-Bier. Seine Augen glitten über ihre Erscheinung. Verdammt. Sie trug ein schlichtes schwarzes Kleid mit dünnen Trägern und einem unauffälligen Karomuster. Und sie hatte Sandalen an.

Vincent schluckte, doch auf einmal war da ein ganzer Betonklotz in seiner Kehle. Ihre Beine waren unendlich lang und ihm fiel auf, wie sportlich gebaut sie war, aber irgendwie nicht magerdünn, sondern weiblich.

In seiner Hose zuckte es. Er ballte die Hand zu einer Faust.

Nicht hier. Verdammt. Reiß dich zusammen. Du bist keine vierzehn mehr.

Zwei andere Mädchen näherten sich ihr. Die eine war klein und dunkelhaarig mit einem grimmigen Ausdruck und strengem Kurzhaarschnitt, sodass Vincent unweigerlich an Natalie Portman denken musste. Sie trug eine dünne schwarze Kette um den Hals und ein übergroßer sommerlicher Pullover verschluckte ihre zierliche Figur. Die andere, links neben ihr, hatte eine gigantische Oberweite und war komplett in Schwarz gekleidet, bis auf zwei glitzernde Spangen im weißblonden Haar. Ein Name ploppte in seinem Kopf auf. Olga aus dem Jahrgang unter ihnen. Ihren Bruder Daniel kannte Vincent von einigen Partys.

Sie redeten miteinander und Vincent überkam das seltsame Bedürfnis, ihnen zuzusehen. Dabei fühlte er sich wie ein Stalker. Aber irgendwie fehlte ihm der Mut, sie anzusprechen.

»Wen ziehst du denn gedanklich aus?«

Pavel stand plötzlich wieder neben ihm, nippte an seinem

Bier, während sein Blick die Umgebung abscannte. Um seine Mundwinkel zuckte dieses wissende Lächeln, das ihn ihre gesamte Freundschaft lang begleitet hatte, und er nahm noch einen Schluck, ehe er Vincent direkt ansah.

»Ah. Die Neue.« Pavel sagte es, als wäre es etwas Schlechtes. Bei seinem nächsten Satz wurde Vincent klar, weshalb. »Adam hat auch schon ein Auge auf sie geworfen.«

Seine Worte stießen Vincent säuerlich auf. Nur weil Adam ein paar Sätze mit ihr gewechselt hatte, glaubte er, eine wehende Fahne auf ihren Körper gesteckt zu haben. Als würde ihm die Welt gehören, nein, nur jedes weibliche Wesen. Auf einmal wusste Vincent nicht, warum er noch herumstand.

»Bin gleich wieder da.«

Bevor Pavel ihn aufhalten konnte, setzte Vincent sich in Bewegung. Sein Herz wummerte lautstark in der Brust und er hatte keinen Plan, wann er das letzte Mal so aufgeregt gewesen war. Erst zögerlich, dann etwas zielsicherer, schob Vincent sich durch die tanzende Meute. Es roch nach Sommer. Irgendwo bellte ein Hund.

Sie bemerkte ihn erst, als er fast vor ihr stand, und ihre hellen Augen weiteten sich überrascht. Dann lächelte sie, offen und herzlich, und Vincent hatte nicht den blassesten Schimmer, wie er seinen Mund und sein Gehirn dazu bekam, gemeinsam zu funktionieren.

»Hey.« Es klappte doch. »Ich bin Vincent, wir kennen uns von ... heute Morgen. Vor den Schultoren.«

Ich klinge echt erbärmlich.

Doch zu seiner Überraschung lächelte Lara ihn an.

»Ja, ich erinnere mich. Hallo.«

Schweigen.

Erst jetzt wurde ihm bewusst, dass ihre beiden Begleiterinnen ihn anstarrten, als hätte er den Verstand verloren. Seine Hand wanderte in den Nacken und er grinste, ein bisschen verlegen und leicht angetrunken. »Darf ich dich entführen?«

Die Blonde mit den schwarzen Klamotten, Olga, verschränkte die Arme vor der Brust.

»Klar. Sofern du sie nicht zerstückelst und in eine Mülltonne steckst.«

Ihr Blick war tödlich. Wahrscheinlich kannte sie die Geschichten über Adam, denn alles, was Vincent in ihrem Gesicht las, war Misstrauen.

Lara berührte kurz Olgas Schulter. »Keine Sorge, ich bin ein großes Mädchen und kann auf mich aufpassen.« Dann sah sie ihn wieder an. »Du beißt doch nicht, oder? Das mache ich kein zweites Mal mit.«

»Was?«, fragte Vincent, leicht verwirrt.

»Lange Geschichte.« Sie lächelte. »Willst du irgendwohin, wo es etwas ruhiger ist?«

»Gerne.«

»Okay. Dann schlag was vor. Für mich ist das Schulgelände nämlich noch wie ein Labyrinth.«

Vincent nickte. »Die Treppen beim Südhof?«

»Klingt gut.«

Irgendwie ging es ganz einfach. Und irgendwie fühlte es sich genau richtig an.

LARA

Mit den Händen klemmte sich Lara das Kleid unter ihren Hintern, als sie sich auf die Steinstufen setzte, die von dem großen Hauptgebäude in den vorderen Teil des Südhofs führten. Dort waren ordentlich angelegte Sträucher und zwei Bänke zu sehen, die von knutschenden Pärchen besetzt waren.

Räuspernd streckte Lara die Beine aus, bedeckte mit dem Stück Stoff ihre Oberschenkel, die sich plötzlich entblößt anfühlten. Sie war dankbar, dass Olga das Kleid aus ihrem Koffer gezaubert hatte, aber es war ein wenig zu kurz. Wenigstens hatten sie dieselbe Schuhgröße, denn nach einem ganzen Tag in Chucks hatten ihre Füße vor Freude aufgestöhnt, als Lara sie aus den Socken befreit hatte.

Die Härchen auf ihren Armen sprangen in die Höhe, sobald Vincent sich neben ihr niederließ, als würde er sie magisch anziehen, und Lara ertappte sich dabei, wie sie sich unbewusst näher zu ihm herüberlehnte. Bis sich ihre Oberarme beinahe berührten. Bis sie das Gefühl hatte, seine Wärme zu spüren.

»Willst du eine?«

Lara schüttelte den Kopf und starrte die Zigarette an, die zwischen seinen Lippen verschwand, dann starrte sie die Lippen an, niedliche Wölbung, aber nicht so perfekt voll wie Adams, doch so unendlich viel schöner. Sie vernahm ein Ziehen in der Magengegend.

Jetzt war sie froh darüber, dass Olga sie gefragt hatte, mit auf die Party zu kommen, obwohl Partys eigentlich nicht so ihr Ding waren. Aber es war mit Melina und Olga so herrlich einfach, Lara zu sein. Einfach nur Lara. Nachdenklich nahm sie einen Schluck. Das Bier schmeckte herb und war schon warm, löschte nicht ihren inneren Brand. Bei ihren Freundinnen hatte es Wochen gedauert, sich so frei zu fühlen.

»Du siehst auf einmal total traurig aus, ist alles in Ordnung?«

Innerlich zuckte Lara zusammen. Niemand bemerkte, wenn es ihr wirklich nicht gut ging. Außer vielleicht ihre Mutter. Lara war der perfekte Sonnenschein, auf Knopfdruck bereit zu lächeln, auf Knopfdruck bereit, über Klippen zu springen. Das, was die anderen wollten.

Im fahlen Licht der Außenbeleuchtung, die sich mit dem Mond paarte, wirkte Vincents Gesicht grau, sein Blick war umwölkt, doch seine Sturmaugen leuchteten noch intensiver.

»Nein«, sie schüttelte den Kopf und die trüben Gedanken fort. »Ich bin nur nicht sonderlich gut darin zu sagen, was ich denke.« Lara war verwirrt darüber, dass sie das aussprach, aber jetzt war es draußen.

Das schien ihn zu überraschen und er stieß Rauch aus. »Wirklich?«

»Irgendwie schon.« Ein halbherziges Lächeln zuckte über ihr Gesicht. »Ich weiß ehrlich gesagt nicht, warum ich dir das verrate. Das habe ich noch nie. Ich meine, ich habe den Gedanken noch nie laut formuliert.«

»Du wirkst nicht wie jemand, der Probleme damit hat, die Wahrheit zu sagen.« In seiner Stimme schwang ein Tonfall mit, den Lara nicht einordnen konnte.

»Weil ich die Wahrheiten der anderen erkenne. Falls das irgendwie Sinn ergibt.«

Er legte den Kopf schief, sah sie auf eine Weise an, die wie ein Messer in ihr Herz stach. »Ich denke, schon. Du weißt, was die anderen hören möchten.«

Lara erwiderte nichts darauf. Also schwiegen sie gemeinsam, was auch schön war. Wie in Watte verpackt drang die Musik der Dachterrasse zu ihnen hinunter und sie fragte sich, ob die restlichen Schüler bei dem Lärm schlafen konnten – und falls nicht, weshalb noch keiner der Vertrauenslehrer die Party beendet hatte.

Ihre Blicke fanden sich wieder, als ob sie einander gesucht hätten, verhakten sich ineinander, so fest, dass der Schulhof verschwand und Lara einfach nur noch existierte.

Vincent nahm noch einen weiteren Zug von der Zigarette, starrte sie an und schnippte sie dann fort. Auf einmal erkannte Lara, dass er sie zum Schutz geraucht hatte.

»Willst du mir die Beiß-Geschichte erzählen?«

Lara lachte auf. »Ich hatte ein Date in Hamburg mit einem

Typen, der mir nach dem zweiten Date offenbart hat, dass er gerne hätte, dass ich ihn beiße. In den Oberarm. Ihm würde das gefallen.«

»Das muss ziemlich verstörend gewesen sein.«

Lara nickte grinsend, ihre Finger pulten das Etikett von der Bierflasche, weil sie das Bedürfnis überkam, ihre Fingerspitzen nach ihm auszustrecken, und sie nicht wusste, was sie sonst mit ihnen anstellen würde. »Irgendwie schon. Aber es hätte auch so nicht mit uns gepasst. Also.« Sie zögerte, aber nur kurz. »Irgendwelche Vorlieben, von denen ich besser gleich wissen sollte?«

Zu Laras Erstaunen meinte sie, eine zarte Röte über sein Gesicht huschen zu sehen. »Nichts Weltbewegendes. Das, worauf Jungs in meinem Alter eben stehen.«

»Lass mich raten: *Fortnite?*«

Vincent bleckte die Zähne, wahrscheinlich war es ihm unangenehm. »So in etwa. Ja.«

»Soll ich dir ein Geheimnis verraten?«

Vincent hob fragend die Augenbrauen. »Klar. Schieß los.«

Dann verzog er das Gesicht, als ihm seine eigene Anspielung klar wurde, was Lara aber gefiel. Er verstellte sich nicht. Er war einfach er selbst.

Sie holte ihr Smartphone hervor und öffnete ihre meistgenutzten Apps. *Fortnite* sprang ihnen entgegen.

»Ernsthaft?«

Lara grinste. Es tat gut, ehrlich zu sein. »Was ist, entspricht das nicht dem gängigen Klischee einer Blondine?«

»Nein ... ich hab nur nicht damit gerechnet. Lieblings-Spawnpunkt?«

Abschätzend legte Lara den Kopf schief. »Willst du mich etwa testen?«

»Vielleicht.« Vincent schürzte die Lippen und schien zu überlegen, dann lächelte er und fügte hinzu: »Wäre auch zu schön, um wahr zu sein.«

»*Lucky Landing*. Ich mag die asiatischen Gebäude, die Atmosphäre dort.«

»Jetzt muss ich dich leider heiraten.«

Tief in ihrem Innern sammelte sich ein warmes Gefühl und ein Lachen kitzelte in ihrer Kehle.

»Wann bist du hergezogen?«, wechselte er glücklicherweise das Thema und manövrierte sie wieder in einfachere Fahrgewässer.

»Am Donnerstag. Meine Eltern haben ihren Urlaub aufgebraucht und in Hamburg sind schon Sommerferien. Genau genommen ist heute mein erster Schultag. Falls das zählt.«

»Nimmst du denn dann überhaupt an Staat X teil?«

»Ja, ich arbeite als Journalistin bei der *Morgenpost X*. Ich war heute Nachmittag schon dort. Scheinen ziemlich nett zu sein, meine Kollegen.« Die Worte fühlten sich noch etwas fremd an, aber dank der guten Einführung von Julian hatte Lara das Gefühl, in die Rolle hineinzuwachsen.

»Und was machst du da genau?«

»Ich darf über die Gerichtsprozesse berichten. Sollten welche stattfinden. Heute gab es wenig zu tun, ich habe hauptsächlich anderen zugearbeitet. Also, noch nichts selbst geschrieben.«

Mittlerweile sah die Flasche aus, als hätte sie einen wilden One-Night-Stand gehabt, also stellte Lara sie vorsichtshalber beiseite.

»Was ist mit dir?«

»Ich bin bei der Polizei.«

Überrascht zog Lara die Augenbrauen hoch. »Wirklich?«

»Was ist – traust du mir das nicht zu?« Vincent sah sie von der Seite an, sein Blick war wieder so unergründlich wie heute Morgen, als sie geglaubt hatte, er würde sie nicht wahrnehmen, und Lara fragte sich unwillkürlich, was wohl in ihm vorging.

»Um ehrlich zu sein, dachte ich, dass du bei Adams Band mitmachst. Also vielleicht im Hintergrund hilfst. Technik, Beleuchtung oder so was.«

Ein Ausdruck, den sie nicht einordnen konnte, glitt über Vincents Züge. »Ja, von der Band hat er dir ja gleich erzählt.« Es klang bitter.

»Ich habe kein feuchtes Höschen bekommen, keine Sorge. Nicht jede steigt mit dem Bandleader in die Kiste, nur weil er ihr ein Lächeln schenkt.«

Vincent starrte sie sprachlos an. Dann brach er in schallendes Gelächter aus, das ihr einen warmen Schauer über den Rücken jagte und auf direktem Weg bis in ihre untere Körperhälfte drang.

Es war so einfach und unkompliziert. Kein Drama, keine Lügen. Es funktionierte.

»Du wirst seinem Ego einen ganz schönen Knacks verpassen.«

»Dann wird es wohl Zeit. Übrigens traue ich dir sehr wohl zu, dass du für die Polizei arbeitest, ich hatte nur nicht damit gerechnet.«

Unauffällig lehnte sich Lara etwas näher an ihn heran, denn wegen des unnatürlich lauten Flügelschlags der Schmetterlinge in ihrem Bauch verstand sie ihn kaum. Er duftete nach Shampoo und seine beinahe nachtschwarzen Haare waren herrlich weit von perfekt gestylt entfernt, was Lara mochte, genauso wie die Ernsthaftigkeit in seinem Blick.

»Dann sind wir zu zweit«, sagte Vincent nach einer Weile.

»Was meinst du?«

Jetzt starrte Vincent in die Luft, als ob er jemanden sehen würde. »Weil ich selbst nicht damit gerechnet habe, für die Polizei zu arbeiten. Man hat mich zwangseingeteilt. Es sind einige Leute da, mit denen ich eigentlich nicht so viel zu tun habe.«

»Ist das nicht Sinn des Projekts? Andere Schüler kennenzulernen und sich außerhalb seiner Komfortzone zu bewegen?«

»Du sagst sehr kluge Sachen, Lara.«

»Meine Eltern haben meine frühkindliche Erziehung besonders gefördert.«

Wieder schoben sich seine Mundwinkel langsam in die Höhe, als wären sie verstaubt oder als hätte er sie lange nicht benutzt. Für einen Moment bekam sein Gesicht etwas Schelmisches, fast Jugendliches, das ihn nicht mehr so grimmig und verloren aussehen ließ. Lara mochte das. Sie wollte es festhalten, diesen Anblick abspeichern und dann zu einem anderen Zeitpunkt wieder auspacken, wenn ihr danach war.

Vincent stieß mit seiner Schulter gegen ihre, als sich ihre Blicke ein weiteres Mal fanden. »Möchtest du noch was trinken?«

Lara schaute auf ihre Armbanduhr. 21.40 Uhr. Sie hatte ihren Eltern versprochen, um 22 Uhr daheim zu sein. Von der Schule waren es nur zehn Minuten mit dem Bus nach Hause und es war zum Glück noch nicht ganz dunkel.

»Ich würde gerne, aber ich muss pünktlich daheim sein.«

»Übernachtest du denn nicht in der Schule?«

»Doch, aber erst ab morgen. Das hat organisatorisch nicht anders geklappt. Ich muss noch packen.«

»Soll ich dich nach Hause bringen?«

Lara spürte, wie ihr warm wurde, denn Vincent sagte es leise und ernst, ohne den Hauch von Zweideutigkeit.

Sie lächelte. Ehrlich, warm und echt. »Ja. Sehr gerne. Darfst du denn die Schule so einfach verlassen?«

Er überlegte einen Moment. »Keine Ahnung. Aber ich bin immerhin Polizist, das wird schon gehen.«

Alle Waren werden vom Warenlager bezogen.
Waren, Staat X.

Das Warenlager funktionierte wie ein Schweizer Uhrwerk. Er würde sogar so weit gehen zu behaupten, dass das Warenlager im Kellergeschoss des Hauptgebäudes das Herzstück von Staat X war. Neben der Zentralbank vielleicht. Dank ihnen bekam jeder Betrieb seine Ware. Bestellungen der Unternehmen kamen rein und wurden in einzelne Segmente aufgeteilt. Lebensmittel. Getränke. Kleidung. Sonstiges.

Gähnend hakte er auf dem iPad die eingehenden Säfte für das *Rooftop* ab, als ihm jemand auf die Schulter tippte. Tarek, ein Junge aus der Parallelklasse.

»Wir tauschen die Schichten.«

Er runzelte die Stirn. »Aber ich bin noch bis 12 Uhr eingeteilt.«

»Ja, aber ich habe mit unserer Chefin gesprochen. Ich habe später noch eine Verabredung und ich soll es mit dir klären.«

»Unserer Chefin?«

»Die große Brünette mit der Brille? Sie leitet doch das Warenlager. Sie meinte zu mir, das sei kein Problem.«

Dumpf drang das Gehörte an sein Ohr und versickerte wieder. Er konnte sich keinen Reim darauf machen, aus welchem Grund er plötzlich ein ungutes Gefühl hatte. Aber es war ziemlich hartnäckig.

»Und was für eine Verabredung soll das sein?«

»Ein Date. Und sie hat nur später Zeit, wir wollen ins Kino. Oder schwimmen. Mal schauen.«

Möglicherweise lag es an Tareks höchst unschuldigem Gesichtsausdruck, der so gar nicht zu dem ansonsten so abgebrühten Typen passte. Sie hatten in der Schule keine Berührungspunkte. Waren sich eigentlich fremd. Zufällig zusammengewürfelt in Staat X.

»Ich bin heute Nachmittag auch verabredet.«

»Komm schon. Können wir bitte tauschen? Dieses Mädchen ist mir ziemlich wichtig und diese Chance hier ist einmalig.«

Als er nicht direkt antwortete, fuhr Tarek fort, eine Hand in seinem dunklen Haar vergraben. »Ne, ernsthaft jetzt. Bis Samstag auf engerem Raum. Eine bessere Gelegenheit, ihr näherzukommen, werde ich nicht bekommen. Ohne Eltern. Die Vertrauenslehrer kannst du ja vergessen. Die mischen sich nicht ein.«

Das war ihm auch schon aufgefallen.

Sein schlechtes Gewissen meldete sich plötzlich. Wahrscheinlich war er einfach etwas überempfindlich. Er nickte Tarek zu, dessen Gesicht sich schlagartig erhellte.

»Okay. Lass uns tauschen.«

ADRIAN

Es gab so viel zu tun, dass Adrian tatsächlich todmüde auf die frisch bezogene Luftmatratze fiel und den Schlafsack wie einen Kokon benutzte. Party hin oder her, er war zu ausgelaugt von all diesen neuen Ereignissen, dass er keine Lust gehabt hatte, sich der Meute im *Rooftop* anzuschließen. Er hatte sogar ganz vergessen, Felix zu fragen, woher zum Teufel er bereits von seiner Ernennung zum Polizeipräsidenten gewusst hatte. Wahrscheinlich lag es an seinen Verbindungen zum Parlament, an Sarah, auf deren Instagram-Profil Felix mittlerweile geparkt hatte. Oder daran, dass sich solche Informationen schneller als der Schall verbreiteten.

Als Adrian am nächsten Morgen durch den Lärm der anderen Jungs geweckt wurde, war Felix bereits verschwunden. Er fand seinen Freund in der *TT-Bar*, gemeinsam mit Kemal. Beide sahen wie aus dem Ei gepellt aus und zwei dampfende Kaffeebecher standen vor ihnen auf der mit Girlanden dekorierten Theke. Überall waren bunte Lampen angebracht und palmenartige Pflanzen und farbige Sessel luden zum Chillen ein.

»Hast du alle Bestellungen aufgelistet?«, fragte Felix, das blonde Haar türmte sich wie eine Explosion auf seinem Kopf. Wie schon gestern trug er ein Hawaiihemd, auf dem heute Flamingos abgedruckt waren.

Kemal, der ebenfalls in die bunte Kleiderkiste gegriffen hatte, nickte und bearbeitete ein Klemmbrett, als ob es ein Mädchen wäre. Voller Hingabe und Aufmerksamkeit, mit einem gewissen Fingerspitzengefühl, das Adrian ihm gar nicht zugetraut hätte. Er musste gerade über diesen Gedanken grinsen, als sie sein Eintreten bemerkten.

»Dafür, dass du dich gestern noch über unser Outfit ausgelassen hast, siehst du jetzt aber sehr förmlich aus, Herr Polizeipräsident.«

Adrian sah an sich herab. Die schwarze Polizeiuniform. Mit den drei Sternen auf der Brust. Sie fühlte sich noch etwas ungewohnt an, trotzdem merkte er, dass die Uniform etwas mit ihm machte und er respektvolle Blicke von den anderen erntete.

»Woher wusstest du, dass ich Polizeipräsident werde?«, fragte Adrian ohne Umschweife.

Felix warf Kemal einen Blick zu, der keine Fragen zuließ, dann schloss er die Tür hinter Adrian, sperrte sie alle in eine Blase aus Geheimnissen.

»Lars hat die Wahl gar nicht von sich aus gewonnen.«
»Was?«
»Ich habe nachgeholfen.«

»Was meinst du mit *nachgeholfen*?«

Felix schwieg eisern, errichtete eine Festung aus Stille um sich und schien die nächsten Worte genau abzuwägen. »Sarah hat ihre App ein wenig umprogrammiert ... Ich weiß ja, wie wichtig dir die Wahl war. Und Johanna als Präsidentin hätte die ganze Woche zu einem Albtraum gemacht.«

»Deswegen hast du die Wahl manipuliert?« Adrian raufte sich das Haar, versuchte, sich einen Reim auf das Gehörte zu machen, zu verstehen, aus welchem Grund Felix so weit gehen würde.

Das sah ihm nicht ähnlich. Felix war anständig. Er war die Stimme der Vernunft, das Engelchen auf Adrians Schulter, ein lieber Kerl. Manchmal auch etwas zu lieb. Aber dafür hatte er Adrian. Der Teufel, der über seine Schulter schielte. Denn letztendlich war er immer derjenige, der hinter Felix aufräumte, ihm den Rücken stärkte und seine Kämpfe für ihn ausfocht.

»Nicht nur deswegen«, sagte Felix nun ausweichend. »Sondern weil ich weiß, wie wichtig es für dich ist, eine entscheidende Position in Staat X einzunehmen. Wegen deines Vaters.«

Etwas in Adrian wurde ganz ruhig und aus dem Augenwinkel bemerkte er, wie Kemal nervös auf- und abging. »Wovon sprichst du?«

»Du hast dich anders verhalten, wenn es um die Wahl ging. Verbissener. Ich habe gedacht, dass es mit deinem Vater zusammenhängt, weil er dir so einen Druck gemacht hat.« Die Worte sprudelten jetzt förmlich aus Felix heraus, dessen Gesicht rot und fleckig war, als hätte er gerade einen Marathon hinter sich gebracht. »Und als feststand, dass Lars und Johanna in die Stichwahl kamen, habe ich Sarah gebeten, die Wahl zu manipulieren.

Lars wusste Bescheid. Er hat den Posten als Präsident von Staat X erhalten und im Gegenzug sollte er dich zum Polizeipräsidenten ernennen.«

Stille.

So sah Felix ihn also. Als einen Schwächling, der Hilfe benötigte. Den man vor seinem Vater beschützen musste. Unbewusst ballte sich seine Hand zu einer Faust, Wut kochte in ihm hoch, brodelnd und heiß. Wut auf sich selbst, darauf, die Dinge nicht unter Kontrolle zu haben. Ganz gleich, wie gut es Felix gemeint hatte, Adrian stand da wie der größte Versager. Hatte die Stelle nicht aufgrund von Qualifikation, sondern durch Erpressung bekommen.

»Das hättest du nicht tun sollen. Ich kann auf dein Mitleid verzichten. Was weißt du schon über meinen Vater?« Adrian zog die Mauern um sein Herz höher, versuchte, seine Gefühle zu verbergen. »Tu mir einen Gefallen! Misch dich nie wieder in mein Leben ein!«

Zum ersten Mal seit er den Raum betreten hatte, sah Felix Adrian direkt an. Seine hellblauen Augen hatten ihre Leuchtkraft verloren, als hätte jemand einen Filter darübergelegt, und sein Anblick erinnerte Adrian an den Tag, an dem Felix' Ex mit ihm Schluss gemacht hatte.

»Du stehst immer für uns ein, Adrian. Du bist immer für uns da. Ich wollte einmal etwas zurückgeben. Außerdem ist Johanna spießig und hätte niemals das Bier gestern Abend durchgehen lassen. Wie sollen wir ohne Alkohol eine Bar führen?«

»Ja, Mann. Er hat es nur gut gemeint«, mischte sich nun Kemal ein.

Adrian fuhr zu ihm herum. »Halt du dich da raus! Ganz ehrlich? Wenn die Sache auffliegt, werden wir wahrscheinlich der Schule verwiesen. Wahlmanipulation. Großartig.«

»Daran habe ich nicht gedacht.« Felix' Schultern hingen nach vorne. Er sah aus wie ein Vogel mit gebrochenen Flügeln.

Jeder seiner Nerven war zum Zerreißen gespannt. Adrian war kurz davor, sich seinen inneren Dämonen hinzugeben, kurz davor, einen Schritt zu weit zu gehen.

Er schloss die Augen und holte bebend Luft, hörte die herablassenden Worte seines Vaters, ließ sich von ihnen treiben, immer höher und weiter, und dachte, dass er sie verdient hatte.

Worte, die sich am Grund seiner Seele festsetzten. Sätze, die zerstörten.

»Adrian.«

Er riss die Augen auf und schreckte vor dem Ausdruck auf dem Gesicht seines Freundes zurück, denn er war ihm so schmerzvoll vertraut.

Es war derselbe Ausdruck auf dem Gesicht von Adrians Mutter, wenn sein Vater vor ihr stand, über ihr aufragte wie ein Gletscher, während sie schrumpfte, immer kleiner wurde.

Atemlos rang Adrian um Fassung, doch es war längst zu spät. Gehetzt drehte er sich um, stolperte aus dem Raum. Felix rief ihm etwas hinterher, doch er konnte ihn nicht verstehen, in seinen Ohren rauschte es zu laut. Seine Beine trugen ihn den Schulflur entlang, er bog um die Ecke, lief weiter und ignorierte das Stechen in seiner Brust.

Ein paar Achtklässler sprangen erschrocken zur Seite.

Es wurde leerer und die Stimmen der anderen Schüler verklangen. Dann, endlich, war Adrian alleine und überließ dem Hass in sich die Kontrolle, gab sich ihm hin und ließ los.

Zornig dreschte er auf seinen Spind ein. Immer stärker. Immer präziser. Auf dieselbe Stelle, als ob sich dadurch etwas veränderte, als ob es dadurch besser würde.

So lange, bis er eine warme Flüssigkeit auf seinem Handrücken spürte.

So lange, bis er heiße Tränen auf seinen Wangen fühlte.

So lange, bis er nicht mehr sein Vater war.

LARA

Laras Blick schnellte zu der Busanzeige. Noch drei Haltestellen. Der Sänger von *Blink 182* brüllte in ihr Ohr, aber es war genau das, was sie jetzt brauchte, um wach zu bleiben. Typische 90er-Jahre-Musik. Viel Schlagzeug. Viel Geschrei.

Sie war froh, dass ihre Eltern dem Projekt zugestimmt hatten. In ihrem Rucksack befand sich ein offizieller Wisch, den sie zwar unterschrieben, aber nicht unkommentiert gelassen hatten. Viele Fragen. Viele Worte. Und Predigten. Über Verantwortung und großartige Herausforderungen – ihre Mutter hatte sie fest umarmt und ihr sogar beim Packen geholfen. Mit den Fingern trommelte sie im Takt der Musik auf den großen Reisekoffer, der zwischen ihren Beinen lag.

Sie ertappte sich dabei, wie sie in die Luft starrte, was auf Außenstehende einen leicht debilen Eindruck machen musste. Auf ihren Lippen klebte nämlich ein unerschütterliches Grinsen, das sich ganz ohne Ankündigung dort breitmachte, als sie an den gestrigen Abend dachte. Dabei war der Heimweg von der Party harmlos, beinahe unschuldig gewesen. Das Einzige, was sie ausgetauscht hatten, waren Blicke. Und eine flüchtige Umarmung zum Abschied. Allerdings war da diese Anziehungskraft, die sich nicht in Worte fassen ließ, und jetzt saß Lara hier und konnte einfach nicht aufhören, an Vincent zu denken.

Und sie konnte nicht glauben, dass es jetzt endlich losging. Dass sie doch noch an Staat X teilnehmen durfte. Der gestrige Tag war bereits ein aufregender Vorgeschmack gewesen, aber jetzt fühlte es sich so an, als würde sich ihre Welt auf einmal schneller drehen.

Als sich die Türen des Busses eine Straße von der Schule entfernt öffneten, wurde Lara in die Realität zurückgeholt. Vor dem Schulgelände waren mehrere längliche Tische aufgestellt. Dahinter standen ein paar Schüler verschiedener Altersklassen mit einfachen schwarzen Shirts bekleidet. Sie trugen Käppis, die an Militärkappen erinnerten, mit der Aufschrift »Zoll«. Lara stellte sich an, während die anderen in der Reihe vor ihr ihre Staat-X-Personalausweise zogen. Mit weiteren Tischen wurde der Durchgang versperrt, sodass man nur einzeln in das Schulhaus gelangte.

»Darf ich deinen Koffer sehen?«

Lara legte den Koffer auf den Tisch. Es sah aus wie in einer Flughafenkontrolle, nur die Metalldetektoren fehlten. Ein kurzer Laserblick hinein schien zu genügen, selbst die Mimik eines Zollbeamten hatte er perfektioniert.

»Wo ist dein Ausweis?«, fragte der Typ und blickte ihr direkt in die Augen.

»Hier.«

Der Zollbeamte musterte den Ausweis eingehend. »Na, dann: Willkommen in Staat X.«

Der namenlose Zollbeamte machte eine ausholende Bewegung und Lara sammelte ihren Koffer wieder ein.

Drinnen steuerte sie zuerst die Zentralbank an, die sich direkt im Erdgeschoss des Hauptgebäudes befand. Es herrschte reger Betrieb, denn sie war wohl nicht die Einzige, die auf die Idee gekommen war, ihr Geld in die Xero-Währung umzutauschen. Überall waren Kassen aufgestellt und Bankbeamte gaben gelb und grün bedruckte Scheine aus, auf denen das Schildkrötenwappen von Staat X prangte. Mit einem Blick auf die Uhr vergewisserte Lara sich, dass sie noch etwas Zeit hatte.

Nachdem sie zehn Euro umgetauscht hatte, schleppte sie ihr Zeug auf kürzestem Weg durch das Schulgebäude, das mittlerweile kaum noch wiederzukennen war. Überall waren Schilder und Plakate angebracht. Cafés, Bars, ein Kino und das Schwimmbad. Richtungsweiser, Ankündigungen zu Aufführungen. Ein Konzert der Band *Happy Obscurus* sprang ihr ins Auge.

»Entschuldigung.« Ein Mädchen in Laras Alter schob sich mit Backwaren in einer Kiste an ihr vorbei. Sie dufteten nach Hefe und Zuckerguss. Frisch aus dem Ofen.

Im selben Moment prallte sie gegen etwas Hartes und ein dumpfes Ächzen kroch über ihre Lippen.

»Hoppla.«

Der Typ, gegen dessen Schulter sie gestoßen war, machte den Eindruck, als würde er regelmäßig Sport treiben. Und als hätte er Freude daran, es jedem zu zeigen.

»Sorry«, rutschte es ihr heraus. »Tut mir leid.«

Dann ärgerte sie sich, denn eigentlich hätte der Kerl ja genauso gut aufpassen können. Typisch, dass sie diejenige war, die sich entschuldigte.

»Macht nichts, kann passieren.«

Seine Stimme war tief, der Blick aus den eisblauen Augen wachsam. Lara gefiel seine Musterung nicht. Sie erkannte ihn wieder. Er war einer der Jungs, von denen Olga auf dem Schulhof gesprochen hatte. Einer von denen, die als Sicherheitsmann arbeiteten.

»Nils, kommst du?«, rief ein anderer Junge vom Ende des Flurs.

»Jap.« Er schlenderte davon, nicht ohne ihr noch einen letzten Blick zuzuwerfen.

Angeekelt sah Lara zur Seite. Nichts fand sie schlimmer als Typen, die meinten, ihnen würde die Welt gehören, bloß weil etwas zwischen ihren Beinen baumelte.

Nachdem sie ihren Schlafplatz im Schwimmbad bezogen hätte, würde sie einen Abstecher zur *Büchereule* machen und sich anschließend in aller Seelenruhe im Staat umsehen. Schließlich war es unwahrscheinlich, dass es heute Gerichtsverhandlungen geben würde – warum denn auch? Es waren noch keine Verbrechen verübt worden und Lara konnte sich kaum vorstellen, dass irgendjemand auf die Idee kam, Ärger zu machen. Dafür war die Stimmung zu ausgelassen, die Freude zu groß.

Wer wäre denn so dämlich, das Projekt zu torpedieren?

MELINA

Der zweite Tag in Staat X war angebrochen und begann mit so etwas Ähnlichem wie Normalität. An den zwei Duschen im Obergeschoss hing eine Liste aus, in die sich die Mädchen eingetragen hatten, und als Melina endlich an der Reihe war, hatte sich Olga bereits auf den Weg zur *Büchereule* gemacht, um die morgendliche Kundschaft mit Kaffee zu versorgen.

Zwanzig Minuten später betrat Melina schließlich die *Büchereule*. Nicht ohne vorher noch einen Zwischenstopp bei *Schmitzis Bäckerei* einzulegen und zwei Croissants einzustecken.

Sie fühlte sich ziemlich gerädert. Während die anderen nach und nach eingeschlafen waren, Handylichter erloschen und Taschenlampen ausgeschaltet worden waren, hatte Melina wach gelegen und in die Dunkelheit gestarrt. Zu präsent war die unverhoffte Begegnung mit Adrians Vater gewesen. Zu intensiv.

Es war einfacher, die Augen geöffnet zu lassen. Denn sobald

Melina sie schloss, suchten die Bilder sie wieder heim. Als ob sie in einer Ecke kauerten und nur darauf warteten.

Melina schüttelte die Nacht ab und straffte die Schultern.

Die *Büchereule* war kühler als die Gänge, obwohl das Schulgebäude gut isoliert war.

Olga stand am Tresen, strahlend und frisch und viel zu fröhlich für diese Uhrzeit. Sie trug schwarze Jeansshorts und einen sehr hohen Zopf, sodass Melina unwillkürlich an 80er-Jahre-Musikvideos denken musste. Ihre Ohren waren heute ausnahmsweise mit buntem Schmuck bestückt.

»Was ist passiert?«, fragte Olga flötend. Jawohl, *flötend*. »Du hast ja echt noch ewig gebraucht. Ich hab alleine den Laden geschmissen, alle waren noch vor Beginn ihrer Schicht hier.«

»Müde. Kaffee.« Melinas morgendliches Mantra.

»Kommt sofort.«

»Du hast mir besser gefallen, als du neulich verkatert warst«, murmelte sie, darum bemüht, wenigstens ihrer Stimmlage einen Hauch von Dankbarkeit einzuflößen.

»Du meinst, als ich nicht geredet habe und mein Körper mit Entgiften beschäftigt war?«

»Jap.«

»Das wird so schnell nicht wieder vorkommen.« Olga kniff die Augen zusammen und begann, Milch aufzuschäumen. Dampf füllte den Raum und der Geruch von frisch gebrühtem Kaffee bahnte sich seinen Weg in Melinas Nase, als eine Gruppe Mädchen die *Büchereule* betrat.

Sie bestellten mehrere Cappuccino. Während sie warteten, bewunderte eines der Mädchen Melinas Bilder.

»Das ist schön. Wie viel wollt ihr denn dafür?«

Melina schwieg, denn sie deutete ausgerechnet auf ein blaues Bild. Schwungvolle Pinselführung, flächig mit Acryl bestrichen. Ein angedeutetes Gesicht mit intensiven Augen, die mit der Farbe verschmolzen. Melina hatte das Bild *Erinnerungen* getauft.

»Es ist unverkäuflich«, hörte sie sich sagen und war selbst erstaunt darüber, wie fest ihre Stimme auf einmal klang, als hätte sie ihre dringend benötigte Koffeeindosis bereits erhalten.

Das Mädchen zog die Brauen hoch. »Ehrlich? Schade. Es ist wirklich hübsch.«

»Danke.« Melina kostete es normalerweise viel Überwindung, überhaupt etwas zu sagen. Seltsamerweise schaffte sie es jetzt, einer anderen Person abzusagen. Den Willen zu verwehren.

Olga folgte dem Gespräch schweigend und machte währenddessen die Bestellungen für die Kundschaft fertig, die artig mit Xeros bezahlten und sich schließlich wieder verzogen.

Zielsicher pfefferte Melina ihre Umhängetasche hinter die Theke und schwang sich im selben Atemzug auf einen der vier ledernen Barhocker. Auch ein Geschenk von großzügigen Eltern. Tatsächlich war die *Büchereule* nicht so nerdig, wie sie es sich am Anfang ausgemalt hatten, sondern besaß jetzt einen Touch von Urban-New-York. Nicht dass Melina jemals in New York gewesen wäre, aber so würde sie sich ein nettes Café zwischen Hochhauslabyrinthen und industriellen Backsteingebäuden vorstellen, schließlich hatte sie genug New-York-Romane inhaliert.

»Wir sollten uns überlegen, vielleicht noch jemanden einzustellen. Also, falls das noch geht. Denn ich dachte, wir können auch ein bisschen Freizeit vertragen. Ich hab meine Schwimmsachen eingepackt. Und draußen gibt es einen Waffelstand, den ich unbedingt ausprobieren möchte.«

»Eine aus der Parallelklasse hat im Nebengebäude ein Nutella-Restaurant eröffnet. Aber bisher hatte ich noch keine Gelegenheit, es mir anzuschauen.«

»Nicht. Dein. Ernst.« Es hätte nicht viel gefehlt und ein Speichelfaden hätte sich seinen Weg auf den Tresen gebahnt, so hungrig sah Olga sie plötzlich an.

»Das ganze Haus duftet danach«, sagte Melina und ertappte sich dabei, wie ihre Mundwinkel ein Eigenleben entwickelten.

»Ich muss dorthin.«

»Nicht ohne mich.«

»Kaschinski, ich bitte dich. Einer muss hier die Stellung halten, während ich mich meinen Gelüsten hingebe. So, bitte schön! Mit Verspätung, aber dafür mit viel Liebe.«

Zufrieden stellte sie eine dampfende Tasse Cappuccino vor Melinas Nase und stemmte anschließend eine Hand in die Hüfte, während sie ihre Freundin erwartungsvoll beobachtete.

»Hast du da noch irgendwas reingetan?«, fragte Melina misstrauisch.

»Trink einfach.«

Vorsichtig setzte sie die Tasse an ihre Lippen, pustete die Hitze von der oberen Milchschaumschicht und probierte einen kleinen Schluck. Ihre Geschmacksnerven jubelten auf und Melina warf ihrer besten Freundin über den Tassenrand einen anerkennenden Blick zu.

»Ich wusste, dass du den Haselnusssirup magst. Mission accomplished«, sagte Olga selbstzufrieden und hakte mit dem Finger einen imaginären Punkt in der Luft ab. »Jetzt noch das Nutella-Restaurant und dann kann ich glücklich sterben.«

»Sag so was nicht, du weißt nie, wer da zuhört«, erwiderte Melina und deutete in Richtung Himmel.

»Ach, wir haben ein gutes Verhältnis. Gott versteht meine überdramatische Metaphorik, sonst hätte er mich nicht so gemacht.«

Melina schüttelte kichernd den Kopf. »Du bist so bescheuert.«

»*Einzigartig* ist, glaube ich, das Wort, das du suchst.«

»Für den Cappuccino hast du was gut. Umhängetasche«, sagte Melina und sah, wie Olga sich auf die Tasche stürzte.

»Essen?«

Melina grinste nur, als Olga die Croissants aus der braunen Verpackung zog und hineinbiss. »Du bist ein Engel. Danke. Weißt du was? In der Mittagspause lade ich dich ins *Hair-Angels* ein.«

»Das klingt nicht wie eine Belohnung, sondern eher wie eine Drohung ...«

Zwei Stunden später saß Melina mit ungewohntem Gefühl auf einem Stuhl und wurde von einer kichernden Sechstklässlerin frisiert. Für 50-Xero-Cents bekam sie ein Sandwich, eine Zeitschrift – die allerdings vom letzten Monat war – und eine Frisur. Olga grinste sich einen ab, während Melina fieberhaft überlegte, wie sie am schnellsten wieder aus dem Laden kommen sollte.

Aber irgendwie tat es auch gut. Die Mädchen plapperten unentwegt und schwärmten von Olgas Haaren, in die sie Locken zauberten, und Melina hatte zum ersten Mal seit langer Zeit das Gefühl, einfach Spaß zu haben.

»Steht dir gut. Das solltest du öfters mal ausprobieren«, kommentierte Olga Melinas neue Frisur.

Melina betrachtete sich im Spiegel. Sie sah frisch aus. Nicht mehr so grimmig. Und nicht mehr so müde. Die kringelnden Locken um ihre Wangen ließen sie freundlicher wirken.

»Du bist echt hübsch«, sagte das Mädchen, das sie frisiert hatte, und Olga steckte ihr ein ordentliches Trinkgeld zu.

»Das hab ich gesehen.«

»Ich hab ihr das Geld nicht gegeben, damit sie was Nettes sagt, sondern *weil* sie was Nettes gesagt hat«, meinte Olga und stand auf.

»Danke schön!« Das dunkelhaarige Mädchen strahlte. »Ihr seid heute unsere ersten Kunden. Ich hoffe, wir können heute unsere Steuern zahlen.«

Olga rümpfte die Nase. »Soweit ich weiß, bekommt man erst einmal eine Verwarnung, falls das nicht klappt.«

»Ja, aber wir haben die Lockenstäbe und die Zeitschriften auf Vorkasse eingekauft, deswegen ist es auch so teuer.«

»Das klappt bestimmt. Ich erzähle jedem, wer mir die Haare so toll gemacht hat.« Olga zwinkerte ihr verschwörerisch zu. »So und jetzt ruft uns die Arbeit. Wir müssen heute Abend nämlich auch unsere Steuern bezahlen.«

VINCENT

Vincents Körper schrie nach Nikotin und sein Blick wanderte sehnsuchtsvoll über den Schulhof, wo ein paar Unterstufenschüler im hinteren Teil des Hofes kickten. Im vorderen Teil war alles mit Essensständen belagert, es wurden Schlachten um Waffeln und Crêpes geschlagen, keine Eltern, die gesunde Rohkost vorsetzten. Ein blondes Mädchen lachte über etwas, das ihre Freundin gesagt hatte, und ihr Lachen drang zu ihm herüber, spulte den Film des gestrigen Abends ab.

Bei dem Gedanken an Lara wurde ihm warm. Scheiße. Er hatte sich lange nicht mehr so lebendig gefühlt. Als hätte jemand ein zentnerschweres Gewicht von seinen Schultern gehoben und plötzlich konnte Vincent die Freiheit auf der Zunge schmecken.

Die Uniform saß etwas locker um seine Schultern. Sie war ungewohnt. Fremd. Als würde er in eine andere Haut schlüpfen, dabei war er derselbe. Genauso unsicher. Genauso antriebslos.

Dennoch fühlte sich die Uniform gut an, denn sie gab ihm Sicherheit. Er merkte eine Veränderung, ein bisschen so, wie die Wirkung eines Joints, kurz bevor ihm alles nur noch wahnsinnig witzig vorkam. Sein Leben: eine einzige große Comedyshow.

Gemeinsam mit Feliza, einem Mädchen aus der achten Klasse, war er zur Grenzkontrolle eingeteilt. In seinem Profil der Staat-X-App standen seine Arbeitszeiten für die kommende Woche. Mehrere normale Rundgänge. Ein Vormittag als Wachmann im Gefängnis. Zwei Nachtschichten. Bei dem Gedanken daran verzog Vincent das Gesicht und er konzentrierte sich darauf, die durch die Sicherheitskontrolle hereinströmenden Schüler im Auge zu behalten. Vielleicht kam einer von ihnen ja auf dumme Gedanken. Wollte Lebensmittel oder andere Waren schmuggeln.

Kurz dachte er daran, dass er selbst eine Packung Zigaretten bei Tarek gekauft hatte – überteuert und die falsche Marke – und er fragte sich, ob er ihn nicht eigentlich hätte hochnehmen müssen. Schließlich war das sein verdammter Job. Aber auf der anderen Seite hätte er damit auch seinen Nikotinkonsum einstellen müssen und das wollte Vincent nicht riskieren.

Zollbeamte durchsuchten Rucksäcke, ihre Hände stießen wie hungrige Aasgeier durch die Stoffschichten, auf der Suche nach Beute.

Ein Junge, kaum älter als zwölf, ging mit großen Augen an Vincent vorbei, beinahe schien es, als würden sie ihm direkt aus dem Gesicht purzeln.

Feliza kicherte hinter vorgehaltener Hand, sah Vincent aber nicht an, wie die meiste Zeit, seitdem sie zusammen herumstanden. Vincent wandte sich ihr fragend zu.

»Du schaust ziemlich grimmig.« Sie kicherte wieder.

»Und?«

»Da bekommt man ja richtig Angst.«

»Und?«

»Na ja ... es heißt ja eigentlich: ›Die Polizei, dein Freund und Helfer‹ und nicht ›Die Polizei versetzt dich in Angst und Schrecken‹.« Feliza lächelte ihn offen an, dabei fiel ihm auf, wie herrlich fröhlich sie war, so das komplette Gegenteil von ihm, und er spürte, wie sein Mundwinkel zuckte.

»Besser!« Feliza strahlte und begrüßte die Neuankömmlinge in Staat X.

Viele steuerten erst einmal die Zentralbank an, tauschten Euros in Xeros um und machten sich dann auf die Suche nach Freunden oder gingen zur Arbeit.

Plötzlich lief Adam an ihnen vorbei und Vincent dachte an die vielen unausgesprochenen Worte, die zwischen ihnen hingen. Nicht zuletzt, seit Lara sich ihnen vorgestellt hatte.

»Hey.«

»Oh, du bist schon im Einsatz«, sagte Adam und musterte seine Uniform. Sein Blick streifte Feliza nur flüchtig, dann widmete er sich mit zusammengezogenen Augenbrauen seinem Handy.

»Kommst du mit eine rauchen?«, fragte Vincent Adam, der auf sein Handy einhämmerte und eine WhatsApp-Nachricht beantwortete. Wahrscheinlich von irgendeiner Eva.

Er schüttelte den Kopf, ohne aufzusehen. »Ich muss noch in die Bücherei.«

»Bücherei?« So ziemlich der letzte Ort, den Vincent mit seinem Freund in Verbindung bringen würde.

»Ol… eine Freundin hat mich darum gebeten«, sagte er ausweichend. »Ich wollte das Buch jetzt holen, weil ich es sonst wieder vergesse, und gerade habe ich etwas Zeit.«

»Was? Welche Freundin?«

»Kennst du nicht.« Das war untypisch.

Adam wandte sich mit einer fließenden Bewegung zu ihm um und schulterte seinen Rucksack auf eine ungemein lässige Art, sodass Vincent kurz so etwas wie Neid verspürte.

Grinsend stieß Adam ihm in die Rippen, während Feliza alles genau beobachtete, ihr Blick wurde von Adam angezogen wie eine Motte vom Licht.

»Schau nicht so«, sagte Adam und Feliza zuckte leicht zusammen, obwohl sie gar nicht gemeint war. »Ich weiß, ich verhalte mich manchmal wie ein Arschloch, aber das heißt nicht, dass ich ein Arschloch bin.«

So sehr Vincent Adam in puncto Arschloch zustimmen musste, es gab Momente, in denen er es schaffte, ihn zu überraschen. Obwohl er für nichts Verantwortung übernahm und Mädchenherzen brach, als wären sie ein KitKat, so konnte er dennoch nicht über die Tatsache hinwegtäuschen, dass auch er eine weiche Seite hatte.

Adam nickte Vincent zu und schlenderte davon. Während sie ihm nachsahen, fragte sich Vincent einmal mehr, warum jemand wie Adam mit ihm befreundet war.

Vielleicht, weil Vincent ihm nicht nach dem Mund redete.

Vielleicht, weil er Adam das Gefühl gab, nicht völlig allein auf der Welt zu sein.

Vielleicht, weil Adam ihm selbst dieses Gefühl gab.

Anzeige wird bei der Polizei erstattet.
Die Rechtsprechung, Staat X.

Vor dem Eingang der *Spielhölle* waren zwei dicke Samtvorhänge angebracht, die den geheimnisvollen Ort vor neugierigen Blicken schützten. Als Saskia sich der Tür näherte, tauchte wie aus dem Nichts ein schlaksiger Junge mit kurz geschorenen Haaren und einer Brille mit dunklen Rändern auf der Nase auf.

»Du kannst hier nicht rein.«

Kurz verspürte Saskia so etwas wie Enttäuschung, dann ballte sie die Hand zu einer Faust und blickte entschlossen in das Gesicht des Zehntklässlers, der vor ihr aufragte wie eine Wand.

Ihr Herz schlug wild in ihrer Brust. »Und wieso nicht? Es gibt für alle überall Zugang.«

»Nicht hier.«

»Aber ich zocke gerne. Ich bin gut.«

Der ernste Zug um den Mund des Jungen löste sich und er

verzog die Lippen zu einer Grimasse. »Komm schon, Kleine, hier spielen nur die Älteren. Das ist langweilig für dich.«

»Sebastian? Wo bleibst du denn?«

Dumpf drang eine weibliche Stimme aus dem Inneren der *Spielhölle* zu ihnen durch.

»Komme gleich!«, rief der Zehntklässler zurück. Nun erschien ein genervter Ausdruck auf seinem Gesicht. »Verzieh dich«, sagte er dann zu Saskia.

»Ich bezahle wie jeder andere auch«, sagte Saskia und hielt zwei Xero-Scheine in die Luft. »Das ist Diskriminierung.«

Er seufzte. »Du bist eine ganz schöne Nervensäge. Also schön. Ausnahmsweise.« Der Junge öffnete seine Handfläche und Saskia spürte, wie Erleichterung sie durchströmte.

Das Geld wechselte seinen Besitzer und verschwand in den Tiefen der dunklen Shorts des Jungen. Dieser bewegte sich keinen Millimeter und eine Ahnung stieg in Saskia auf.

»Darf ich jetzt rein?« Ihre Stimme klang nicht mehr fest, sondern beinahe verzweifelt.

»Nein.«

»Aber ich hab doch gerade den Eintritt bezahlt!«, protestierte Saskia, Panik färbte ihre Worte.

»Ich weiß nicht, wovon du sprichst.«

»Ich habe dir mein Geld gegeben.« Ein letzter Versuch. »Gerade eben.«

»Geld, welches Geld?« Ein diabolisches Lächeln entstellte die Züge des Zehntklässlers, böse und hinterhältig. »Das musst du erst einmal beweisen.«

Mit hängenden Schultern wandte sich Saskia ab.

Sie hatte keine Ahnung, was sie jetzt tun sollte.

Heul jetzt bloß nicht!

Saskia machte zwei Schritte in die entgegengesetzte Richtung, immer schneller, immer weiter, und als sie endlich um die nächste Ecke bog, kullerten die ersten Tränen über ihre Wangen. In diesem Moment sah sie Herrn Simon, ihren Lieblingslehrer, vor der Bäckerei stehen und mit ein paar Schülern plaudern.

Saskia nahm ihren ganzen Mut zusammen und wischte sich die Tränen aus den Augen. »Herr Simon?«, fragte sie leise und der Vertrauenslehrer drehte sich zu ihr um.

»Saskia. Alles in Ordnung?«

»Einer der älteren Schüler hat mir ... mein Geld geklaut.«

Herr Simon runzelte die Stirn, er dachte einen Augenblick lang nach und sagte dann: »Da kann ich dir leider nicht helfen, Saskia. Ich darf mich in den nächsten Tagen nicht einmischen.«

Saskia spürte, wie ihr erneut die Tränen in die Augen stiegen und eine schwere Hilflosigkeit von ihr Besitz ergriff.

Herr Simon musterte sie kurz und seufzte dann. »Weißt du was? Wir suchen jetzt einen Polizisten, dem schilderst du, was geschehen ist, und der gibt es dann an einen Staatsanwalt weiter. Der kann einen Haftbefehl erlassen, wenn hinreichender Verdacht besteht.«

Saskia riss die Augen auf. Polizei? Haftbefehl? Plötzlich fühlte sich alles so groß und ernst an und sie hatte eigentlich gehofft, einfach Hilfe von ihrem Lehrer zu bekommen. Doch dann dachte sie an das breite Grinsen des älteren Schülers und ein Entschluss reifte in ihr heran.

Sie nickte. »In Ordnung. Ich gehe zur Polizei.«

LARA

Lara zog ihre Bahnen durchs Schwimmbecken. Ihre Hände stießen wie Harpunen ins Wasser, auf der Suche nach Geschwindigkeit. So wie in Hamburg beinahe jeden Tag. Immer dann, wenn sie sich einsam gefühlt hatte oder Kraft schöpfen musste für Lernen, Schule und Leben.

Sie genoss die Kühle, die auf ihren erhitzten Körper prallte, die Anstrengung zerschoss ihre Gedanken in kleine Einzelteile.

Als sie nach einer kurzen Dusche schließlich die Haare föhnte und zu einem einfachen Knoten band, war es beinahe Mittag und sie beschloss, einen Abstecher zur *Büchereule* zu machen. Ihre Arbeit würde erst in zwei Stunden beginnen und vorher wollte sie noch die richtige Herangehensweise an einen Artikel recherchieren.

Als sie einen Blick auf ihr Smartphone warf, klopfte ihr Herz plötzlich schneller. Vincent. Zwei neue Nachrichten.

9.11 Uhr: Gut in Staat X angekommen?
9.12 Uhr: Wann beginnt deine Arbeit?

Ihre Finger flogen über die Buchstaben und sie antwortete ihm sofort. Keine Spielchen. Kein dämliches Warten. Lächelnd steckte Lara das Handy wieder ein, freute sich über jedes Wort, das Vincent ihr schickte. Wörter, die sie weiter an ihn banden.

Als Lara die *Büchereule* betrat, bedienten Olga und Melina gerade zwei Mädchen, die um Extrakaramell baten. Sie sahen kurz auf und grüßten sie. Ein Junge mit dicker Brille saß in einer Ecke und las. Vor ihm auf dem Tisch stand eine dampfende Tasse, in der ein Teebeutel ankerte. Daniel, Olgas Zwilling, betrat hinter Lara die *Büchereule*. Er trug ein sommerliches Hemd und ein freundliches Lächeln erhellte seine Züge.

»Hey. Na, alles klar?«

»Ja. Und bei dir?«

»Langeweile.«

»Du bist bei der Staatsanwaltschaft, oder?«, hakte Lara nach und Daniel nickte.

»Genau. Tote Hose. Ist zwar ganz nett, weil ich Staat X in vollen Zügen auskosten kann. Aber nach einem Film, dem Bauch voller Essen und einem Cocktail auf der Dachterrasse weiß ich ehrlich gesagt nicht, was ich noch machen soll.«

»Deswegen gehst du uns auf die Nerven?«, kommentierte Olga trocken. »Unglaublich, dass du fürs Nichtstun bezahlt wirst. Deine Sorgen hätte ich mal gerne! Wir versuchen hier, über die Runden zu kommen, und du gibst dein Geld bei Glücksspiel und Leckereien aus.«

»Im Casino?«

Daniel bleckte die Zähne. »Ja. Und ich habe meinen Einsatz tatsächlich verdreifacht.« Zum Beweis wedelte er mit einem Bündel gelber Xero-Scheine.

Olga schnaubte verächtlich. Doch Daniel ignorierte sie und wandte sich wieder Lara zu. »Und, darfst du heute deinen ersten Artikel schreiben?«

»Dafür müsste endlich was passieren«, erwiderte Lara ausweichend und setzte sich auf den ledernen Hocker, der ihre nackten Oberschenkel direkt ansaugte.

»Daniel!«

Alle drehten sich zu der Stimme in der Tür um. Ein Mädchen mit dicker Brille und zwei geflochtenen Zöpfen stand dort – einen Zettel in der Hand. Ihr Brustkorb hob und senkte sich atemlos, als wäre sie gerade gesprintet.

»Du wirst gebraucht! Womöglich dein erster Fall. Eine Fünftklässlerin behauptet, Eintritt für die *Spielhölle* gezahlt zu haben, aber sie durfte nicht rein.«

»Oh Mann, endlich!« Daniel tippte sich mit zwei Fingern an die Stirn. »Man sieht sich. Sehr wahrscheinlich bald im Gerichtssaal.«

Er grinste Lara an. Doch diese Neuigkeit rief bei ihr eine ganz andere Wirkung hervor: Panik.

»Ich ... ich muss auch los«, sagte sie deswegen, kaum dass Daniel verschwunden war und eilte in die Bücherei der Schule, in der sich auch ein Computerzentrum befand.

Sie klickte sich durch Artikel, überflog die Kriterien und den Aufbau eines guten Interviews und schrieb sich die Informationen fein säuberlich auf ein Blatt. Ihr Kopf rauchte. Wörter verschwammen zu einem See aus Buchstaben und ihre Augen brannten.

Auf dem Weg zur *Morgenpost X* begegnete ihr Vincent in zivilen Klamotten.

»Was machst du denn hier?«, fragte Lara ihn lächelnd, denn er lehnte an der Säule des Treppenaufgangs, als hätte er auf sie gewartet.

Er löste sich von der Säule und umarmte sie flüchtig, dabei fiel ihr auf, dass er gut roch. Nicht wie eine dieser Romanfiguren, die jedes Mal beschrieben wurden, als wären sie in einen Dufttopf voller herber Holzgerüche gefallen, sondern einfach herrlich normal.

»Auf dich warten. Du meintest doch, dass du gleich zum Briefing musst.«

»Ja. Wann geht's bei dir weiter?«

»In einer halben Stunde ist meine Mittagspause zu Ende. Dann muss ich noch vier Stunden arbeiten. Hast du Lust, heute Abend ins *Rooftop* zu kommen?«

»Wieder eine Party?« Sie klang seltsam, aber Lara war froh, dass sie wenigstens nicht in eine kindliche Babystimme verfiel.

»Anscheinend. Dieses Mal legen das *Rooftop* und die *TT-Bar* zusammen. Wird bestimmt erste Sahne!«

Sie nickte. »Klar, wieso nicht? Ich würde mich freuen.«

Ein kurzes Lächeln huschte über Vincents Gesicht. »Perfekt. 20 Uhr? An der Bar?«

Als Lara wenig später im warmen Raum der *Morgenpost X* stand und vom Geruch nach frischer Druckertinte und dem Geräusch von tippenden Fingern umgeben war, hatte sie das Gefühl, als würde sie über den Boden schweben.

Ein paar jüngere Schüler fächerten sich mit ihren Notizbüchern Luft zu, während Elif letzte Vorbereitungen zum Teammeeting traf. Auf einem Whiteboard waren in verschiedenen Farben die unterschiedlichen Themenbereiche der *Morgenpost X* in Spalten aufgelistet. Ein aufgeregtes Flüstern geisterte durch den Raum. Lara legte ihre Tasche auf ihren zugeteilten Platz.

»Die ersten Zahlen sind da.« Julian kam in die Redaktion gestürmt und schwenkte einen Zettel.

Sofort verstummten alle Geräusche.

»Und?«

Lara horchte auf. »Zahlen?«, fragte sie das schwarzhaarige Mädchen, das neben ihr stand.

»Unsere Verkaufszahlen«, flüsterte sie zurück.

»Glückwunsch, Leute! Es sieht super aus! Unsere Interviews und die Kurz-Porträts von einzelnen Jobs in Staat X kamen richtig gut an. Insbesondere der Artikel über Adrians Ernennung zum Polizeipräsidenten hat gute Rückmeldungen bekommen«, verkündete Julian, machte eine Pause und senkte dann die Stimme. »*Die Neue Zeitung* kann einpacken, deren Verkaufszahlen sind total im Keller. Sie können ein Drittel ihrer Leute nicht bezahlen.«

Erstauntes Murmeln setzte ein. »Das kann uns genauso passieren«, fuhr er nun fort. »Deswegen machen wir uns am besten gleich wieder an die Arbeit!«

ADRIAN

Eine brütende Hitze trieb Adrian unablässig den Schweiß auf die Stirn, obwohl sie alle Fenster der Turnhalle geschlossen und fast alle Rollläden heruntergelassen hatten. Zudem trug er trotz der unmenschlichen Temperaturen eine schwarze lange Hose. Passend zu seiner Uniform.

Die Position als Polizeipräsident gab Adrian Kraft. Egal wie er an den Posten gelangt war. Auch wenn er es ungern zugab, aber sie hielt ein Schutzschild vor seine Seele. Und seine Emotionen. Niemand sollte sehen, wie zerrissen und kaputt er wirklich war, weder seine Freunde noch die Leute, die sich als seine Freunde bezeichneten. Fremde, die ihn zwar ansahen, aber nicht wirklich *sahen*.

»Entschuldigung?«

Fragend drehte sich Adrian um und sah ein dunkelhaariges Mädchen vor sich stehen, das er nicht kannte.

»Ich bin von der *Morgenpost X*. Darf ich Sie um ein Interview zur ersten Verhaftung bitten?«

Adrian schüttelte den Kopf. »Nein, tut mir leid. Dazu gebe ich keine Auskunft. Da musst du bis zur offiziellen Pressekonferenz warten.«

Ihre Mundwinkel sanken herab. »Aber …«

»Tut mir leid«, wiederholte er mit einem gezwungenen Lächeln und ließ die Journalistin stehen. Er hatte keine Lust und keine Nerven, die Verhaftung zu kommentieren. Sie war einfach gewesen. Denn neben dem Opfer, Saskia, hatte es noch eine weitere Fünftklässlerin als Zeugin gegeben.

Die Arbeitspläne der Polizisten hingen in der Turnhalle aus, ihrem Treffpunkt und Versammlungsort am Morgen und am Abend. Eigentlich funktionierten die Abläufe ganz reibungslos, Qunyh-Anh gab ein erstes Interview, das in der *Neuen Zeitung* gedruckt wurde, und seine Arbeit in einem positiven Licht darstellte. Alles stimmte. Der Schein war gewahrt.

»Herr Polizeipräsident?«

Adrian verkniff sich ein Grinsen und drehte sich mit bewusst ernster Miene zu der Stimme um. Ein Junge, vielleicht dreizehn, stand mit hochrotem Kopf vor ihm.

»Kann ich dir weiterhelfen?«

»Ich würde gerne zu meinem … ähm … Mandanten.«

Sofort wurde Adrians Miene eine Spur unfreundlicher. »Mandanten?«

»Sebastian …«

Der Junge kramte in seiner Hosentasche und erst jetzt fiel Adrian auf, dass der Kleine ein weißes Hemd und etwas zu große

Anzugsschuhe trug. Bei dem Wetter musste er sicherlich darin eingehen.

»Kießling?«, half Adrian ihm auf die Sprünge. Endlich hielten die Finger still, als hätte er ein Zauberwort gesprochen.

»Genau.«

»Ihr Mandant sitzt in Untersuchungshaft, so lange, bis Anklage erhoben worden ist. Möchten Sie ihn sprechen?«

»Ja, bitte.«

»Dann müsste ich erst einmal Ihren Ausweis sehen«, sagte Adrian und wartete, bis der Junge seiner Bitte nachgekommen war. Adrian kontrollierte die Angaben auf der offiziellen Staat-X-Seite, in der alle Berufe aufgelistet waren, und gab das Kärtchen wieder zurück.

Gemeinsam gingen sie die Treppen hinunter, wo es merklich kühler, aber auch ungemütlicher wurde. Es war, als hätte man jedes Leben und jede Freundlichkeit aus den Kellerräumen gesaugt. Als hätte ein Dementor sein Unwesen getrieben.

Das Gefängnis bestand aus vier kleineren Räumen, die man glücklicherweise mit einem Schlüssel abschließen konnte. Es roch nach abgestandener Luft, und obwohl er bereits öfter hier unten gewesen war, beschlich Adrian ein unangenehmes Gefühl. Mit der passenden Musikuntermalung und Lichteffekten wäre es die perfekte Location für einen Horror-Splatter.

Die Gesichtsfarbe des Verteidigers wechselte von Knallrot zu Kalkweiß.

»Zweite Tür links«, kommentierte Adrian und wartete, bis der junge Rechtsanwalt die Tür erreicht hatte, vor der eine Polizistin auf einem kleinen Hocker saß und las.

»Gibt's was Neues?«, fragte Adrian.

Sie schüttelte den Kopf. »Nein. Alles ruhig. Der Gefangene war vorhin kurz auf Toilette und ihm wurde sein Mittagessen gebracht. Das war's auch schon.«

Der Gefangene. Im ersten Moment war es Adrian gar nicht aufgefallen, doch die Art, wie sie es sagte, ließ ihn für einen Augenblick innehalten. So, als wäre es normal, einen Mitschüler als Verbrecher zu bezeichnen.

Andererseits siezte er den jungen Möchtegern-Anwalt aus reiner Höflichkeit, das wäre bestimmt auch nicht notwendig.

»Okay. Könntest du aufschließen?«

Sie sprang auf die Beine, legte das Buch beiseite und schloss die Gefängniszelle auf, die sogar noch etwas trostloser wirkte als der schlecht beleuchtete Flur.

Der Verteidiger trat mit hochgezogenen Schultern ein. »Sebastian Kießling?«

In einer Ecke auf zwei Matten saß der Beschuldigte. An einem Tisch stand eine halb aufgegessene Portion Nudeln mit Tomatensoße, die Adrians Geruchsnerven sofort daran erinnerten, dass er selbst noch nichts gegessen hatte.

»Ich bin dein ... Rechtsanwalt. Na ja, eigentlich Strafverteidiger. Wir haben uns ja in der Verfassung darauf geeinigt, dass jedem ein Strafverteidiger zur Seite gestellt wird, sobald man ihn verhaftet, egal, ob bereits ein Fall der *notwendigen Verteidigung* gegeben ist oder noch nicht.«

Schweigen. Adrian verstand nur Bahnhof.

Der Verteidiger räusperte sich, als keiner reagierte. »Die Staatsanwaltschaft ist gerade dabei, die Anklageschrift vorzube-

reiten, aber ich dachte, wir könnten uns ja … äh … unterhalten.«
Keine Reaktion.

Deswegen drehte sich der Verteidiger zu Adrian hin, den Kopf leicht erhoben und mit einem Glitzern in den Augen, das Adrian ein seltenes Schmunzeln entlockte.

»Ich würde gerne mit meinem Mandanten alleine sein.«

Das wirst du büßen.«

Adrian sah zu Sebastian, der sich nicht rührte. »Was hast du gesagt?«

»Mein Mandant hat gar nichts gesagt«, sprang der Verteidiger ein und blinzelte mehrmals hintereinander.

»Das will ich auch hoffen«, sagte Adrian.

Anschließend trat er den Rückzug an und machte sich auf den Weg zur Kantine, die im Untergeschoss des Hauptgebäudes lag. Auf dem Weg dorthin begegnete ihm eine bunte Mischung aus Staat-Xlern. Einige in Uniformen oder Trachten, andere waren ganz normal gekleidet und unterschieden sich kaum im Vergleich zum Schulalltag.

Immer wieder streiften ihn anerkennende Blicke, sanfte Berührungen, die sein Innerstes streichelten, es beruhigten und ihm weismachen wollten, dass alles in Ordnung war. Für einen kurzen Moment hatte er geglaubt, die Kontrolle verloren zu haben und irgendeinen Job erledigen zu müssen. Dank Felix hatte sich das geändert. Er war einfach froh, sich darüber keine Gedanken mehr machen zu müssen.

In der Rolle des Polizeipräsidenten ging er völlig auf.

Stirnrunzelnd beobachtete Adrian, wie eine Gruppe Jungs die Treppe in Richtung Warenlager hinunterschlich. *Schleichen* war genau der richtige Ausdruck, denn trotz ihrer beinahe hünenhaften Größe versuchten sie, sich unsichtbar zu machen, mit der Umgebung zu verschmelzen.

»Du siehst aus, als würdest du gleich jemandem an die Gurgel gehen wollen.«

Kemal stand mit einem Cocktail neben ihm und grinste ihn an. Er war um einen betont lockeren Tonfall bemüht. Nach Adrians Verschwinden am Morgen war das auch kein Wunder.

»Weißt du zufällig, was Maxim und Jonathan arbeiten?«, fragte er, denn er hatte zwei der Jungs erkannt.

»Soweit ich weiß, sind sie Türsteher im Casino. Weshalb fragst du?«

»Das passt zu ihnen.« Nachdenklich fuhr sich Adrian mit einer Hand durchs Haar. »Nur so. Ich hab mich gefragt, was sie unten im Warenlager wollen.«

Kemal machte auf einmal ein betretenes Gesicht, wie damals, als er unwissentlich Adrians Ex-Freundin angegraben hatte.

»Spuck's aus.«

»Na ja, wir schmeißen doch heute Abend eine Party. Wollen den gelungenen Start von Staat X begießen. Das *Rooftop* und die *TT-Bar* legen dafür zusammen. Und eine Bar ohne Alkohol geht gar nicht. Wir haben ein paar Jungs aus dem Zoll und dem Warenlager bestochen. Es muss ja keiner mitbekommen.«

Adrian spürte, wie Wut in ihm hochkochte. Aus dem Augenwinkel nahm er eine flüchtige Bewegung wahr und er hatte das unangenehme Gefühl, beobachtet zu werden, also senkte er die Stimme. »Spinnt ihr?«, presste er hervor. »Ich habe die verdammte Verantwortung für die Sicherheit in Staat X. Über die Einfuhren. Wenn das auffliegt, krieg ich richtig Ärger. Nicht nur ich, sondern wir alle. Und du weißt selbst, wie viel Arbeit, Herzblut und Geld ihr in die *TT-Bar* gesteckt habt. Was ist, wenn die aus dem Lager euch damit erpressen und zur Polizei gehen?«

Kemal grinste von einem Ohr zum anderen. »Dafür haben wir ja dich. Du bist der Polizeipräsident. Was willst du denn gegen eine solch haltlose Beschuldigung machen?«

»Und wenn sie direkt zur Staatsanwaltschaft gehen?«

»Was sollen die schon tun? Sie stecken mittlerweile genauso drin wie wir. Das heißt, sie würden garantiert auch bestraft werden.«

Adrian überlegte fieberhaft, warf einen Blick über die Schulter. In einiger Entfernung standen ein paar jüngere Mädchen zusammen, in ein Gespräch vertieft. Als er sich in die andere Richtung drehte, schloss sich gerade die Tür zur angrenzenden Mädchentoilette.

Ein unangenehmes Kribbeln stieg in ihm auf, als ob er sich an einem Brausebonbon verschluckt hätte.

Waren sie belauscht worden?

Doch selbst wenn, die einzige Person, die wirklich zu einem Problem werden könnte, wäre Johanna Dreyfuß – oder eine ihrer Freundinnen –, schließlich hatte sie immer noch ein Hühnchen mit ihm zu rupfen. Sie traute ihm nicht – zu Recht. Johanna kannte die Wahrheit, auch wenn die anderen sich von ihm blenden ließen.

Schließlich nickte Adrian. »Macht, was ihr wollt. Solange nichts aus dem Ruder läuft, soll es mir egal sein.«

Und er meinte es tatsächlich auch so.

Jeder Bürger ist für die Ordnung von Staat X verantwortlich.
Bürgerpflichten, Staat X.

Das große Tor an der Seite der Turnhalle war nur angelehnt. Sie hatten ihr Wort gehalten und nicht abgeschlossen. Eigentlich war das hier keine große Sache. Sie hatten oft Blödsinn angestellt, hatten schon einige Male die Grenzen des Systems ausgetestet. Aber niemals war es ihr *eigenes* System gewesen. *Staat X.*

Das Projekt, das den Lebensalltag der meisten bestimmte. Sogar eine eigene AG hatten sie gegründet, das Grundrecht und Grundgesetz ausgearbeitet, Stunden um Stunden damit verbracht, alles in die richtigen Bahnen zu lenken, und schließlich hatten sich die Tore geschlossen. Keine Lehrer – die drei Vertrauenslehrer, die viel zu nett und gutmütig waren und die Augen vor der Wahrheit verschlossen, konnte man nicht wirklich zählen.

Keine Kontrollinstanzen. Keine Konsequenzen.

Das System was anfällig, marode. Wie ein Jenga-Turm, der

sich bereits in Schieflage befand, löchrig wie ein Schweizer Käse. Schließlich würde keiner der anderen Schüler sie verpfeifen. Polizeiuniform hin oder her.

Ein Grinsen huschte über seine Züge. Sie wollten einfach ein bisschen Spaß. Das ganze Projekt nicht so scheißernst nehmen, die Tage in Freiheit auch ein wenig ausnutzen.

Der Schein seines Smartphones warf ein kegelförmiges Licht auf den Hof. Es war leise. Alle schliefen.

Es war seltsam, den Schulhof bei Nacht zu betreten.

»Du bist zu spät.« Eine Stimme in der Dunkelheit, irgendwo bei den Mülltonnen.

»Ihr habt mich ja auch das ganze Zeug alleine besorgen lassen.«

»Wurde auch Zeit.« Eine zweite Stimme, tiefer und weniger genervt, aber genauso ungeduldig. »Hast du alles bekommen?«

»Ja.«

»Gut.«

»Was ist mit den Vertrauenslehrern?«

»Lass das mal meine Sorge sein«, erwiderte die genervte Stimme, und als er hinter die Mülltonnen trat, konnte er die schwarze Polizeiuniform sehen, in der sein Freund steckte.

»Sicher?«

»Wir haben sie ins Bett geschickt. Freundlich und autoritär.« Seine Zähne leuchteten weiß im Licht der Straßenlaterne. »Sie wollen uns unbedingt die Kontrolle überlassen, weil sie das Projekt bis an die Grenzen treiben wollen. Zumindest der Simon und die Ellwanger. Und die Schmied bekommt doch eh nichts mit. Die schläft mit Ohrstöpseln.«

Er schwieg kurz. »Okay.«

»Gut. Dann kann die Party ja steigen«, antwortete er zufrieden, als sich ein Schatten aus den Bäumen löste.

»Ich glaube, wir sollten uns unterhalten«, sagte die Gestalt und kam mit raschen Schritten näher. »Ihr wollt doch nicht, dass die Lehrer von eurer Aktion Wind bekommen?«

MELINA

Melina entdeckte Kemal und dessen Freundin, die sich wie eine Katze an seinen Oberkörper schmiegte. Und Felix, dessen Blick immer wieder nervös zur Tür zum Treppenhaus und anschließend zu Adam wanderte, der am Geländer der Dachterrasse lehnte und alles beobachtete. Adrians Freunde zischten ihr Bier und hielten Sicherheitsabstand zum Musiker. In Staat X hielten es selbst Todfeinde auf engstem Raum miteinander aus, wenn man denn die Dachterrasse als engen Raum bezeichnen konnte.

Sie ertappte sich dabei, wie sie nach Adrian Ausschau hielt, konnte ihn jedoch nirgends entdecken.

Olga lachte und tanzte barfuß und mit geschlossenen Augen auf einem der aufgestellten Holztische, wog sich zur Musik. Ein paar Oberstufenschüler sahen ihr zu, fasziniert, denn Olga tanzte, wie Melina es manchmal vor dem Spiegel versuchte. Als wäre ihr alles egal, als wäre sie unbezwingbar.

Melina zählte die Flaschen Bier. Sechs Stück. Sie zählte die Tequila-Shots. Vier. Oh Mann, wo kam das Zeug eigentlich her? Und wo waren die Vertrauenslehrer, die gestern Abend noch in den Nischen gestanden und alles kontrolliert hatten?

Wut züngelte in Melina hoch, weil sie es verantwortungslos fand. Aber was sollte sie dagegen machen?

Solange Lara in der Nähe gewesen war, hatte Olga sich zurückgehalten. Jetzt war Lara irgendwo mit Vincent unterwegs und alles war anders.

Die Stimmung drohte zu kippen, wie so oft, wenn Olga einfach losließ. Melina spürte die Schwere, die plötzlich in der Luft lag, sie war getränkt von Olgas Energie, ihren Gefühlen, denn sie wollte einfach vergessen.

»Komm, ich bring dich runter in den Schlafraum.«

»Lass mich.« Feucht klebten Strähnen des blonden Haares an Olgas Stirn.

Schnaubend stieg Melina auf den Tisch, umfasste die Taille ihrer besten Freundin und zog sie behutsam herunter. Ihre Beine verknoteten sich, doch irgendwie schaffte Olga es, stehenzubleiben. Hinter ihnen lachte jemand, aber es galt nicht ihnen. Die einzige Lichtquelle war der Mond und ein paar Kerzen, die jemand in mühevoller Kleinarbeit aufgestellt haben musste. Überall tummelten sich leere Flaschen, in dunklen Ecken und auf den Sitzsäcken kauerten Gestalten und verbrachten die Nacht in ihrem eigenen kleinen Universum.

»Ist dir übel?«

Olga schüttelte den Kopf und sah Melina zum ersten Mal richtig an. Ihre Pupillen waren geschrumpft. Stecknadelklein.

Ihr Anblick erschreckte Melina beinahe zu Tode. »Hast du was genommen?«

Olga testete gerne ihre Grenzen aus. Egal, auf welche Weise.

»Nein.«

Sie taumelte, drückte Melinas Hand weg, die ihr Kinn wie ein Schraubstock umklammerte. In Melinas Kopf überschlugen sich die Gedanken, sie versuchte, die Bilder seit ihrer Ankunft auf der Party zusammenzuflicken, überlegte, wann und wie lange sie Olga alleine gelassen hatte, als sie sich mit Lara unterhalten hatte und kurz auf die Toilette verschwunden war. Doch sie konnte sich an keinen Moment erinnern, an dem ihre Freundin etwas eingeschmissen haben könnte. Woher sollte sie das Zeug auch haben?

Melina hielt inne. Wenn es Alkohol in Mengen gab, wieso dann nicht auch Drogen?

»Scheiße.«

Melina packte Olgas Schultern, zwang sie, sie anzusehen, doch ihr Blick flatterte, unstetig. »Olga.« Ihre Stimme war klar und drang bis zu Olgas Seele durch. Sie musste. »Hast du irgendwas genommen?«

Keine Reaktion.

»Hat dir jemand was gegeben?«

Partys mit der Oberstufe hatten den Ruf, etwas außer Kontrolle zu geraten. Vielleicht war es auch genau das, was Olga gewollt hatte.

Vorsichtig platzierte Melina sie auf einem freien Sitzkissen, das nicht nach Erbrochenem roch, und machte sich auf die Suche nach Lara. Alleine packte sie das nicht.

Lara war wie vom Erdboden verschluckt. Im Treppenhaus war es ruhig und leer, nichts deutete auf die Party hin, die sich auf dem Dach abspielte. Im Nebengebäude und dem Schwimmbad brannte kein Licht mehr. Auch auf der Treppe zum Südhof war Lara nicht. Kurz hielt Melina bei einem stöhnenden Busch inne, doch die Klamotten davor brachten keine Glocken zum Läuten, also lief sie weiter. War Lara schon ins Bett gegangen?

Melina kontrollierte ihr Handy. Tatsächlich leuchtete ihr dort eine Nachricht entgegen:

0.45 Uhr: Ich habe euch nicht mehr gesehen.
Sag Olga liebe Grüße, Vincent ist so nett und
bringt mich zu meinen Schlafräumen. Falls ich
mich morgen nicht mehr melde, dürft ihr gerne
eine Personenbeschreibung an die Staat-X-
Polizei weitergeben – aber macht es heimlich,
Vincent ist nämlich einer von ihnen.
Noch viel Spaß!

Frustriert raufte sich Melina die Haare. Ihr war zum Heulen zumute.

»Melina.«

Eine Stimme unter Tausenden.

»Ist alles in Ordnung?«

Melina fuhr auf dem Absatz herum und starrte auf ein Shirt. Das Shirt mit dem dämlichen Bandlogoaufdruck von *The Smiths*, das ihr so verhasst vertraut war, dass sie Probleme hatte, ihren Gedankenstrom zu kanalisieren. Ihr Blick glitt weiter hinauf zu einem markanten Kinn, fand Mund und Nase und schließlich ein dunkelbraunes Augenpaar, das die letzten Jahre stumm mit ihr kommuniziert hatte.

Erleichterung durchströmte Melina, das Gefühl, angekommen zu sein, und etwas, das sie nicht näher ergründen wollte, weil sie die Wunden nur mit Mühe geflickt hatte. Bestenfalls mit Tesa. Es wäre viel zu einfach, sie wieder aufzureißen.

»Ist alles okay bei dir?«

Adrian musterte sie eindringlich, nagelte sie mit seinem Blick fest und sie ahnte, dass, wenn sie jetzt in den Spiegel schaute, sie zwei vor Schock weit aufgerissene Augen zu sehen bekommen würde.

»Ja, mir geht es gut.«

»Hat dir irgendjemand wehgetan?«

Kraftlos schüttelte Melina den Kopf. Plötzlich drängten Bilder an die Oberfläche, Bilder, die sie vergessen wollte.

Die Erinnerung war jetzt da, leuchtete lebhaft in ihren Gedanken auf und Melina konnte in Adrians Blick lesen, dass er an genau dasselbe dachte. Jenen Moment, der sie für immer entzweit hatte.

Mit der Zunge befeuchtete Melina ihre spröden Lippen.

»Es geht um Olga. Ich bin mir nicht sicher … es … sie wirkt seltsam, richtig weggetreten … ich würde sie ja am liebsten zu einem Arzt …« Wörter. Sie sammelte Wörter, kratzte sie zusammen und versuchte, einen logischen Satz hervorzubringen.

»Nein«, unterbrach Adrian sie rüde. »Kein Arzt.«

Melina zog verwirrt die Brauen zusammen. »Wieso denn nicht?«

»Was glaubst du, was das für einen Eindruck macht? Es ist der zweite Abend in Staat X, wir sind auf uns allein gestellt. Wenn wir jetzt einen Arzt rufen, weil Olga ein bisschen zu viel getrunken hat, wird das für uns alle ziemlich beschissene Konsequenzen haben! Die Party fliegt auf und wir alle von der Schule.«

»Es geht um Olga! Ist das nicht egal?«

»Melina«, sagte Adrian beschwörend. »Ich trage die Verantwortung. Wenn herauskommt, was sich heute Abend auf der Dachterrasse abgespielt hat, war's das.«

Für mich, fügte Melina in Gedanken hinzu und fühlte sich auf einmal, als hätte man ihr einen Tritt in die Magengrube verpasst. Das war also von ihrem Freund übrig. Zum ersten Mal hatte sie das Gefühl, ihn wahrhaftig und mit eigenen Augen zu sehen. Sein Innerstes zu sehen. Und das war nicht schön.

Und wo sie an anderen Tagen noch Mitleid verspürt, ihn sogar in Schutz genommen hatte, war Melina jetzt einfach nur furchtbar enttäuscht.

Adrians Augen weiteten sich überrascht, anscheinend konnte man ihr die Gefühle von der Stirn ablesen. Dann wurde sein Gesicht kalt wie eine Maske, stumpf und ohne jeden Ausdruck. Er machte eine Kopfbewegung, die mit viel Wohlwollen als Nicken durchging, und wandte sich ohne ein weiteres Wort ab. Kurz erhaschte sie einen letzten Blick auf seine Züge. Sie wirkten verzerrt, verzweifelt.

Adrian sah sich um, so, als müsste er sich vergewissern, dass niemand ihre Unterhaltung mitangehört hatte.

Etwas in Melina gefror. Ihr wurde kotzübel und ein hysterisches, ungläubiges Lachen kitzelte sich ihre Kehle hinauf.

Er hatte es geschafft. Trotz all der Jahre. Trotz der Mauern des Selbstschutzes. Trotz der Barrieren.

Ein paar gewechselte Sätze.

Und ihr Herz brach erneut in kleine Stücke. Aber dieses Mal war es anders. Dieses Mal war es endgültig. Denn dieses Mal konnte sie sein Verhalten nicht entschuldigen oder auf irgendeine Weise rechtfertigen.

Melina folgte Adrian die Treppe hinauf. Zurück zu Olga, um die sie sich immer noch sorgte.

Die Hände in den Tiefen seiner rostbraunen Shorts vergraben, marschierte Adrian in Richtung der Bar und wurde dort von der feiernden Menge aufgenommen. Sie teilte sich wie das Meer für Moses, jemand stimmte das Wort »Chef« an, das sich in einer Art Singsang hochschaukelte. Das hatte sie beinahe vergessen. Die Polizisten waren ebenfalls hier. Und er war ihr neues Oberhaupt. Lächerlich. Es fehlte nicht mehr viel und sie warfen sich vor ihm auf den Boden und huldigten seiner Gestalt.

Sein Anblick machte Melina zum ersten Mal richtig wütend.

Auf der Dachterrasse hielt sie nach ihrer besten Freundin Ausschau, doch der Platz auf dem Sitzkissen war leer.

Der Bass vibrierte in der Luft, die Musik war poppiger und eigentlich nicht nach Melinas Geschmack. Dann entdeckte sie endlich Olga auf der provisorischen Tanzfläche.

Was zum …?

Die Hände um den Hals von Adam geschlungen, den Mund auf seinen gepresst, seine Hände an ihrem Hintern. Ihre Lippen schienen ein Eigenleben entwickelt zu haben. Sie lösten sich voneinander, um sich im nächsten Moment wieder zu treffen.

Melina erstarrte und starrte gleichzeitig. Verwundert. Irritiert. Sie wirkten innig, aber trotzdem wie zwei Fremdkörper, die sich zufällig über den Weg gelaufen waren.

Adams Finger wanderten tiefer, trotz des geringen Lichts sah Melina, wie sie sich unter Olgas Rock schoben.

Ohne zu zögern, drängte sie sich an wild zuckenden Körpern vorbei, tauchte in eine Alkoholblase ein und erreichte schließlich Adam Giebel und ihre Freundin. Als Melina neben ihnen stehen blieb, nahm sie ihren ganzen Mut zusammen und tippte Adam auf die Schulter.

»Hey, Casanova! Such dir eine, die noch bei vollem Bewusstsein ist.«

Adam löste sich von Olga, ein selbstgefälliges Grinsen erhellte seine Züge. Olga ging es tatsächlich etwas besser. Melina war darüber erleichtert, aber gleichzeitig verärgert, weil ihre Freundin sie in diese unangenehme Situation brachte.

Melina bekam ihren Oberarm zu greifen, wusste genau, wie peinlich das aussah. Für sie. Für Olga. Diejenigen, die noch nüchtern waren, beobachteten alles. Sahen alles.

Also stand Melina im Mittelpunkt. Für Olga.

»Dein Timing ist beschissen, Kaschinski. Mach dir um Olga keine Sorgen. Ich kümmere mich um sie.« Adam zwinkerte ihr zu. Melina fand ihn in diesem Moment zum Kotzen. »Es sei denn, du und die Neue wollt mitmachen.«

»Lara ist schon gegangen«, erwiderte sie. »Dein Freund Vincent hat sie zum Schwimmbad rübergebracht.«

Adams Züge entgleisten, ein paar Sekunden stierte er sie unbeteiligt an, dann hatte er sich wieder unter Kontrolle.

»Na dann.«

»Ich begleite Olga jetzt auf unser Zimmer«, sagte Melina, fest und bestimmt. »Ich lasse sie nicht hier zurück.« Das »bei dir« hallte nur in Melinas Gedanken nach.

Für einen Moment schien es, als würde Adam etwas sagen wollen, dann klappte er den Mund wieder zu. Beinahe beschlich Melina das Gefühl, er wollte eine plötzliche Flucht antreten, denn Olga landete so unverhofft in ihren Armen, dass sie Mühe hatte, unter ihrem Gewicht nicht umzukippen.

Ihr Atem ging schwer und ihre Lider hingen tiefer als üblich, aber sie hatte wieder etwas mehr Farbe im Gesicht. Ihre Lippen waren geschwollen.

»Wie geht's dir?«, fragte Melina sie leise und schob sie etwas von sich, um sie prüfend ansehen zu können.

»Besser.« Dann grinste Olga schief, Grübchen inklusive. »Hast du mich gerade aus den Armen von Adam Giebel gerettet?«

Erleichtert nahm Melina ihre Worte zur Kenntnis. Anscheinend war sie wieder bei vollem Bewusstsein. »Scheint so. Ich bring dich jetzt in den Schlafraum. Okay?«

Olga sah sie an. »Okay.« Ihre Finger bohrten sich in Melinas nackte Haut. »Danke.« Nicht viel mehr als ein dünner Windhauch. »Danke, dass du für mich da bist.«

Mehr brauchte Melina nicht und sie verfielen in Schweigen, während sie Olga zielsicher in Richtung Tür zum Treppenhaus steuerte. Melina hatte das Gefühl, beobachtet zu werden. Sie spürte den Blick wie eine Berührung auf der Haut, ahnte, wer sie beobachtete, aber sie drehte sich nicht um.

Nicht mehr.

VINCENT

Das Koffein verteilte sich so langsam in Vincents Blutbahn, dass er sich noch immer wie ein Statist in einem Zombiefilm vorkam. Wenigstens hatte er Spätschicht. Trotzdem war er mit den anderen aufgestanden, hatte geduscht und sich frisch gemacht.

In seinem Kopf summte er das Lied, das Lara gestern Abend vor sich hin gesungen hatte. Als er an sie dachte, fühlte sich sein ganzer Körper plötzlich leichter an. Scheiße. Sie war so anders, so ehrlich und bodenständig, und Vincent hatte das Gefühl wieder mitten im Leben zu stehen. Nicht nur dank ihr, sondern auch dank seiner Rolle im Staat.

Adam stand hinter der Sporthalle im Schatten, lehnte mit dem Rücken gegen die Mauer, die das Schulgelände vor neugierigen Blicken schützte, und hielt die Augen geschlossen, während er eine rauchte. Vincent runzelte irritiert die Stirn. Adam rauchte nicht.

Die Sonne knallte vom Himmel, selbst das sonst so eifrige Zwitschern der Vögel blieb aus, so, als hätten sie genug von der sommerlichen Dauerhitze. Das, oder sie hatten Angst vor Adam, denn er wurde von einer Schlechte-Laune-Wolke umgeben. Alles an ihm schrie »Verpiss dich!«, als Vincent sich näherte.

»Hey.«

Träge hob Adam die Lider. Sein Schweigen war ein Schwert, das in Vincents Brustkorb eindrang und ein klaffendes Loch zurückließ.

»Was ist los?«, fragte Vincent.

Zu locker. Zu offensichtlich darum bemüht, einem Konflikt aus dem Weg zu gehen. Ein bisschen zu schwach, viel zu ängstlich, voller Selbstzweifel und der Gedanke im Kopf, dass er seinen Freund von damals nicht verlieren wollte. Der Freund, dessen Schulter bei der Beerdigung die ganze Zeit über seine berührt hatte. Sie beide unter einem schwarzen Regenschirm, dicht an dicht. Der Pfarrer hatte mit sonorer Stimme aus dem Neuen Testament vorgelesen, Worte, die Vincent nicht begriffen hatte, während sein Vater seinen Kopf zwischen den Händen vergraben und vergessen hatte, dass sein Sohn neben ihm stand. Adam war der Freund, mit dem er seinen ersten Joint geraucht hatte, auf dem Schrägdach des Hauses von Adams Großvater. Dort hatten sie gemeinsam geschwiegen, ihren Gedanken nachgehangen, waren einvernehmlich in die Pubertät getaumelt.

»Was ist los?«, wiederholte Vincent.

Adam nahm einen tiefen Zug von seiner Zigarette. Sein Blick durchlöcherte Vincent, dann, nach einer halben Ewigkeit, blies er ihm den Rauch ungeniert ins Gesicht. Vincent musste husten.

»Hör auf mit dem Quatsch!«

»Du hast doch sonst nie ein Problem damit, wenn man dich wie Scheiße behandelt.« Adam bewegte die Lippen, doch die Worte, die seinen Mund verließen, waren fremd. »Warum stört es dich auf einmal?«

»Warum sagst du das?«

»Weil ich es kann.« Adam schwieg. Dann: »Du bist gestern mit der Neuen abgehauen.«

Mit den Fingern schnippte er die Zigarette in den Mülleimer. Ein Schuss. Ein Treffer. Abermals kollidierten ihre Blicke wie bei einem Autounfall.

Vincents Züge verhärteten sich, verschlossen sich automatisch. »Und?«

»War sie ein guter Fick?«

Innerlich zuckte Vincent bei seinen Worten zusammen, aber äußerlich ließ er sich nichts anmerken. Was war nur los mit ihm? War er etwa eifersüchtig?

»Sei nicht so ein Arschloch.«

»Was willst du dagegen tun?«

Provozierend machte Adam einen Schritt nach vorne. Die Bewegung war agil und raubtierhaft, etwas, das Vincent innerlich erschreckte. Denn normalerweise stand er auf der anderen Seite, wenn Adam sich so bewegte, sah dabei zu, wie er jemand anderen bedrohte. Doch niemals, niemals seit sie sich kannten, war er derjenige gewesen, der vor Adam zurückzucken musste.

Geräuschvoll presste Vincent die Luft aus der Lunge, was mehr nach einem röchelnden Untoten als einem Seufzen klang. »Adam. Lass es gut sein.«

Er knirschte mit den Zähnen. Und in Adams Gesicht spiegelte sich blanker Hass, verzerrte seine Züge zu einer Fratze.

»Halt's Maul.« Seine Stimme wurde samtweich, er sah aus, als hätte er Schmerzen. »Halt dein verdammtes Maul, Vincent! Ich will deine armseligen Worte nicht hören. Und wie du mich ansiehst. Sei ein Mal ein Mann!« Jetzt wurde er lauter. »Benimm dich ein einziges Mal wie ein Kerl und nicht wie ein Waschlappen. Ich beleidige dich und du hältst mir die andere Wange hin? Das ist so erbärmlich. Nur weil deine Mutter gestorben ist und dein Vater dich seitdem ignoriert. Daran ändert auch ein dämlicher Filmabend vor dem Fernseher nichts, du bist ihm trotzdem scheißegal. Hörst du?« Adams Brustkorb hob und senkte sich heftig und Vincent ärgerte sich darüber, ihm von dem letzten Abend vor Staat X erzählt zu haben. »Scheißegal bist du ihm.«

Er wusste nicht, ob Adam von seinem Vater oder von sich selbst sprach, doch etwas zerbrach. Der Moment durchlöcherte seinen Körper, bis er nur noch aus kleinen Einzelteilen bestand, und Vincent spürte, wie Adams Worte seine Seele auf direktem Weg in den Tartarus schickten.

Ohne etwas zu sagen, drehte Vincent sich um, fühlte Adams glühenden Blick und seine eigenen juckenden Augen, während er sich weiter entfernte und der Polizeistation in der Turnhalle entgegensteuerte.

LARA

Ihre Bahnen gelangen ihr heute mühelos, jeder Stoß ins Wasser saß. Leichtfüßig schwebte sie in Richtung Hauptgebäude, mit noch nassen Haaren, ein bisschen verknallt, ein bisschen von Vorfreude erfüllt. Sie hatten geredet. Und geredet. Und geredet. Irgendwann zwischen Mitternacht, tanzenden Sternen und Vincents Erzählungen von Hongkong war Lara klar geworden, dass sie eine echte Verbindung besaßen. Vielleicht war durch 24 Stunden in der Schule auch alles intensiver.

Laras Magen knurrte, trotzdem beschloss sie, zuerst einen Abstecher zur *Büchereule* und zu Olga und Melina zu machen. Denn nachdem sie sich gestern Abend auf der Party einfach so aus dem Staub gemacht hatte, meldete sich das schlechte Gewissen.

Die Tür der *Büchereule* war nur angelehnt. Als sie den Raum betrat, verschlug es ihr buchstäblich die Sprache, das Lächeln rutschte von ihren Lippen.

Scheiße.

Vorsichtig öffnete sie die Tür etwas weiter und blieb entsetzt stehen.

Die silbergrauen Ledersessel, die umrahmt von schmalen Bücherregalen ein bisschen Privatsphäre bieten sollten, waren alle umgeschmissen worden. Trostlos lagen sie auf der Seite. Auch von den Holztischen war nicht mehr viel übrig. Die Bücherregale standen zwar noch, doch dafür klafften riesige Löcher in ihnen, nämlich genau dort, wo eigentlich die Bücher stecken sollten.

Lara zuckte zusammen, erschrocken hielt sie die Hand vor den Mund, als sie die Bücher erblickte. Bücherleichen. Zerknickt. Aufgeschlagen. Zerrissen. Verbeult.

Die orangefarbenen Blumentöpfe waren umgeworfen worden und zersplittert. Handflächengroße Scherben verteilten sich quer über den Holzboden. Mehrere Erdklumpen klebten wie Schneebälle an der Wand. Den Bildern an den Wänden war es ähnlich ergangen. Das Glas, das die Bleistiftzeichnungen geschützt hatte, war zertrümmert, die Zeichnungen mit Dreck verschmiert. Wenigstens lebte die Kaffeestation, die bestimmt ein halbes Vermögen gekostet hatte, noch.

»Oh, hallo, Lara.« Sie hörte Melinas leise, aber klangvolle Stimme hinter sich, doch war nicht in der Lage, sich zu rühren. »Hast du gut geschlafen? Olga liegt noch im Bett, sie war noch nicht ansprechbar, als ich vorhin gegangen bin.«

Es war, als wäre sie an Ort und Stelle festgefroren. Jeden Moment würde Melina neben sie treten und dasselbe zu sehen bekommen wie sie. Allein die Vorstellung ließ Lara in kalten Schweiß ausbrechen.

»Alles in Ordnung, du …« Melina verstummte.

Zögerlich drehte Lara den Kopf.

Melinas Gesicht war kalkweiß, noch blasser als ohnehin schon, und sie hatte ihre großen Augen weit aufgerissen. Schock und Unglauben wechselten sich auf ihren Zügen ab.

Plötzlich ging ein Ruck durch Melinas Körper und sie setzte sich in Bewegung. Stieg entschlossen und mit einer Eleganz, die Lara ihr in dieser Situation nicht zugetraut hätte, über die zerbrochenen Töpfe und die zerstörten Bücher hinweg. Schließlich ging sie vor etwas in die Hocke.

Lara folgte ihr, vorsichtig und etwas unschlüssig, aber sie wollte Melina jetzt nicht alleine lassen. Als sie neben ihr stehen blieb, sah sie, wie Tränen über Melinas Wangen rannen. Fast schon ärgerlich wischte sie sich mit dem Ärmel ihrer Jeansjacke darüber und endlich entdeckte Lara, was vor ihr auf dem Boden lag.

Das Aquarell mit kräftigen Blautönen. Zumindest glaubte Lara, dass es das war. Die Ränder waren eingerissen und in der Mitte prangte ein riesiger Dreckfleck. Selbst in diesem Zustand entfaltete das Bild seine Wirkung, es steckte so viel Gefühl darin. Wie ein Lied, das nur angestimmt wurde, und einen dennoch berührte.

Obwohl sie keine Ahnung hatte, was das Bild ihr bedeutete, konnte sie es dennoch deutlich auf Melinas Gesicht lesen. Jemand hatte nicht einfach nur die *Büchereule* zerstört, sondern auch ein Messer in ihr Herz gerammt.

Nach einer halben Ewigkeit blickte Melina zu Lara hoch. Feuchte, gerötete Wangen. Ihr Blick war so unendlich traurig, dass es Lara die Kehle zuschnürte und sie schluckte, um den Kloß in ihrem Hals zu lösen.

»Und was machen wir jetzt?«, fragte Melina leise.

Das Schreckliche war, dass Lara ihr darauf keine Antwort geben konnte.

Denn sie hatte nicht den blassesten Schimmer.

ADRIAN

Als Adrian den Raum betrat, wurde er von einer unheimlichen Stille umhüllt, die sich in seinem Innern festsetzte. Teilnahmslos starrte er auf umgeworfene Stühle. Zerschlagene Flaschen. Das pure Chaos.

Sein Blick flog weiter. Riesige Löcher klafften in den Bässen. Klebrige Flüssigkeit schlängelte sich über den Boden. Die *TT-Bar* sah aus, als hätten ein paar Chaoten hier großen Spaß gehabt.

Geräuschvoll stieß er die Luft aus.

»Fuck.«

Wut und Zerstörung hatten wie ein Tornado durch den Raum gewütet. Er versuchte, seine Gedanken zu sortieren, Ordnung in all die Verwirrung zu bringen.

Langsam drehte er sich zu Felix um. Er stand in der Tür, sein Brustkorb hob und senkte sich. In seinem kalkweißen Gesicht stand ein Ausdruck, der Adrian nicht gefiel. Hoffnungslosigkeit?

»Es ist alles verwüstet«, sagte Felix tonlos und blickte an Adrian vorbei.

»Ja.«

»Scheiße, was machen wir denn jetzt?«

Adrian gab keine Antwort. Aus dem Augenwinkel bemerkte er andere Schüler, die sich an der Tür versammelt hatten, was ihn wieder in die Realität holte. Zwischen all den Schülern sah er auch einen Reporter der *Neuen Zeitung*, der fleißig Fotos von dem Chaos schoss. Verdammt, Michelle hatte ihre Leute wirklich überall aufgestellt. Neugierig verrenkten sich alle die Köpfe und sein Körper schaltete auf Notaggregat, bevor Adrian überhaupt wusste, was zu tun war. Mit vor der Brust verschränkten Armen stellte er sich zu Felix in die Tür und schloss sie mit den Worten »Verzieht euch« hinter ihnen. Das Letzte, was er jetzt brauchte, waren Gerüchte, die die Runde machten.

»Alles ist zerstört. Für uns ist Staat X gelaufen.« Felix raufte sich das blonde Haar, das wie elektrisiert in alle Himmelsrichtungen abstand, und sah Adrian gehetzt an. Adrians Blick war leer. Aber sein Kopf dafür umso voller.

»Du hattest den Raum abgeschlossen, richtig?«

»Ja.«

»Und als du vorhin hergekommen bist, war die Tür offen. Es muss also jemand gewesen sein, der einen Schlüssel besitzt«, schlussfolgerte er.

»Ja«, murmelte Felix.

Adrians Blick fand die offenen Fenster. Sie befanden sich im Erdgeschoss. Theoretisch hätte also auch jemand von draußen eingestiegen sein können. »Hattest du die Fenster zugemacht?«

»Ja.« Felix zögerte, überlegte. »Vielleicht. Keine Ahnung. Ach, Scheiße!« Jetzt wurde seine Stimme lauter, was so gar nicht zu ihm passte und deutlich machte, wie ernst die Lage wirklich war.

Die *TT-Bar* war dem Erdboden gleichgemacht worden. Und zwar so sehr, dass die Wahrscheinlichkeit, dass man sie innerhalb von ein oder zwei Tagen wiederaufbauen könnte, gleich Null war. Vom Wertverlust einmal ganz zu schweigen.

In diesem Moment klopfte es hinter ihnen zögerlich an die geschlossene Tür.

Adrian riss sie auf. »Was?«, bellte er.

Vor ihm stand ein blondes Mädchen, vielleicht sechzehn. Groß und sportlich gebaut.

»Oh«, sagte sie und starrte ihn mit riesigen Augen an. Anscheinend hatte sie nicht mit ihm gerechnet, jemand anderen erwartet. Jedenfalls sah sie ziemlich überrascht aus.

»Was willst du?«

»Ich war auf dem Weg zur Polizei, da meinte jemand, die *TT-Bar* sei auch zerstört worden ... ich dachte ...«, murmelte das Mädchen.

»Was meinst du mit *auch*?«

»Die *Büchereule*. Man hat sie ... verwüstet.«

»Was?«

Die *Büchereule*. Melinas Lesecafé. Auch wenn er selbst noch nicht dort gewesen war, wusste er, wo es sich befand. Zwei zerstörte Läden zur selben Zeit – das konnte kein Zufall sein!

»Bist du dir sicher?«

Sie nickte. »Ich habe es mit eigenen Augen gesehen.«

Adrian tauschte einen Blick mit Felix, der erschrocken aussah.

»Ich muss es mir ansehen. Vielleicht ... Wahrscheinlich müssen wir Untersuchungen anstellen.«
»Natürlich.«
»Bin gleich wieder da. Lass niemanden rein«, sagte Adrian zu Felix. Er wog ab, wie viel er vor dem Mädchen preisgeben durfte, dann fügte er hinzu: »Ich fürchte, da möchte jemand Staat X sabotieren.«

Sobald sie die Tür öffneten, fielen sie kopfüber in einen Pulk von Schülern, die alle neugierig die Köpfe reckten, um einen Blick ins Innere der *TT-Bar* zu erhaschen. Sofort verfiel Adrian in seine gewohnte Rolle, seine geübte Haltung, und kommandierte zwei Polizisten, die ihnen entgegenkamen, ab, damit sie die Tür zur *TT-Bar* bewachten. Ihre Mienen blieben ausdruckslos, als sie sich an die Arbeit machten.

Die Stimmung war plötzlich eine andere, als sie durch die Gänge eilten. Angespannt. Unsicher.

Überall fegte aufgeregtes Getuschel durch die Flure. Er fühlte sich beobachtet. An jeder Ecke lungerten Mitbürger in Grüppchen zusammen und tuschelten.

Adrian hatte plötzlich einen Knoten in der Brust. Er war für die Sicherheit in Staat X verantwortlich und jemand gefährdete sie jetzt. Alles war so gut gelaufen.

Bis zu seinem Treffen mit Melina.

Danach war alles nur noch scheiße.

Die ganze Nacht hatte er wachgelegen, eingelullt von schnarchenden Jungs, so lange, bis die Ersten aufgestanden waren. Danach hatte er sich fertig gemacht, zerschreddert, als hätte man ihn einmal durch den Aktenvernichter seines Vaters gejagt.

Panik keimte in ihm auf, die Adrian mit einem unerschütterlichen und, wie er hoffte, selbstsicheren Lächeln erstickte.

Vor der Tür der *Büchereule* herrschte ein ebenso großer Andrang wie vor der *TT-Bar*. Auch hier hatte sich die Presse bereits eingefunden, versuchte, auf ersten O-Ton-Fang zu gehen. Doch etwas war anders. Jemand hatte Herrn Simon und Frau Schmied hinzugezogen. Die beiden Vertrauenslehrer standen neben einer größeren Gruppe und schienen zu diskutieren.

Shit.

»Kann ich Ihnen helfen?«, fragte Adrian sie mit ruhiger Stimme. Herr Simon drehte sich mit gerunzelter Stirn zu ihm um.

»Zwei Siebtklässlerinnen haben uns geholt.«

Adrian biss die Zähne aufeinander. »Wir haben alles unter Kontrolle. Es ist unsere Aufgabe als Polizei und unsere Verantwortung, dass das Projekt gut läuft. Ich kann verstehen, dass Sie sich Sorgen machen, aber das müssen Sie nicht. Solche Zwischenfälle gehören dazu«, sagte er ruhig, sah, wie Frau Schmied verständnisvoll nickte, doch Herr Simon sah noch nicht überzeugt aus. Adrian schaute ihm direkt in die Augen. »Sie haben uns Staat X ermöglicht, ich weiß, Sie stehen unter enormem Druck, dass alles funktioniert. Wir müssen aber daraus lernen. Wir sollen die Strukturen eines Staates von vorne bis hinten durchspielen. Und dazu gehören nun auch polizeiliche Ermittlungen.«

Herr Simon überlegte einen Moment. »Das ist eine enorme Verantwortung. Und hier ist immerhin die Ausstattung ernsthaft zu Schaden gekommen. Bei der *TT-Bar* sieht es, wie ich gehört habe, nicht anders aus. Der Wiederaufbau wird sicherlich einige Zeit in Anspruch nehmen.«

»Für die Jungs der Bar habe ich schon einen Plan«, erwiderte Adrian. »Sie können sich voll und ganz auf uns verlassen. So etwas gehört zu diesem Projekt wahrscheinlich auch dazu. Und Sie sollten sich nicht einmischen, schließlich war dies Ziel des Experiments: Grenzen austesten. Zu schauen, wie ein richtiger Staat funktioniert, die guten *und* die schlechten Seiten. Es gehört für uns auch dazu, selbst insgesamt die Verantwortung zu übernehmen.«

Frau Schmied und Herr Simon tauschten einen kurzen Blick, aber Adrian ahnte, dass er diesen Kampf vorerst für sich entschieden hatte.

»In Ordnung. Die Aufklärung liegt erst einmal in den Händen der Polizei.«

Einen Moment später stand Adrian in der *Büchereule*, die die Zerstörung in der Bar spiegelte. Chaos.

Sein Blick fiel auf eine Person, die in der Ecke kauerte, die Knie unters Kinn gezogen. Adrian fühlte sich plötzlich ganz klein.

Jeansjacke, Chucks und ein Kurzhaarschnitt, an den er sich noch nicht gewöhnt hatte. Sie sah unschuldig aus. Und verletzlich. Wie früher und doch ganz anders. Er schluckte.

Melina.

Stocksteif saß sie da. Um sie herum tobte ein Windsturm aus löchernden Fragen und aufgeregten Stimmen. Es war, als ob sie hinter einer unsichtbaren Glasscheibe saß wie ein Tier im Zoo, denn alle hielten Sicherheitsabstand zu ihr. Alle bis auf Tamara, eine Reporterin der *Neuen Zeitung*, die sich über Melina beugte, ihr das Handy unter die Nase hielt.

Melina schien von all dem nichts mitzubekommen. Sie war

wie weggetreten, in einer anderen Welt, als würde sie mit ganz anderen Dämonen kämpfen. Etwas, das nur sie vor sich sah.

Adrian ahnte, was es war.

»Raus. Alle.«

Seine Stimme war nicht laut, sondern leise und bestimmt, ein Befehl, der keinen Widerspruch duldete. Das Gefühl, wieder einmal versagt zu haben, Melina nicht beschützt zu haben – vor ihm, vor den anderen –, war überwältigend. Er ballte seine Hände zu Fäusten, weil sie zitterten. Keiner bemerkte es. Besser so.

Fluchtartig verließen alle die *Büchereule*, er blickte jeden Einzelnen von ihnen an, denn er ertrug Melinas Anblick nicht, der ihm einen Spiegel seiner eigenen Tat in die Höhe hielt. Seiner Unfähigkeit, seiner Ängste.

Er durfte nicht schwach sein. Durfte es sich nicht erlauben, nicht noch einmal. Und doch hatte er abermals versagt. Gestern und heute.

Er musste die Täter aufspüren. Es war die einzige Möglichkeit, wie er es vielleicht wiedergutmachen könnte.

Endlich waren alle draußen. Nahmen Geräusche und Gerüchte mit. Vorsichtig öffnete Melina die Augen, sah ihn an. Gequält und verloren.

Adrians Kiefer malmte. Verdammt.

Was war nur geschehen?

MELINA

»Du bist die Besitzerin der *Büchereule*?«

Ein Mädchen mit knallrot geschminkten Lippen stand wie aus dem Boden gezaubert vor Melina, drückte ihr ein Handy unter die Nase. Der rote Aufnahmeknopf blinkte und saugte Melinas Schweigen auf.

»Äh …«

»Ein Kommentar zu dem, was geschehen ist? Gibt es schon Anhaltspunkte? Hinweise auf den oder die Täter?«

»Ich …«

Kameras klickten. Neugierig steckten ein paar Schüler die Köpfe herein. Immer mehr Menschen drängten sich in die *Büchereule*, die immer kleiner wurde. Die Wände rückten zusammen, dicht an dicht, und Melina schnappte nach Luft. Spürte die plötzliche Enge in ihrem Brustkorb, hatte das Gefühl zu ersticken.

Panisch schloss sie die Augen, presste die Lider fest zusammen, um dieser gewaltigen Zerstörungswut zu entkommen. Der Enge. Den Menschen.

Sie starrten sie an, ihre Blicke zogen sie aus, drangen wie Sperrspitzen in sie ein. Ein Blitzlichtgewitter aus Schaulustigen. Dabei hasste sie nichts mehr, als im Mittelpunkt zu stehen. Sie mochte es nicht, denn es rief vergessene Geister wach. Melinas Fingernägel gruben sich tief in ihre Handflächen, bis sie Schmerz spürte. So wie damals. Direkt danach.

Das Messer hatte den Orkan in ihrem Innern verstummen lassen, das Blut hatte ihr Genugtuung verschafft. So lange, bis der Druck in ihrem Innern schwächer geworden war.

Verborgene Schnitte auf ihrem Oberschenkel. Dort, wo sie keiner sehen konnte.

Die Stimmen um Melina ebbten langsam ab, wurden leiser, wie die raue See nach einem Sturm. Gleichzeitig wurde ihr schlecht, jene Art von Übelkeit, bei der man nur mit Mühe verhindern konnte, seinen Kopf über die Kloschüssel zu beugen. Verzweifelt schnappte sie nach Luft, um ihre Lunge mit Sauerstoff zu füllen.

Ihr Magen rebellierte.

Melina schlang die Arme um ihre Beine, lehnte sich gegen die Wand. Die letzten Tage waren einfach zu viel gewesen. Zu viel von allem. Bilder in ihrem Kopf. Bilder, die sie verdrängen wollte, aber sie schaffte es nicht.

Also ließ sie die Erinnerungen zu.

Dann war es schneller vorbei.

»*Ist das deine Freundin?*«, hörte sie in ihrem Kopf.

»*Ja.*« Ablehnend, misstrauisch.

»*Das Mädchen von drüben? Meine Güte ... Hübsches kleines Ding.*« Anzüglich. »*Sie ist ganz schön erwachsen geworden.*« Bedrohlich.

»*Bitte.*« Verzweifelt.

»*Adrian, wärst du so freundlich und würdest deinem Gast ein Glas Wasser bringen?*« Lauernd.

»*Aber ...*« Widerstrebend.

»*Sei nicht unhöflich. Wie oft muss ich dir noch sagen, dass es eine gewisse Etikette gibt, an die du dich halten musst? Wenn du so weitermachst, wird gar nichts aus dir!*« Wütend.

»*Okay.*« Resigniert.

Wild schlug ihr Herz in der Brust.

Bumm. Bumm-Bumm.

»Ich bin da. Es tut mir leid, Melina.«

Vorsichtig öffnete sie die Augen, tauchte auf und sah zu Adrian hoch, blinzelte. Ein bisschen ungläubig, so, als würde sie gerade aus dem Tiefschlaf erwachen. Tatsächlich. Er war es. Hatte sich neben sie gesetzt, Schulter an Schulter.

Obwohl gestern nichts in Ordnung gewesen war, verspürte sie jetzt eine gewisse Erleichterung.

Die anderen waren verschwunden.

»Geht es dir gut?«, raunte er ihr zu.

»Ja.« *Nein.*

Seine Körperwärme sprang auf sie über und er roch vertraut, so wie damals, als sie in seinem Baumhaus gesessen und Kirschen gegessen hatten. Frei und ohne Schwere. Ein Gefühl, das sie an früher erinnerte. Er strahlte Sicherheit aus und Melina merkte, wie ihr Körper sich mit jedem Atemzug etwas mehr entspannte.

Sie blickte sich um. Sobald sie das Chaos sah, blieb ihr abermals die Luft weg. Olgas und ihre Diskussion kam Melina in den Sinn, als sie die zerrissenen und kaputten Bücher betrachtete.

Von wegen Bücher mit Gebrauchsspuren besaßen ein Leben.

Jetzt waren sie einfach nur tot.

Das Gefühl von Machtlosigkeit war das Schlimmste, es legte sich wie ein Mantel um ihre Schultern. Deswegen haftete ihr Blick auf Adrian. Hielt sich an ihm fest, ließ sich von seiner Kraft mitziehen und beobachtete, wie er die Verwüstung wahrnahm. Keine Regung war in seinem Gesicht zu erkennen. Dann umwölkte sich sein Blick, als ob ein Sturm aufzog, er stand auf und machte zwei Schritte in den Raum hinein, steuerte direkt auf ihr Bild zu.

Nein.

Melina hielt den Atem an, hoffte für einen irrwitzigen Moment, dass er auf die zersprungenen Vasen oder die kaputten Lesetische zuging. Adrian hockte sich unmittelbar vor dem Bild hin und fischte es vom Boden.

Melina biss sich auf die Zunge, während Adrian das Bild betrachtete.

Nein. Nicht ihr Bild. Sondern seins.

Aber er würde die Zeichen nicht deuten. Vielleicht wusste er es auch nicht mehr. Vielleicht …

Adrian drehte sich um. Er erinnerte sich. An alles.

Melina senkte den Blick.

»Melina.«

Nein. Nein. Nein.

Krampfhaft schloss sie wieder die Augen, beamte sich an

einen anderen Ort. Weit weg. Doch ihre Vergangenheit holte sie ein und plötzlich spürte sie um ihre Schultern einen sanften Händedruck durch den Stoff ihrer Jeansjacke.

Sie öffnete die Augen, die Sekunden zerrannen, polterten mit ihrem Herzschlag um die Wette.

Adrian seufzte. Zögerte. Schwieg wieder.

»Es tut mir leid.«

Adrian und Melina. Melina und Adrian.

All das war wieder da. Und auch jener Tag vor drei Jahren.

»Ich hätte damals …«, begann Adrian, hielt jedoch inne, als wäre ihm etwas eingefallen. Seine Kiefermuskeln spannten sich an, Wut glitt wie eine Maske über seine Züge.

In diesem Moment öffnete sich die Tür.

Hinter Lara kamen drei Polizisten herein, zwei Jungen und ein Mädchen, in schwarzen Uniformen und mit stoischen Mienen. Als sie Adrian erblickten, blieben sie überrascht stehen. Wie Pingpongbälle sprangen ihre Blicke zwischen Melina und Adrian hin und her.

»Shit«, meinte der Blondschopf, sobald er das Ausmaß der Zerstörung bemerkte.

Adrian verzog grimmig den Mund. »Wie viel Uhr ist es?«

»9.12 Uhr«, antwortete das Mädchen.

»Feliza, kannst du bitte den Präsidenten ausfindig machen und ihn hierüber informieren? Er soll sich mit mir in Verbindung setzen.« Dann wandte er sich an Melina. »Braucht ihr Hilfe?«

Kraftlos schüttelte sie den Kopf. »Nein.«

»Ich sage dem Parlament Bescheid, vielleicht können sie ein paar Leute vorbeischicken, die mit anpacken.«

Melinas Nicken zeugte hoffentlich von Dankbarkeit, denn sie bekam kein weiteres Wort über ihre Lippen. Sie war zu aufgewühlt.

Adrian ging, ohne sich umzudrehen, doch Melina sah, dass seine Hände heftig zitterten.

Alle Staatsbürger genießen ein Recht auf Presse- und Informationsfreiheit. Eine Zensur findet nicht statt.
Grundrecht, Staat X.

Tamara klickte durch die Kamerabilder, die sie geschossen hatte, während Michelle hinter ihr stand. Bei einem Foto, das Melina Kaschinski aus einem besonders unvorteilhaften Winkel zeigte, hob sie die Hand.

»Das hier.«

Tamara schluckte, denn Melina sah ziemlich elendig aus. Als ob gerade ihr Hund gestorben wäre. Die Hände vors Gesicht geschlagen, die Knie angewinkelt, inmitten eines Haufens aus Zerstörung.

»Das wird unsere stärkste Auflage«, sagte Michelle mit einem zufriedenen Funkeln in den Augen. »Zoom mal ein bisschen ran – kannst vielleicht auch die Zerstörung etwas unscharf machen, damit das Mädchen mehr in den Vordergrund rückt. Das ist viel aussagekräftiger.«

Zögerlich tat Tamara, was ihre Chefredakteurin ihr befahl. Dabei wurde ihr Blick immer wieder magisch von dem Kurzhaarschnitt angezogen, und obwohl Melina nicht einmal in die Kamera blickte, konnte man die absolute Resignation in ihrer Körpersprache lesen.

»Das wird unser Aufmacher und die große Schlagzeile. Das rettet uns vor der Pleite. Du weißt, ich habe schon zwei Leute entlassen müssen ...«

Tamara schluckte, denn sie ahnte, dass sie die Nächste wäre.

»Heute ist unsere letzte Chance«, fuhr Michelle fort. »Deswegen habe ich dich und Elyas gleich an die Orte der Anschläge geschickt.«

»Ich ... habe sie gar nicht gefragt, ob ich das Bild schießen darf«, warf Tamara zögerlich ein.

»Das macht nichts. Man kann sie ja kaum erkennen.«

Jeder wird sie erkennen, dachte Tamara mit einem mulmigen Gefühl.

Als sie inmitten der *Büchereule* gestanden und die Fotos gemacht hatte, hatte sie nur das Adrenalin verspürt. Von der *Morgenpost X* war nämlich niemand dort gewesen.

Ihr war nur klar gewesen, dass sie schnell handeln musste, dass jede Minute über ihren Absatz und somit über Tamaras Bonus entschied. Schließlich gab es bei der *Neuen Zeitung* einen Newsflash, der in der App angezeigt wurde, in der auch Werbung gespielt wurde – mehr Klicks, mehr Einnahmen. Mit dem Artikel konnte sie vielleicht ihren Kopf aus der Schlinge ziehen und sich vor der Kündigung retten – sollten die Finanzen der Zeitung heute Abend wieder im Keller sein.

Umso besser, wenn sie ihren Artikel mit den passenden Bildern untermauern konnte. Allerdings hatte Tamara mittlerweile ernsthafte Zweifel, ob das Foto nicht Melinas Persönlichkeitsrechte verletzte. Ihre Zähne gruben sich in die Unterlippe.

»Was ist los?« Michelle beugte sich über den Schreibtisch und sah sie verwundert an. »Mensch, Tamara! Du hast damit den Supercoup gelandet! Das wird unsere Auflage in die Höhe treiben und uns erst einmal das Finanzamt vom Hals schaffen! Das ist genial!«

Wieder biss sich Tamara auf die Unterlippe, dieses Mal etwas fester, bis sie meinte, Blut zu schmecken. Doch dann nickte sie, versuchte sich an einem halbherzigen Lächeln, das sich noch etwas unsicher anfühlte.

Michelle hob einen Daumen in die Luft, drückte die Brust durch, wirkte auf einmal wie beflügelt, und Tamara spürte, dass sie sich von ihren Worten anstecken ließ. Ihre Zweifel meldeten sich erneut. Doch am Ende gewann Tamaras Stolz.

VINCENT

Die Gerüchte verbreiteten sich wie ein Lauffeuer.

Sabotage. Zerstörung.

Wie lästige Insekten schwirrten sie in Vincents Kopf umher, als er sich gerade auf dem Weg zur Turnhalle befand, wo das Polizeitreffen stattfinden würde. Er hatte davon in seiner Mittagspause, die er mit ein paar Kollegen verbracht hatte, erfahren. Mit dem Unterarm drückte er die Tür auf, ging den Flur entlang, hielt seine Fäuste in den Tiefen seiner Shorts vergraben.

Vincent wusste nicht, wie er sich fühlte. Das Gespräch mit Adam hing ihm nach. Etwas hatte sich verändert. Das, was Adam und ihn verbunden hatte, existierte nur noch als blasser Schatten. Trotzdem wollte er seinen Freund nicht aufgeben.

Das Linoleum quietschte unter seinen Sohlen, als er die Turnhalle betrat. Ein paar der Polizisten blickten neugierig zu ihm herüber. Auch Adrian registrierte Vincents Anwesenheit mit einem knappen Nicken, seine Miene hingegen blieb ausdruckslos. Er stand in der Mitte des aufgemalten Feldes, die anderen Polizisten umringten ihn. Dabei fiel Vincent auf, wie anders die Wirkung der weitläufigen Sporthalle war, wenn schwarz gekleidete Gestalten in Uniform sie füllten. Die Größe schrumpfte, konzentrierte sich auf die dunkle Ansammlung.

»Wir warten noch fünf Minuten, dann fangen wir an«, sagte Adrian zu niemandem und allen zugleich.

Plötzlich wurde die Tür aufgerissen, ein Junge und ein Mädchen stürmten herein, gefolgt von warmer Luft und kitzelnden Sonnenstrahlen. Beide schossen wild entschlossen auf die Gruppe zu – wie zwei Schatzjäger auf der Suche nach der nächsten Goldkiste.

Vincents Blick fand die Kamera und den kleinen Notizblock in ihren Händen.

»Was wollt ihr?« Adrians Stimme zerschnitt die scheinbare Stille.

»Wir wollten mit euch über die Gerüchte sprechen. Was die Polizei unternehmen möchte. Wie es jetzt weitergeht.« Die Worte stolperten aus dem Mund des Mädchens, das bei Adrians Tonfall eindeutig irritiert aus der Wäsche blickte, aber nicht langsamer wurde. Gleich würden sie Vincent erreichen.

Sein abweisender Gesichtsausdruck schien Wirkung zu zeigen, denn sie blieben stehen.

»Zu gegebener Zeit werden wir ein Statement veröffentlichen«, hörte er Adrian in seinem Rücken sagen. »Das ist kein öffentlicher Platz, sondern unsere Zentrale. Es wäre schön, wenn ihr das respektieren würdet.«

»Wir wollten nur ...«

Aus den Tiefen seines angekratzten Egos glitt die angefachte Wut und überwältigte Vincents Zunge.

»Ihr habt doch gerade gehört, was er gesagt hat.« Selbst in seinen eigenen Ohren klang seine Stimme fremd. »Es wird ein Statement geben. Warum müsst ihr denn weiterbohren? Was gibt euch das Recht dazu?«

Überraschung spiegelte sich auf ihren Zügen.

»Weil die Bürger von Staat X ein Recht darauf haben zu erfahren, was vor sich geht«, sagte das Mädchen.

»Ja, das haben sie auch«, erwiderte Adrian an seiner Stelle. »Aber zum gegebenen Zeitpunkt und nicht, indem die Presse in die Privatsphäre des Staates eindringt.«

Er klang ruhig und beherrscht, jedes Wortgeschoss prallte an seinen Argumenten ab. Adrian Dennenberg, ganz der Polizeipräsident, den er verkörperte.

»Sehr wahrscheinlich wird es im Rahmen der Ermittlungen auch eine Pressekonferenz geben.«

»Wann?«, fragte der Junge ungeduldig, sein Blick schnellte nervös zu Vincent, als würde er befürchten, er könnte jeden Moment nach vorne schießen und ihm das Genick brechen.

»Das geben wir noch bekannt. Und jetzt wäre es hilfreich, wenn ihr uns unsere Arbeit machen lasst, damit wir diejenigen finden, die die beiden Läden zerstört haben.«

Sie protestierten nicht länger. Unschlüssig blickten die beiden sich an, was Vincent als Aufforderung verstand, sie bis zur Tür zu eskortieren, wobei er die bösen Blicke des Mädchens ignorierte, obwohl sie sehr hartnäckig waren.

Anschließend schloss Vincent die Tür hinter sich und schob sich zwischen zwei Achtklässlerinnen, die in dem Kreis standen und ihm Platz machten. Als Vincent den Kopf hob, trafen Adrians und sein Blick aufeinander. Er glaubte, Anerkennung in Adrians Augen zu lesen, aber vielleicht bildete er sich das auch nur ein.

Die fünf Minuten waren längst verstrichen, als Adrian endlich begann. Jeder Satz, der aus seinem Mund kam, war genau das, was Vincent jetzt brauchte. Eine hämmernde Ansage, die ihn einschloss. Eine Flucht vor dem Mist, den Adam ihm entgegengeschleudert hatte, vor den leisen Zweifeln an der neu entfachten Beziehung mit seinem Vater. Wörter wie eine Rasierklinge. Erst jetzt spürte Vincent, wie schmerzvoll diese Schnitte waren.

Ohne Adrian aus den Augen zu lassen, schüttelte Vincent den Gedanken an Adam endgültig ab. Zumindest für den Augenblick.

»Deswegen brauche ich eure Hilfe. Gemeinsam gehen wir das an«, sagte Adrian nun, wickelte sie alle mit seiner melodischen Stimme ein. »In einer halben Stunde werde ich im Parlament erwartet, um über die Lage zu berichten und Lösungen zu präsentieren.«

Als er schließlich geendet hatte, sah Vincent überall entschlossene Gesichter. Ihm ging es nicht anders.

Adrian Dennenberg hatte etwas geschafft, das Vincent nicht für möglich gehalten hätte.

Das Zusammenschweißen einer Truppe, der er sich zugehörig fühlte. Etwas, an dem er sich festhalten konnte, damit er sich nicht mehr so verdammt alleine vorkam.

ADRIAN

Als Adrian den Flur entlang zum Physiksaal lief, der zum Parlament umfunktioniert worden war, entdeckte er Lars vor der Tür an einem der Schließfächer lehnend. Mit einer Hand strich er sich gedankenverloren über seine rote Krawatte. Adrian wollte weder in seinem Anzug noch in seiner Haut stecken.

Sobald der Präsident Adrian wahrnahm, klammerte sich sein Blick Hilfe suchend an ihn, das Wort »PANIK« leuchtete in Großlettern und Neonfarben über seinem Kopf.

»Ich muss dich sprechen. Unter vier Augen.«

Er schob Adrian in ein leeres Klassenzimmer, das nach abgestandener Luft stank. Jemand hatte vergessen, die Tafel zu wischen, Zahlen tanzten am Whiteboard und ein paar Stühle waren nicht auf die Tische gestellt worden.

»Was gibt's?«

Lars stieß so heftig die Luft aus, als hätte er sie seit Tagen in seiner Lunge gehalten. »Die Zerstörung der beiden Läden ist eine Katastrophe! Es lief gerade so gut, die Stimmung war ausgelassen, die Presse hat toll über alles berichtet.« Lars sprach schnell, so, als ob ihm die Wörter ausgehen könnten. »Es wäre also am einfachsten, wenn du es gleich zugibst.«

Adrian verengte die Augen zu zwei schmalen Schlitzen. »Was meinst du?«

»Ach, komm schon, Adrian.« Sein Blick flackerte wie eine Kerze im Wind. »Eigentlich wolltest du doch Präsident werden. Ich bin nicht blöd, ich kann eins und eins zusammenzählen.«

»Beschuldigst du mich etwa?«

Abwartend hob er die Brauen, während Lars bei dem Versuch, sich eine einfallsreiche Antwort abzuringen, so hilflos wie ein Schulmädchen in einem Horror-Splatter wirkte.

»Komm schon, wir wissen doch beide, dass du diese Stelle ohne mich gar nicht hättest«, sagte Adrian nun. Lars dürfte klar sein, dass Adrian über die Wahlmanipulation im Bilde war. »Wir sitzen im selben Boot und glaub mir, sollte es untergehen, werden wir das gemeinsam. Also wäre es besser, wenn wir beide an einem Strang ziehen.«

»Ja, du hast recht.«

Lars war eigentlich nicht der Typ, der ihn konfrontieren würde. Lars war nicht der Typ für Konfrontationen im Allgemeinen. Lars war nett. Gutherzig. Kein Schachspieler, sondern einfach nur eine Figur auf dem Brett, die von jemand anderem bewegt wurde.

Adrian konnte sich denken, wer ihm diese hirnrissige Idee eingeflößt hatte.

»Das sind doch nicht deine Worte. Klär mich auf.«

Seine Stimme wurde leiser, legte sich auf die Lauer, und er ertappte sich bei dem Gedanken, wie verdammt ähnlich er seinem alten Herrn klang. Hastig verbannte er diese Erkenntnis in die hinterste Ecke seines Bewusstseins, wo er sie auch nach langem Suchen nicht mehr finden würde.

»Ein paar aus den Führungsgremien der Parteien sind sich sicher, dass du dahinterstecktst. Wer sonst hätte Interesse daran, Staat X zu sabotieren?«

»Jemand, der keinen Bock auf das Projekt hat? Es gab genügend Zehntklässler, die sich darüber ausgelassen haben. Oder denen das Projekt keinen Spaß macht. Abgesehen davon sind die Jungs von der *TT-Bar* meine Freunde. Ich habe Besseres zu tun, als ihnen Staat X zu versauen.«

Lars blickte an ihm vorbei. »Stimmt.« Dann sah er Adrian direkt an, seine Hand fand die von der Sonne verfärbten blonden Strubbelhaare. »Verdammt, sorry. Ich stehe einfach unter enormem Druck, die Sache aufzuklären.«

»Dass du unter wahnsinnigem Druck stehst, glaube ich dir sofort. Mir ist der gesamte Polizeiapparat unterstellt und ich werde dich in deinem Amt auf jeden Fall unterstützen. Solange ich weiß, dass ich ebenfalls auf deine Unterstützung zählen kann.«

»Was meinst du damit?«

»Das, was ich sage. Ich habe keine Lust, als der Sündenbock herhalten zu müssen, nur weil es anderen nicht passt, dass ich Polizeipräsident geworden bin. Außerdem kann ich mir denken, wer hier fleißig Gerüchte verbreitet.«

Er sprach Johannas Namen nicht aus, aber das war auch nicht

nötig, denn er stand wie ein Betonpfeiler genau zwischen ihnen. Lars entgegnete nichts darauf und in diesem Moment, so unsicher, so durcheinander, kam er Adrian unheimlich schwach vor.

Etwas, das ihn anwiderte.

Weil diese Schwäche für alles stand, was Adrian nicht sein wollte.

»Hast du denn schon einen Anhaltspunkt, wer dahinterstecken könnte?«, fragte Lars schließlich.

»Darauf kannst du wetten. Wir werden gleich mit der Arbeit beginnen. In der Zwischenzeit ist es wichtig, dass wir die Presse auf unsere Seite bekommen. Wenn die ersten Berichterstattungen gedruckt werden, sollten sie die Regierung und die Polizeiarbeit in gutem Licht dastehen lassen.«

»Eine Freundin von mir arbeitet bei der *Neuen Zeitung*. Ich könnte sie darum bitten.«

»Gib ihnen etwas in die Hand, am besten ein exklusives Interview. Freundschaft heißt in Staat X nicht unbedingt viel, wenn sie eine stärkere Auflage für eine heiße Story bekommt.«

Lars schluckte. »Meinst du echt, es hilft, sie mit einem Interview zu ködern? Ich hätte Michelle nicht so eingeschätzt, dass sie nur Verkaufszahlen hinterherrennt …«

Adrian lächelte grimmig. »Selbstverständlich, es ist kein Geheimnis, wie sehr die *Neue Zeitung* gerade schwächelt. Und sobald ich Genaueres weiß, bist du der Erste, der es erfährt.«

Bisher hatte er nicht den blassesten Schimmer, wer für die Zerstörung verantwortlich war, aber das würde er Lars selbst mit einer an den Kopf gehaltenen Pistole nicht verraten. Und wenn

Johanna ihre Nase in Dinge steckte, die sie nichts angingen, würde sie früher oder später vermutlich auch auf die Wahlmanipulation stoßen.

Adrian musste den Schuldigen finden. Etwas vorweisen, das von ihm ablenkte. Und zwar möglichst bald.

Als sie einige Augenblicke später auf den Flur traten, tummelten sich bereits einige Abgeordnete vor dem Parlament. Unter ihnen machte Adrian Johanna aus, die ihm Giftpfeile mit Blicken zuwarf. Mit einem Lächeln entwaffnete er sie, doch das schien sie nur umso wütender werden zu lassen.

Aus dem Augenwinkel nahm Adrian eine Bewegung wahr und plötzlich stand Adam neben ihm. Er sah aus, als würde er im nächsten Moment in die Luft gehen. Stinksauer. Als wäre er auf Streit aus und seinem Blick nach zu urteilen, machte es den Anschein, als hätte er dafür die richtige Person gefunden.

Schlagartig spannten sich Adrians Muskeln an. Alles, was mit Adam zu tun hatte, roch nach Ärger.

»Was willst du?«, fragte Adrian und ging weiter.

Adams Gesicht war eine Maske aus Überheblichkeit und in seinen dunkelbraunen Augen las er einen Ausdruck, den er zuvor noch nie bemerkt hatte. Stumpfe Wut.

Vor Adrian tauchte Tammies verheultes Gesicht auf. Er dachte daran, wie seine Finger tröstend über ihr rostbraunes Haar gestrichen waren. An die Verlorenheit in ihrem Blick. Das Gefühl, mal wieder versagt zu haben. Sie nicht vor einem Typen wie Adam beschützt zu haben.

Adam sah ihn wissend an, als würde ein einziger Blick in Adrians Gesicht völlig ausreichen, um seine Gedanken zu erraten.

»Ich hatte gestern auf der Party keine Gelegenheit dazu, aber ich wollte dir schon lange etwas sagen ...«, meinte Adam.

Adrians Körper versteifte sich, als sich Adam zu ihm beugte. Die Luft um sie herum knisterte vor Anspannung. Adams Lippen berührten beinahe Adrians Ohrmuschel und doch sagte er so laut, dass es alle hören konnten: »Deine Schwester zu entjungfern hat verdammt viel Spaß gemacht.«

Adrian wirbelte herum, riss die Rechte in die Luft. Adams Augen leuchteten, ein bisschen wahnsinnig, ein bisschen hungrig. Seine gesamte Körperhaltung schrie nach Kampf, doch Adrian erkannte es zu spät.

Adrenalin schoss durch seinen Körper und in dem Bruchteil jenes Augenblicks, in dem seine Faust auf Adams beschissen grinsende Fresse traf, realisierte Adrian, dass er mitten in eine Falle getappt war.

Adam duckte sich zu langsam. Das Geräusch der Faust auf seinem Nasenrücken lag irgendwo zwischen einem Blechunfall und splitterndem Glas. Noch bevor Adam zu Boden ging, wusste Adrian, dass es ein Fehler gewesen war. Eine Blutfontäne sprudelte aus Adams Nase. Volltreffer.

Nein.

In diesem Moment wurde ihm bewusst, was er mit diesem einzigen Schlag alles aufs Spiel gesetzt hatte. Die Position als Polizeipräsident, die ihm Macht verlieh und mit der auch eine gewisse Verpflichtung, Verantwortung gekommen war. Adrians Gedanken überschlugen sich und er erstarrte. Erstaunlicherweise klang die Stimme in seinem Kopf wie der Mann, den er am meisten verabscheute.

Du bist ein Niemand.
Das wirst du auch immer bleiben.

Adrian Dennenberg, derjenige, zu dem alle aufschauten, verblasste wie ein Straßengemälde im Regen.

Die Angst, alles zu verlieren, war erdrückend.

Gehetzt blickte er auf und las in den Gesichtern der Umstehenden die Wahrheit. Sie sahen ihn zum ersten Mal als die Person, die er wirklich war: ein Blender.

LARA

Julian, der sich mit den aktuellen Nachrichten beschäftigte, kam zur Tür der Redaktion herein und beugte sich zu Elif hinab, um ihr etwas zuzuflüstern.

Sie nickte und sah dann auf. Direkt zu Lara.

»Bevor wir mit der Besprechung anfangen, würde ich gerne noch eine Minute mit Lara unter vier Augen sprechen, ist das möglich?«, fragte sie in die Runde, und als alle brav nickten, setzte sie sich in Bewegung.

»Stimmt es, dass du in der *Büchereule* warst und die Verwüstung gesehen hast?«, fragte Elif, als sie sich in eine ungestörte Ecke zurückgezogen hatten. Dennoch hatte Lara das Gefühl, dass die Ohren der anderen die Größe von Satellitenschüsseln angenommen hatten.

»Ja, war ich.«

»Hast du Bilder gemacht?«

Lara schüttelte den Kopf, denn um ehrlich zu sein, war sie nicht einmal auf die Idee gekommen. Etwas an dieser Frage stieß ihr sauer auf, blieb auf der Zunge haften. Es war schlimm genug, dass Lara Melina zwischenzeitlich alleine lassen musste, um Adrian und die Polizei zu verständigen. Von Olga fehlte jede Spur und auf Nachrichten hatte sie nicht reagiert. Wahrscheinlich war sie einfach verkatert und hatte verschlafen.

»Mist, verdammter.« Jetzt wirkte Elif eindeutig verärgert.

»Weshalb fragst du?«

Elif zauberte ihr Handy hervor und öffnete die Staat-X-App. Sofort sprang ihnen der Aufmacher der *Neuen Zeitung* entgegen.

»Ach du Schande«, flüsterte Lara tonlos, versuchte, ihren Blick von dem Foto zu lösen, das bestimmt schon die ganze Schule gesehen hatte.

»Jap. Da hätten wir einfach früher dran sein müssen, vor allem weil du ja vor Ort warst. Aber sie waren verdammt schnell. Sowohl in der *Büchereule* als auch in der *TT-Bar*. Sie haben schon ihre Artikel veröffentlicht, während unsere Besprechung gerade erst anfängt. Die werden eine tolle Auflage haben.«

Lara spürte, wie Unmut in ihr aufstieg, doch sie schwieg. Wie so oft. Dabei hätte sie am liebsten gesagt, dass dieses Bild gegen ihre Prinzipien verstieß. Gegen alles, was sie als Journalistin in Staat X sein wollte.

»Ähm ... ja ... schade«, hörte sie sich sagen und hätte sich dafür nur zu gerne selbst geohrfeigt. Warum setzte sie sich nicht einfach für ihre Meinung ein? Bei Vincent klappte es ja auch irgendwie ...

»Wir müssen uns da jetzt ranhalten.« Elif rieb sich mit zwei

Fingern über die Nasenwurzel. »Dann schicken wir gleich jemanden vorbei. Hast du denn irgendetwas mitbekommen?«

»Was meinst du?«

»Hat Melina etwas gesagt? Oder gab es irgendwelche Hinweise, wer dahinterstecken könnte?«

»Nein, nicht dass ich wüsste.«

»Dann bleibt uns wohl nichts anderes übrig als abzuwarten, was die Polizei herausfindet. Auch wegen der *TT-Bar*. Da wird sich Adrian Dennenberg bestimmt ins Zeug legen, schließlich sind seine besten Freunde betroffen. Die Bar wurde komplett zerstört.«

»Oh«, entgegnete Lara überrascht, da sie nicht gewusst hatte, dass die Besitzer der *TT-Bar* Adrians Freunde waren.

»Weil die Gelegenheit günstig ist, wollte ich noch etwas anderes mit dir besprechen. Und zwar haben wir uns überlegt, dass du erst mal nicht über die Gerichtsprozesse schreibst, sondern stattdessen versuchst, bei der Polizei alles über die Randalierer herauszufinden. Die *Neue Zeitung* hat wohl schon die Pressesprecherin kontaktiert, aber es wäre besser, einem Insider ein paar Informationen zu entlocken. Die Sabotage wird unser Aufmacher für die Ausgabe um 13 Uhr.« Elifs Blick klebte auf der Uhr an ihrem Handgelenk. »Sagen wir, du meldest dich bis 11.30 Uhr wieder bei mir? Vielleicht versuchst du es mal im Polizeipräsidium. Wir wollen nicht die Letzten sein, die darüber berichten. Und achte darauf, ob es eine Pressekonferenz gibt – Quynh-Anh ist die Pressesprecherin.«

»Das bekomme ich hin.«

»Okay. Julian gibt dir nach der Besprechung noch eine kurze

Einführung. Wir hatten in der letzten Zeit schon ein paar Schulungen, wie man in der PK die richtigen Fragen stellt, wie ein Bericht auszusehen hat und so weiter.« Sie lächelte freundlich, denn mittlerweile musste Lara ziemlich hilflos aus der Wäsche schauen. »Aber keine Panik, das bekommst du hin. Das solltest du auch.« Mit diesen Worten drehte Elif sich um und ging nach vorne zum Board, auf dem Julian groß mit Rotstift einen Punkt hinzugefügt hatte.

Sabotage???

In kurzen Sätzen erläuterte er den Stand der Dinge, das, was man bisher wusste. Eine zerstörte Bar. Ein verwüstetes Büchercafé.

»Adrian Dennenberg hat Adam Giebel eine reingehauen!«

Ruckartig fuhren alle Köpfe zu dem Neuankömmling in der Tür herum, der die Hände auf die Knie abstützte und schwer atmend stehen blieb.

»Woher weißt du das?«, fragte Julian misstrauisch, aber mit leuchtenden Augen – schon die nächste Schlagzeile, vielleicht sogar eine Eilmeldung, im Kopf.

»Es gab einen Tumult vor dem Parlament. Ich war schon vor Ort, weil ich einen Bericht über die Tagesordnung schreiben sollte. Ich habe alles auf Kamera!«

»Perfekt.« Julian hörte sich ziemlich zufrieden an.

»Wenn wir jetzt schnell genug sind, können wir der *Neuen Zeitung* vielleicht zuvorkommen.«

Und Melinas Foto aus der Erinnerung der Leute löschen, fügte Lara in Gedanken hinzu.

Fünf Minuten später eilte Lara durch das Labyrinth an

Gängen, das von fleißigen Bürgern erobert worden war. Bunte Plakate sprangen ihr in die Augen und der gesamte zweite Stock roch, als ob eine Nutella-Bombe explodiert wäre, was wahre Speichelsturzfluten in ihren Mund trieb.

Doch sie hatte keine Zeit. Sie wollte unbedingt einen guten Eindruck hinterlassen, wenn sie schon nicht auf die Idee gekommen war, einen exklusiven Bericht über die Ereignisse in der *Büchereule* zu schreiben. Obwohl sie diejenige gewesen war, die das Chaos entdeckt hatte.

Nur kurze Zeit später befand Lara sich mit ihrem karierten Rucksack, in dem ein ledergebundener Notizblock, ein paar Stifte und eine ausgeliehene Fotokamera steckten, auf dem Weg in Richtung Polizeipräsidium.

Ihr erster Einsatz als rasende Reporterin. Ihr inneres, *Benjamin Blümchen* hörendes Kind jubelte lachend auf.

MELINA

»Da bist du ja.« Olga klang besorgt.

Melina hörte, wie ihre Freundin näher kam, doch ihr Blick verfing sich in ihren Schnürsenkeln und sie starrte sie nieder, damit die Gedanken, die sich um den Vorfall drehten, etwas leiser wurden. Vergeblich. Denn sie wusste, dass auf ihrem Smartphone unzählige unbeantwortete Nachrichten lauerten wie Zombies, bereit, sie jeden Moment zu attackieren. Wilde Fragezeichen, in denen noch viel mehr mitschwang. Hinter ihnen versteckte sich echte Sorge.

»Du hast nicht auf meine Nachrichten reagiert.«

Olga blieb neben ihr vor der Tür zur *Büchereule* stehen. Sie stieß ein erschrockenes Keuchen aus.

Endlich fand Melina den Mut aufzuschauen, und als sich ihre Blicke begegneten, konnte sie förmlich mit ansehen, wie sich die Sorge in Olgas Gesicht in Angst verwandelte.

»Heilige Scheiße. Was ist passiert?«

Sofort schossen Melina Tränen in die Augen, dabei war sie nicht der Typ, der in der Öffentlichkeit heulte. Im Gegenteil. Eigentlich war sie immer beherrscht und ließ sich ihre Emotionen kaum anmerken. Die letzten Tage waren eine einzige Achterbahnfahrt gewesen. Erst Adrian, dann sein Vater, dann die *Büchereule*. Jetzt allerdings könnte sie auf der Stelle wieder in Tränen ausbrechen und ihr Brustkorb fühlte sich an, als würde er im nächsten Augenblick zerspringen.

»Hey. Das mit der *Büchereule* bekommen wir schon irgendwie wieder hin«, sagte Olga.

»Das ist es nicht … jedenfalls nicht nur«, murmelte Melina. »Hast du die Nachrichten schon gelesen?«

»Wovon sprichst du?«

»Die Schlagzeile der *Neuen Zeitung*.«

Olga scrollte durch die App und schnappte nach Luft. Zwei Mädchen gingen hinter ihnen vorbei, steckten ihre Köpfe zusammen und begannen zu tuscheln. Kurz darauf folgte ein Lachen, das an Cruella De Vil erinnerte.

Melina wandte beschämt das Gesicht ab.

Olga packte sie am Handgelenk und zog sie hinter sich her.

»Gib nichts auf die dummen Gänse. Die Nachrichten von heute sind morgen bereits vergessen. Du wirst sehen, das ist schnell alter Käse!«

Optimismus war noch nie Melinas Stärke gewesen.

Gemeinsam betraten sie die *Büchereule* und einen Moment später schlangen sich Olgas Arme um ihren Körper, warm und schützend, und ihre tröstenden Worte klebten Pflaster um Pflaster auf Melinas zerschnittenes Herz. Dankbar sog sie den süßlichen Duft ihrer Freundin ein.

Melina wusste nicht, ob Adrian sein Wort gehalten und Hilfe geschickt hatte, aber irgendwie fanden immer mehr Schüler den Weg in die *Büchereule*. Mit Besen und Müllbeuteln bewaffnet jagten sie die Scherben und den Dreck davon, bis kaum noch etwas an die Zerstörung erinnerte. Mit Ausnahme der Bilder und Bücher vielleicht. Aber die waren sowieso nicht mehr zu retten.

Immer wieder tauchten Reporter auf, versuchten, ein Foto zu schießen, aber jedes Mal verscheuchte Olga sie wie lästige Fliegen.

»Hey. Wir haben schon gesagt, dass wir keinen Bock darauf haben, irgendwelche Interviews zu geben«, erklang Olgas wütende Stimme hinter ihr, als Melina gerade die völlig auseinandergenommenen Bücher schweren Herzens in eine Umzugskiste packte.

Als sie sich zu ihrer Freundin umdrehte, hatte Olga die Hände in die Hüften gestemmt und sah aus, als würde sie sich auf die gesichtslose Person in der Tür stürzen wollen. Schnaubend wandte sie sich Melina zu.

»Die wollen mich doch echt verarschen! Als ob wir nichts Besseres zu tun hätten, als exklusive Interviews dazu zu geben, dass wir in Staat X erst einmal eine Pause einlegen müssen!«

»Sie machen einfach ihren Job«, lenkte Melina ein, fuhr mit dem Finger über den zerdrückten Einband von *Der Nachtzirkus*. Als könnte sie das Buch dadurch wieder zum Leben erwecken.

»Großartig. Jetzt weiß ich, wie sich diese Katastrophenopfer fühlen müssen, wenn ihnen jemand eine Kamera ins Gesicht hält.«

Melina hob die Schultern. »Wir sind momentan bestimmt das interessanteste Thema, das Staat X zu bieten hat. Also garantiert das die Auflagen für die Zeitungen.«

»Ihr seid mittlerweile Schnee von gestern«, erklang es hinter Olga, als sich ein dunkelblonder Schopf in Melinas Sichtfeld schob. Mit einem selbstgefälligen Grinsen parkte Daniel seine vier Buchstaben im Türrahmen.

»Schwing keine Reden, sondern hilf lieber aufzuräumen.«

Seine blauen Augen leuchteten schelmisch, als er Olga taxierte. »Ich an deiner Stelle würde den Boden küssen, auf dem ich gehe.«

»Aha, und weswegen?«, fragte Olga und verschränkte die Arme vor der Brust. Dabei fiel Melina auf, dass sie heute ausgesprochen viel Farbe trug, nämlich ein weißes Tanktop mit roten Punkten, die sich in ihren Sandalen wiederfanden. Olgas persönliche Fashionrebellion.

»Weil ich dir den Hintern gerettet habe, nachdem du heute Morgen nach der Party den halben Schlafraum aufgeweckt hast, und ich mir eine bescheuerte Ausrede für die Polizei ausdenken musste.«

Kurz wurde Melina stutzig. *Welcher Schlafraum?* Sie war sich ziemlich sicher, Olga gestern eigenhändig auf ihre Luftmatratze verfrachtet zu haben, ehe sie selbst schlafen gegangen war.

»Schwachsinn«, erwiderte Olga mit einem Augenrollen, doch auf einmal schimmerten ihre Wangen genauso wie die Punkte auf ihrem Tanktop. »Du siehst schon Geister, ich habe ganz sicher nicht irgendwelche Schlafräume aufgeweckt, sondern selbst tief und fest geschlafen.«

»Wenn du das sagst, Schwesterherz. Wenn du das sagst ...«

Olga räusperte sich. »Und aus welchem Grund sind wir Schnee von gestern?«

»Adrian Dennenberg hat sich mit Adam Giebel geprügelt. Soll wohl ziemlich heiß hergegangen sein.«

»Was? Adrian hat sich mit Adam geprügelt?«, fragte Olga ungläubig, ihr Blick schnellte zu Melina hinüber, so als müsste sie sich vergewissern, dass ihre Freundin bei der bloßen Erwähnung von Adrian nicht in Ohnmacht gefallen war.

Ertappt schaute Melina zur Seite.

Daniel fuhr fort: »Anscheinend gab es eine Meinungsverschiedenheit, kurz bevor Adrian im Parlament über die Sabotage von Staat X sprechen sollte. Laut Anna-Maria hat Adam Adrian provoziert. Seine Schwester wäre angeblich – Achtung Zitat – ›eine spaßige Entjungferung‹ gewesen.«

Schockiert riss Melina die Augen auf. Bis zum heutigen Tag war sie der festen Überzeugung gewesen, dass es sich dabei nur um ein dämliches Gerücht handelte. Wie etwa, dass Olga gerne auf Friedhöfen Särge ausgrub. Diese Art von Gerüchten eben.

»Und jetzt?«

»Johanna kam auf mich zu und wollte, dass die Staatsanwaltschaft Ermittlungen aufnimmt, aber da Adam keine Anstalten macht, eine Strafanzeige gegen Adrian zu stellen, hat sich das so gut wie erledigt.«

»Ich wette, Johanna sieht nach der Aktion ihre Chance, den amtierenden Polizeipräsidenten abzusägen«, sagte Olga und in ihrer Stimme schwang ein nachdenklicher Unterton mit.

»Richtig. Außerdem glaubt sie, dass er hinter der Attacke auf eure *Büchereule* und die *TT-Bar* steckt.«

Überrascht sah Melina Daniel an, dessen Miene sich mittlerweile verfinstert hatte. »Warum sollte Adrian so was machen?«, fragte sie verwirrt. »Die *TT-Bar* gehört seinen besten Freunden und ich kenne ihn eigentlich ziem...«, begann sie, biss sich jedoch im letzten Moment auf die Zunge, während Olgas Blick nun eindeutig etwas Raubtierhaftes annahm.

Mist.

Daniel zuckte mit den Schultern. »Frag mich nicht, was sich Johanna von solchen Anschuldigungen verspricht. Ich glaube, sie kommt noch nicht wirklich über ihre Niederlage hinweg. Die *Morgenpost X* hat am ersten Tag einen Artikel mit der Überschrift ›Die Verliererin‹ veröffentlicht – das kratzt ganz schön an ihrem Ego.«

»Die Arme. Sie hätte es echt verdient gehabt, bei der ganzen Arbeit, die sie in das Projekt gesteckt hat. Na, aber mal unter uns: Habt ihr für Lars gestimmt?«

»Nein«, erwiderte Daniel. »Für Johanna.«

Tatsächlich hatte Melina aus Solidarität mit Adrian für Lars gestimmt, denn sie wusste von der Rivalität zwischen Adrian und Johanna.

»Ich auch«, sagte Olga. »Sie ist auch bei der Unterstufe ziemlich beliebt. Dennoch hat Lars haushoch gewonnen. Ihr Wahlprogramm war wohl doch nicht so überzeugend.«

»Johannas Wahlversprechen sind eher auf einen Sozialstaat ausgerichtet gewesen«, erwiderte Daniel. »Viele Ladenbesitzer, die selbstständig arbeiten, haben für Lars und seine Steuerentlastungen gestimmt.«

»Kann sein«, lenkte Olga ein. »Die Mädchen aus dem Haarsalon sind gestern Abend dank der tollen Einnahmen auch in eine höhere Steuerklasse gerutscht, aber verdienen heute im Endeffekt kaum mehr als vorher, obwohl ihr Umsatz viel größer ist. Mit Johannas Sieg wäre ihr Gewinn sicher noch magerer ausgefallen.«

»Autsch.«

Melina schaltete ab, als sich Daniel und Olga noch weiter über zu hohe Steuern beschwerten, und hoffte inständig, dass sie morgen wieder einen normalen Alltag in Staat X verbringen konnten. Lesende Kunden und duftender Cappuccino inklusive.

Alle Menschen genießen das Recht auf körperliche Unversehrtheit.
Grundrecht, Staat X.

Adam hatte sich noch nie beschissener gefühlt. Nicht körperlich, aber er hatte das Gefühl, als hätte er soeben erfahren, dass sein Zuhause bei einem Erdbeben zerstört worden war.

Den Kopf in den Nacken gelegt, saß er auf der Liege des Notfallraums, die Augen geschlossen und darauf bedacht, keinen Ton von sich zu geben, während Frau Ellwanger behutsam die Schwellung seiner Nase kontrollierte. Er war froh, dass sie die drei Krankenschwestern von Staat X weggeschickt hatte und stattdessen selbst die Behandlung übernahm. Schließlich war sie eine der ausgebildeten Ersthelferinnen der Schule und es hatten viele Eltern darauf bestanden, dass sie die ganze Zeit über anwesend war.

»Du hast Glück«, sagte die Lehrerin leise. »Es ist nichts gebrochen. Sonst hätte ich einen Krankenwagen rufen müssen.«

Adam ballte die Hand zu einer Faust, das ausgerollte Papier auf der Liege knisterte. Nichts war schlimmer, als dass sich die Erwachsenen einmischten. Egal, wie scheiße er Adrian fand, es war kein Grund, ihn anzuschwärzen. Nicht nachdem er es gewesen war, der ihn provoziert hatte.

»Nein. Bloß nicht.«

»Darüber können wir nicht hinwegsehen, Adam. Allein für die Versicherung müssen wir alles dokumentieren und Adrian wird – wenn du ihn schon nicht in Staat X anzeigen willst – nach Ablauf der Woche die Konsequenzen zu spüren bekommen.« Sie wusste also, wie es passiert war.

»Es war ein Unfall.«

»Seine Faust ist aus Versehen in deinem Gesicht gelandet?«

Adam öffnete die Augen und bemerkte, dass Frau Ellwanger ihn genau beobachtete. Zischend atmete er aus, als sie mit einem nassen Tupfer das Blut abwischte.

»Ich bin selbst schuld. Ich habe ihn provoziert«, gab Adam widerstrebend zu.

»Das ist kein Grund, dich zu schlagen.«

»Können wir es nicht einfach vergessen?« Er wich ihrem Blick aus. »Was ich von mir gegeben habe, war unverzeihlich. Hätte er dasselbe gesagt, hätte man nicht nur einen Krankenwagen, sondern die Polizei rufen müssen.«

Frau Ellwanger hob die fein gezupften Brauen. »Adam. Wir haben eine pädagogische Verantwortung.«

»Ich bin nur ehrlich.«

Irgendwie fiel es ihm leichter, sich der Lehrerin zu öffnen. Selbst gegenüber seinen Freunden wäre er nie so ehrlich gewesen.

Vincent.

Adam schloss wieder die Augen.

Adrian war sein Ventil gewesen, eine Möglichkeit, Druck abzulassen, die Wut über sich selbst loszuwerden.

Manchmal konnte er ein solcher Arsch sein. Weil er Menschen, die ihm etwas bedeuteten, lieber von sich stieß, nur, damit sie ihn nicht verletzen konnten.

Wie sein Vater, der einfach abgehauen war. Wie das Mobbing früher. Wörter wie Messerstiche.

Bis er in den Kindergarten gekommen war, hatte er sich nie anders gefühlt. Bis er gefragt worden war, warum er so seltsame Locken hatte. Warum seine Haut dunkler war. Warum er anders aussah.

Mittlerweile hatte Frau Ellwanger ein Formular für den Unfallbericht hervorgeholt und trug seine Daten ein. Bei dem Unfallhergang zögerte sie einen Augenblick.

»Ich bin gestolpert«, sagte Adam. »Bitte.«

»Wir können diese Art von Gewalt nicht tolerieren.«

»Ganz ehrlich? Vor zehn, fünfzehn Jahren war es normal, dass man sich geprügelt hat. Und jetzt ist alles direkt eine Straftat. Außerdem kennen Sie Adrian Dennenberg. Eigentlich ist er der Letzte, der eine Schlägerei anfangen würde. Meine Worte waren der erste Faustschlag. Glauben Sie mir.«

Frau Ellwanger schwieg, schien zu überlegen, und Adam konnte sehen, wie sie mit sich rang. Mit ihrer Rolle als Pädagogin, der sie eigentlich nachgehen müsste.

Schließlich nickte sie.

ADRIAN

Das beständige und äußerst schmerzhafte Pochen seines rechten Handknöchels begleitete jeden von Adrians Schritten. Das Einzige, was ihm einen Hauch von Befriedigung verschaffte, war das Wissen, dass Adam ebenfalls ganz schön eingesteckt haben musste. Jeder Muskel seines Körpers war zum Zerreißen gespannt. Überrascht sprang ein Mädchen zur Seite, als er um die Ecke schoss und mit der Schulter die Tür zum Jungenklo im dritten Stock, direkt neben dem Musiksaal, aufstieß.

Schlagartig drang der penetrante Gestank von eingelagertem Urinstein und dem hoffnungslosen Versuch, ihn mit scharfen Putzmitteln zu übertünchen, in seine Nase.

Ein Blick in den Spiegel reichte völlig aus, um zu wissen, wie beschissen seine Lage wirklich war.

Leere Augen, der Ausdruck darin erschien stumpf. Die Haut darunter war rot unterlaufen, als hätte er seit Tagen keinen Schlaf abbekommen. Das braune Haar stand ab, als hätte er in eine Steckdose gefasst. Seine Fassade bröckelte und er war um Schadensbegrenzung bemüht.

Er wirkte fahrig. Unschlüssig. Schwach.

Der Anblick widerte ihn an und die Stimme seines Vaters dröhnte laut in seinem Kopf. Er brüllte und schrie und tobte, er sprach leise. Leise Worte waren am gefährlichsten.

Jetzt waren sie besonders leise, ein Summen zwischen seinen Ohren, das er nicht loswurde.

Ein richtiger Mann weint nicht, Adrian Alexander.

Sei nicht so ein Waschlappen.

Du solltest lernen, für deine Taten einzustehen und endlich Verantwortung zu übernehmen.

Was soll eigentlich aus dir werden?

Findest du, deine Noten reichen aus?

Du bist ein Niemand.

Mit geschlossenen Augen spritzte er sich eine Ladung Wasser ins Gesicht, seine Fingerspitzen fanden die billigen braunen Papiertücher, und als er schließlich wieder in den Spiegel blickte, waren die Geister der Vergangenheit blassen Schatten gewichen.

Wie hatte Adrian nur dermaßen die Kontrolle verlieren können? Alles, was er sich in den letzten Jahren erarbeitet hatte. Seinen Status. Den sicheren Stand, den er im Schulbiotop besaß. Alles aufs Spiel gesetzt wegen eines Arschlochs, das es nicht einmal wert war, das ihn auf billigste Art und Weise provoziert hatte.

Die Demütigung saß tief in Adrians Knochen. Er spürte sie so deutlich, als wäre er selbst verprügelt worden.

Er dachte an die entsetzten Gesichter der anderen, den Moment der Erkenntnis. Kein Verstecken mehr. Sie hatten einen Blick auf den wahren Adrian erhascht, den er immer vor ihnen verborgen gehalten hatte.

Er war wie ein Magier, der das Geheimnis eines Zaubertricks enthüllt hatte. Die Magie war verschwunden und zurück blieb nur noch das dumpfe Gefühl, auf ein bisschen Hokuspokus und viel Show hereingefallen zu sein.

Wieder kroch Angst in ihm hoch. Doch dieses Mal war sie lauter und ließ sich nicht so einfach unterdrücken.

Adam war ins Staat-X-Krankenhaus gebracht worden, und wenn ihn nicht eine der Krankenschwestern versorgte, die extra für das Projekt eine Ersthelfer-Ausbildung absolviert hatten, dann würde sich Frau Ellwanger um ihn kümmern.

Shit.

Adrian massierte sich die Nasenwurzel. An die Konsequenzen wollte er in diesem Moment nicht denken.

Er musste handeln. Bevor jemand anderes schneller war und ihn seines Amtes enthob.

Keine fünf Minuten später betrat er den Saal, in dem sich das Parlament versammelte. Die meisten Gespräche verstummten. Lars stand vorne am Pult. Johanna, die sich mit ihm unterhielt, bemerkte Adrians Anwesenheit, denn das Strahlen auf ihrem Gesicht fiel wie ein Kartenhaus in sich zusammen.

Alle fünf Parteien waren fast vollzählig, sogar die oberen Ränge waren voll. Die Presse war auch anwesend. Die Chefredakteurin der *Neuen Zeitung*, Michelle, und jemand von der *Morgenpost X*. Michelle lächelte ihm zu, als ob sie ein Geheimnis miteinander teilten. Wahrscheinlich hatte Lars schon mit ihr gesprochen.

Adrian entdeckte Vincent und zwei jüngere Polizisten an der Tür und nickte ihnen zu. Beruhigend, jemanden aus seinem Team hier zu haben, obwohl er niemals gedacht hätte, die Wörter »Vincent« und »Team« in denselben Topf zu werfen. Immerhin war er Adams Freund.

»Du solltest nicht hier sein. Ehrlich gesagt, wundert es mich, dass du dich überhaupt noch her traust.« Johanna versuchte, ihre fehlende Körpergröße mit einer keifenden Stimmlage zu überspielen.

»Ich bin gebeten worden, vor dem Parlament über die Sabotage zu berichten.«

Johanna schnaubte abfällig, eine Augenbraue wanderte in die Höhe. »Ernsthaft? Nachdem du Adam eine reingehauen hast? Du solltest froh sein, dass er keine Anzeige stellt. Aber ich habe die Staatsanwaltschaft informiert und es wird geprüft, ob ein Strafverfahren eingeleitet werden kann, weil ein Amtsmissbrauch vorliegt.« Boshafte Genugtuung stülpte sich wie eine Maske über ihre Haut.

»Ich dachte, ich besäße als Polizeipräsident so etwas wie Immunität.«

»Nicht, wenn du Bürger aus Staat X verprügelst.«

»Touché«, sagte er mit einem bemüht charmanten Lächeln.

»Du bist in zu viele Sachen verwickelt. Erst die Wahl, dann die Zerstörung der *Büchereule* und der *TT-Bar* und nun die Geschichte mit Adam.«

Adrian bemerkte, wie Lars mit den Fingern an seiner Krawatte herumnestelte, hoffte jedoch, dass es sonst niemand sah.

»Was meinst du?«

»Du hast die Wahl manipuliert.«

Adrian lachte auf. »Findest du es nicht ein bisschen jämmerlich, dass du immer noch der Wahl hinterhertrauerst?«, fragte er Johanna. »Einer Wahl, die auch ich verloren habe? Hätte ich nicht gleich dafür gesorgt, dass ich Präsident werde, wenn ich die Wahl hätte manipulieren wollen?« Zustimmendes Nicken. »Klingt für mich, als könntest du nicht verlieren.«

Johanna schüttelte den Kopf. »Es ist einfach nur widerlich, wenn selbstgerechte Typen wie du denken, sie könnten herumlaufen und so tun, als ob ihnen die Welt gehört.«

Es war sinnlos, noch weiter mit ihr zu diskutieren, doch sie hatte recht. Schließlich hatte seine Faust nichts in Adams Gesicht zu suchen, ganz gleich, wie niederträchtig seine Worte auch gewesen waren.

»Sollen wir anfangen?«, fragte Adrian stattdessen und deutete mit dem Kinn auf die wartenden Abgeordneten, die alle neugierig ihr Gespräch verfolgten.

Johanna zuckte mit den Schultern, so, als wäre sein Schicksal ohnehin besiegelt.

Ich bin nicht geschlagen.

Seine Hände fanden das Holz des Rednerpults, das eigentlich ihren Physiklehrern als Stütze diente, und er versuchte, mit jedem Einzelnen Blickkontakt aufzunehmen. Vierzig Augenpaare schauten teils neugierig, aber auch teils gelangweilt zurück.

In kurzen, knappen Sätzen erläuterte Adrian, was in der *Büchereule* und der *TT-Bar* vorgefallen war. Die Wahrscheinlichkeit, dass beides heute noch in Betrieb genommen werden konnte, lag bei Null, und das betonte er deutlich. Ruhig sprach er von dem

Ausmaß der Wut und Zerstörung. Und dass es die Aufgabe der Polizei war herauszufinden, wer dahintersteckte, und denjenigen dingfest zu machen.

»Es geht nicht nur darum, dass jemand die beiden Geschäfte, für die ihre Besitzer hart gearbeitet haben, zerstört hat. Es geht hier darum, dass jemand versucht, Staat X zu sabotieren.« Er senkte die Stimme und wartete einen Augenblick, bis seine Worte ihre gesamte Wirkung entfaltet hatten. »Und ich frage mich, ob wir das zulassen wollen. Ob wir das zulassen dürfen. Es ist wichtig, jetzt Maßnahmen zu ergreifen, bevor es zu spät ist. Deswegen werden die Alkoholkontrollen für die Bars verschärft. Und Partys, wie sie bisher stattgefunden haben, darf es auch nicht mehr geben.«

Mittlerweile saßen fast alle aufrecht auf ihren Stühlen.

»Wir sind auf uns alleine gestellt. Keine Lehrer, die sich einmischen, kein Schuldirektor, der das Projekt womöglich abbrechen würde. Dies ist unsere Chance zu zeigen, dass wir in der Lage sind, gute Politik zu betreiben. Und deswegen ...«, schloss Adrian, »... möchte ich die Gelegenheit nutzen und das Parlament darum bitten, zusätzliche Polizeikräfte einzustellen. Fünfzehn weitere Beamte, die Patrouille gehen können, um Stände und Geschäfte zu bewachen und allgemein die Sicherheit des Staates zu schützen. Einen Teil würde ich aus den Mitarbeitern der *TT-Bar* rekrutieren, um ihnen wieder eine Aufgabe zu geben, den anderen Teil stelle ich mit arbeitslosen Mitbürgern ein. Dafür müssen wir bloß ein paar finanzielle Mittel lockermachen.«

Adrians Blick schweifte über die Köpfe seiner Mitschüler hinweg. Ein paar von ihnen, allen voran Johanna und ihr Freundeskreis, schauten skeptisch, fast ein wenig angepisst, aus der Wäsche. Drei Mädchen, die ganz offensichtlich auf Adam standen, ebenfalls. Die anderen hingegen wirkten so, als würde ihnen sein Vorschlag gefallen.

»Ich glaube, wir befinden uns auf einem völlig falschen Weg. Mehr Polizei bedeutet nicht gleich mehr Sicherheit. Das sieht man ja in der Realität auch«, sagte Anna-Maria, die Parteivorsitzende der DLP, Die Linke Partei, und seine Ex-Mitkandidatin um das Präsidentenamt.

Anna-Maria war eine gute Rednerin, überlegt und mit logischen Argumenten, Debattierclub und Ethikdiskussionen sei Dank. Doch Adrian wusste, dass die Opposition viel weniger Sitze innehatte. »Das ist nicht die Art von Staat, den wir führen wollen. Ein Polizeistaat. Normalerweise sind wir doch so laut, wenn es um Gerechtigkeit und Ungerechtigkeit geht«, fuhr sie mit ruhiger Stimme fort. »Jetzt haben wir die Chance, auch zu zeigen, dass wir es anders machen können, und nicht auf die populistischen Reden hereinfallen. Angst ist ein sehr starkes Mittel. Lasst euch davon nicht einfangen.«

Nachdem ihre Redezeit vorüber war, übernahm eine Abgeordnete der Liberalen Volkspartei das Rednerpult. »Wir haben jetzt noch drei Tage in Staat X. Und die Gefahr ist real. Adrian hat recht. Jemand möchte unser Projekt sabotieren. Das müssen wir verhindern. Deswegen plädiere ich für den Antrag.«

Zustimmendes Gemurmel erhob sich. Ein siegessicheres Lächeln kroch auf Adrians Lippen, unecht und doch so überzeugend, dass niemand es anzweifeln würde.

Eines war sicher: Adrian Dennenberg war zurück.

LARA

Auf dem Schulhof duftete es nach frischen Waffeln. Doch die Stimmung war getrübt. Es schien, als hätten die Zerstörungen allen ein wenig Angst gemacht.

In diesem Moment entdeckte Lara Vincent und ihr Herz geriet ins Stolpern. Den Kopf abgewandt lehnte er an der Mauer der Sporthalle, keine fünf Meter von den Türen entfernt, und rauchte eine Zigarette. Die schwarze Uniform stand ihm gut, verlieh ihm eine Aura von Macht. Dadurch wirkte er anders, etwas ernster, etwas stärker.

Eigentlich mochte sie den anderen Vincent, den etwas schüchternen, den etwas ruhigeren, beinahe lieber.

Dieser hier war ... so seriös. Unnahbarer.

»Hey. Hast du Pause?«, fragte Lara und stellte sich neben ihn, das Gesicht der Sonne zugewandt.

Vincent hob das Kinn und dieses schiefe, selten erblickte

Lächeln schraubte an seinen Mundwinkeln, doch auf halber Strecke blieb es stecken, als wäre es die Mühe nicht wert.

»Hi. Ja.« Er nahm noch einen Zug. Schweigen füllte die Zeit. Sein Blick fiel auf die Kamera, die um Laras Hals baumelte. »Bist du beruflich hier?«

Sie errötete und ärgerte sich darüber. »Eigentlich ja. Aber ich freue mich, dich zu sehen«, fügte sie hinzu. »Sag mal, hast du ein paar Minuten für mich?«

Vincent nickte und blickte sie an. Lange. Intensiv. In Laras Bauch sammelten sich winzige Seifenblasen.

Sie nahm seinen Arm und zuckte fast zurück, als sie ein leichter elektrischer Schlag traf.

»Kannst du mir etwas zu euren Ermittlungen sagen? Zur Sabotage?«, platzte es schließlich aus ihr heraus, weil sie ihm nicht zeigen wollte, was eine einzige Berührung in ihr auslöste. Außerdem erschien ihr die Gelegenheit günstig. »Ich könnte ein paar Insiderinformationen für meinen Zeitungsartikel wirklich gut gebrauchen.«

Es war nur eine kleine Frage, aber man konnte ihm ansehen, wie sehr sie ihn traf. Als hätte sie etwas Falsches gesagt.

»Du glaubst, du bekommst einfach so Informationen von mir?« Vincent klang gekränkt. Und irgendwie … frustriert.

Kopfschüttelnd wandte er sich zum Gehen, die Enttäuschung stand ihm auf die Stirn geschrieben und Laras Herz protestierte panisch. Blitzartig schnellte ihre Hand nach vorne, um ihn aufzuhalten.

»Warte!« Fingerspitzen gruben sich in den dunklen Saum seines Shirts. Vincent senkte den Blick auf ihre Hand, hob die

Brauen und Lara ließ ihn so hastig los, als hätte sie sich an ihm verbrannt.

»Nein, so war das nicht gemeint«, versuchte sie, sich zu verteidigen. »Meine Redakteurin hat gemeint, dass es gut sei, an Insiderinformationen zu gelangen …«

»Und da dachtest du, nutze ich meine neu geknüpften Kontakte und frage einfach mal Vincent. Der wird mir schon helfen. Ist das vielleicht der Grund, warum du dich mit mir abgibst?« Seine Züge verhärteten sich immer mehr.

Lara versuchte zu lachen, aber sie hörte selbst, dass es wie Werbung für eine Glückspille wirkte. Aufgesetzt, nicht echt. »Ist das eine ernst gemeinte Frage?«

»Eigentlich schon.«

Die Unsicherheit in ihr verwandelte sich in Enttäuschung. Und dann in noch etwas anderes. Wut vielleicht?

»Du denkst wirklich, ich verbringe Zeit mit dir, weil ich an ein exklusives Interview herankommen will, an supergeheime Insiderinformationen, die mir keiner der anderen Polizisten geben könnte?«

»Ich weiß ehrlich gesagt nicht, was ich denken soll. Du kreuzt hier auf und stellst mir diese Fragen.«

»Weil es mein Job ist«, knurrte Lara und warf frustriert die Arme in die Luft. Vincent trieb sie gerade wirklich zur Weißglut. »Aber es tut mir leid, wenn ich dir damit irgendwie auf den Schlips getreten bin.«

»Okay.«

Aber sie war noch nicht fertig. »Es ist ja nicht so, dass ich als diejenige, die quasi die *Büchereule* zerstört aufgefunden hat, eigentlich die viel bessere Quelle wäre. Die letzten Tage habe ich selbstverständlich auch nur aus rein taktischen Gründen mit dir verbracht und bestimmt nicht, weil ich so viel Spaß dabei hatte.«

»Wow«, sagte er. Sein Kehlkopf sprang auf und ab, als er schluckte.

»Und das ist alles, was dir dazu einfällt? *Wow?*«

Komischerweise war sie selbst über ihre Reaktion überrascht, denn normalerweise hätte sie ihren Ärger einfach heruntergeschluckt, ignoriert und vergraben.

Aber Vincent war ihr wichtig.

»Ja, *Miss Fluent Sarcasm*«, sagte er. »Das ist alles, was mir dazu einfällt.«

Es dauerte einen Moment, bis Lara kapierte, worauf er anspielte – ihr T-Shirt. Sie hatte es in einem kleinen Thrift Shop in Hamburg entdeckt, eine perfekte Ergänzung zu ihren zahlreichen Sprüche-Shirts, die mittlerweile ein Zuhause in ihrem neuen Kleiderschrank gefunden hatten.

»Ich hatte heute nur schon genug Ärger mit nervigen Journalisten.«

»Es ist unser Job.«

»Ja, ich weiß.« Er schüttelte den Kopf. »Trotzdem nervt es. Wir machen auch nur unsere Arbeit, da ist diese ständige Fragerei einfach hinderlich.«

»Wir könnten doch zusammenarbeiten.«

Jetzt musste Vincent lachen. Es war ein komisches Lachen, erst ein bisschen unsicher, dann befreiter, als würde er sich über sich selbst wundern. Als hätte er sich vorgenommen, an diesem

Tag nicht mehr zu lachen, um dann doch seinen eigenen Schwur zu brechen.

»Meinst du das ernst?«

»Na klar.« Lara verschränkte die Arme vor der Brust. »Wir müssen nicht auf unterschiedlichen Seiten stehen.«

Plötzlich drohte die Stimmung zwischen ihnen wieder zu kippen, es lag deutlich in der Luft. Vincent schwieg und seufzte dann. »Ich glaube, das ist nicht so einfach«, meinte er schließlich ausweichend.

»Und weshalb?«

»Ich möchte meinem Team treu sein.«

Lara nickte. Eigentlich verstand sie ihn sogar ganz gut. Ihr ging es schließlich nicht anders.

»Okay.«

»Okay?«

»Ja. Ich kann das total nachvollziehen.«

Die dunklen Wolken verschwanden schlagartig aus Vincents Zügen, er grinste erleichtert.

Ein dunkelhaariges Mädchen, das Lara an die hübsche Schauspielerin aus *Die Geisha* erinnerte, steckte ihren Kopf aus der Tür der Turnhalle heraus.

»Bist du wegen der Pressekonferenz da?«

»Ja«, erwiderte Lara.

»Dann solltest du dich beeilen, wir fangen nämlich gleich an«, sagte das Mädchen und verschwand wieder.

»Also wenn du an Insiderinfos herankommen willst, ist Quynh-Anh deine Frau. Aber ich an deiner Stelle, würde mich beeilen. Sie wartet nämlich nicht gerne.«

Vincent lächelte wieder, schief und ehrlich, was die Schmetterlinge von gestern Nacht wieder erwachen ließ, während er ihr die Tür aufhielt.

Als Lara die Turnhalle betrat, Vincents Nähe im Rücken spürend, hatte sie endlich das Gefühl, dass nach all dem Drama der Tag doch noch eine gute Wendung nehmen würde.

VINCENT

Ausnahmsweise war Vincent zufrieden mit sich. Der Gedanke an Adam war in den Hintergrund gerückt, die Konturen seiner Präsenz nahmen ab, wurden schwächer.

Auf dem Weg zur Versammlung alberten Lara und er herum. Wortgefechte, die ihn weiter von Adam entfernten, ihn näher zu Lara zogen.

Quynh-Anh führte sie in die Turnhalle. Die vollen Lippen zierte das immer gleiche angedeutete Lächeln. Vincent wusste, dass jedes männliche Wesen, bei dem die Pubertät bereits eingesetzt hatte, gerne etwas mit ihr gehabt hätte. Er hatte die Jungs oft genug darüber fantasieren hören. In der Raucherecke, in der Umkleide des Schwimmbads, auf Partys. Aber sie machten sich nur lächerlich. Quynh-Anh hätte niemals was mit einem Typen aus ihrer Stufe angefangen, dafür war sie viel zu konservativ erzogen worden.

Dieses Mal nahm Vincent sie jedoch kaum wahr, denn sein Blick haftete auf Laras entwaffnendem Lächeln und er musste sich zusammenreißen, damit er nicht debil grinsend neben ihr herlief. Sie hatte etwas an sich, das ihn entmachtete. Vielleicht war es ihre Ehrlichkeit. Genau das, was Vincent bei Adam die letzten Jahre vermisst hatte, schließlich bestand vieles von dem, was sein Freund sagte, aus Spielchen.

Nun war er Teil der Polizei, Teil von etwas Größerem, selbst wenn das vielleicht nicht wirklich echt war. Nur Staat X, ein Schulprojekt. Aber es fühlte sich echt an. Und Lara hatte angefangen, an dieser neuen Zugehörigkeit zu kratzen.

Sie stand auf der anderen Seite. Sie war Journalistin.

Quynh-Anh führte sie in einen abgetrennten Teil der Sporthalle, wo in drei Reihen Turnbänke aufgestellt worden waren. Glücklicherweise waren die Glasfenster abgedeckt, weswegen es ausnahmsweise nicht ganz so warm war. Es roch nach Gummisohlen und geschrubbten Umkleidekabinen. Mehrere Schüler hatten bereits Platz genommen und Vincent erkannte Stifte, Notizblöcke und Handys in ihren Händen. Augenscheinlich die Journalisten-Fraktion.

Auf der gegenüberliegenden Seite, dort, wo üblicherweise die Utensilien für den Sportunterricht untergebracht waren, entdeckte er seine Kollegen von der Polizei. Wie Wasser und Öl hatten sich die jüngeren Schüler von den älteren getrennt und ein paar von ihnen nickten Vincent respektvoll zu, sobald sie ihn erblickten.

»Sehen wir uns später?«, fragte er Lara.

Sie schenkte ihm ein aufrichtiges Lächeln, eines von jener

Sorte, das hoffentlich nicht jeder zu Gesicht bekam. »Bis später«, flüsterte sie und suchte sich einen freien Platz.

Vincent positionierte sich etwas abseits des improvisierten Rednerpultes, wo Quynh-Anh gerade Stellung bezog. Dabei fiel ihm auf, dass er Adrian nirgendwo entdeckte.

»Schön, dass ihr so zahlreich erschienen seid. Dies ist unsere erste Pressekonferenz der Polizei in Staat X. Für alle, die es noch nicht wissen: Mein Name ist Quynh-Anh und ich bin die Ansprechpartnerin für alle presserelevanten Themen. Also falls ihr in Zukunft Fragen zu Ermittlungen oder Ähnlichem habt, wendet euch bitte an mich und nervt nicht die Polizisten, die sollen nämlich ihren Job machen.« Sie lächelte nervös in die Runde. »Gut, das war es auch schon mit meiner kleinen Einführung. Zum Sachverhalt der beiden zerstörten Läden.« Räuspernd zog sie ein Blatt Papier hervor und begann, von ihren Notizen abzulesen. »Zum einen wurde die *Büchereule* im Erdgeschoss des Nebengebäudes, Raum 17, auseinandergenommen, ebenso wie die *TT-Bar* im Erdgeschoss des Hauptgebäudes, Raum 06. Die Polizei hat die Ermittlungen aufgenommen und untersucht den Fall. Bisher gibt es noch keine Anhaltspunkte. Irgendwelche Fragen?«

Ruckartig schossen ein paar Hände in die Höhe und Vincent verschränkte die Arme vor der Brust. Anscheinend hatten alle hier zu viele Filme gesehen.

Hinter ihm öffnete sich eine Tür und er vernahm das Quietschen von Sportschuhen auf dem Hallenboden. Als er sich umdrehte, stockte ihm der Atem.

Offenbar hatte Adrian schnell gehandelt. Er spazierte in die Turnhalle, umgeben von einem Pulk uniformierter Polizisten, die er gerade erst rekrutiert haben musste: Felix, Kemal und seine anderen Freunde. Dahinter erschien eine Gruppe von Jungs, mit denen Vincent eigentlich nie etwas zu tun hatte. Nur mit zwei von ihnen, Jonathan und Maxim, war Adam bereits mehrmals aneinandergeraten, blauem Auge inklusive. Die anderen, nicht weniger drahtig und ebenfalls Sportfreaks, verzogen keine Miene, als sie sich näherten. Waren sie nicht eigentlich als Sicherheitsmänner in Staat X gestartet?

Vincents Blick traf auf Nils' durchdringendes stahlblaues Augenpaar und wo normalerweise Nichtachtung gefolgt wäre, tauchte jetzt ein kurzes Nicken auf. Selbst sein verbissener Mund verzog sich, mit viel Wohlwollen, zu einem Lächeln.

Er blinzelte. *Was zur Hölle?*

Natürlich. Sie gehörten jetzt zusammen. Sie waren beide ein Teil der Polizei, etwas, das augenscheinlich alte Feindschaften und Streitigkeiten aushebelte.

Die Aufmerksamkeit des gesamten Publikums war aber nicht auf die Jungengruppe, sondern auf Adrian gerichtet. Ein paar Journalisten riefen laut seinen Namen. Adrian machte eine beschwichtigende Geste, als ob er blökende Schafe beruhigen wollte. Es zeigte Wirkung. Tatsächlich setzten sich alle artig wieder auf ihre Plätze, hoben der Reihe nach die Hände.

Als Adrian ans Pult trat, dachte Vincent an die Rede zurück, die er vorhin vor dem Parlament gehalten hatte. Plötzlich lag die Erkenntnis auf der Hand.

Adrian Dennenberg war vielleicht nicht zum Präsidenten von Staat X gewählt worden. Aber er war im Begriff, sich auf andere Weise zu nehmen, was ihm zustand.

Seltsamerweise wusste Vincent nicht, ob er das so schlecht fand. Schließlich war er selbst ein Teil davon, mittendrin. Die Polizeitruppe gab ihm Halt, Sicherheit. Er fühlte sich zu Hause, angekommen.

Nicht mehr wie ein Versager, sondern zum ersten Mal hatte er das Gefühl, wirklich etwas bewirken zu können.

ADRIAN

Die Gitterstäbe des Kellerraums waren perfekt. Kaum größer als eine Schokoladentafel. Selbst Feliza, die Polizistin aus der achten Klasse, die er für den heutigen Vormittag als Quynh-Anhs Assistentin abkommandiert hatte, würde nicht hindurchpassen. Auf der Treppe zur Turnhalle erklang ein Poltern, mehrere Schritte, die wie Gewehrschüsse auf den Stufen nachhallten.

Nils schob sich als Erstes in Adrians Blickfeld, was nicht sonderlich schwer war, denn er war mit seiner hochgewachsenen Gestalt und den breiten Schultern, die er regelmäßig im Fitnessstudio trainierte, nicht zu übersehen. Ein Schrank aus Muskelmasse, gegen den selbst der Bluthund aus *Game of Thrones* wie ein dünnes Strichmännchen wirkte.

Adrian nickte ihm zur Begrüßung zu.

Maxim, Jonathan und die anderen Sportler folgten, versammelten sich in der mittleren der vier Gefängniszellen, bis Adrian das Gefühl beschlich, zusammen mit all den bulligen Jungs in einer Konservendose zu stecken. Es war einfach gewesen, sie als Polizisten zu rekrutieren. Sie hatten sofort zugestimmt, ohne viel Überzeugungsarbeit.

Felix und Kemal huschten als Letzte in den spärlich beleuchteten Raum hinein, dessen einzige Lichtquelle aus der Lampe auf dem Holztisch, der mit zwei einfachen Stühlen bestückt war, bestand. Vincent hielt sich etwas abseits, die Arme vor der Brust verschränkt, die Schultern unbehaglich hochgezogen, was höchstwahrscheinlich an ihrer Umgebung lag. Nicht am Team.

Adrian zog langsam das Papier aus seiner Hosentasche hervor und zeigte es in die Runde. Er ließ sich Zeit dabei, wartete, bis alle ihm ihre ungeteilte Aufmerksamkeit schenkten. Selbst Maxim, der normalerweise seine Finger pausenlos über sein Smartphone wandern ließ, machte keine Anstalten, es zu benutzen.

»Das ist unser Haftbefehl.« Er schloss sie alle mit ein. *Unser Haftbefehl.* Sie waren ein Team. Eine Einheit. »Ich bin froh, dass ihr euch bereit erklärt habt, der Polizei zur Seite zu stehen und für die Sicherheit in Staat X zu sorgen.« Sein Blick glitt über die Neuen, blieb an den im Schatten liegenden Gesichtern haften.

»Haftbefehl für wen?«, fragte Maxim mit tiefer Stimme, die an eine schlechte Batman-Imitation erinnerte.

»Sebastian Kießling und Tarek Zerkaj.«

»Basierend worauf?«

»Sie machen die ganze Zeit schon Ärger. Außerdem hat Sebastian mich bedroht, als er gestern im Gefängnis saß«, erwiderte Adrian ruhig. »Wir müssen Stärke demonstrieren, zeigen, dass die Sabotage eine einmalige Sache war. Wir sind diejenigen, von denen das Projekt abhängt. Sollten wir versagen, versagt der ganze Staat. Denn dadurch gewinnen ein paar Idioten die Oberhand, führen uns vor und beweisen, dass sie sich in Staat X benehmen können, wie sie wollen. Nur weil wir die Lage nicht im Griff haben. Das muss sich ändern.« Er setzte eine bewusste Pause, hob abermals den Haftbefehl. »Dieses Schreiben ist der Schlüssel dazu. Der Anfang.«

Sein Blick blieb an Jonathan hängen. Ein Muskel seines kantigen Kiefers zuckte. In seinen Augen stand ein anerkennendes Funkeln, flüchtig, beinahe unmerklich nickte er Adrian zu.

Seine Worte drangen zu ihm durch. Sehr gut.

»Ich brauche sechs Polizisten, die gemeinsam die Verhaftung der zwei Tatverdächtigen durchführen.«

Mehrere Hände schossen in die Luft, Adrian blickte in entschlossene Mienen und spürte, wie seine Mundwinkel in die Höhe schlichen.

Es kann losgehen.

Als sie wenig später zu siebt die *Spielhölle* betraten, schlug ihnen eine Wand aus Grasgeruch entgegen. Seit der ersten Verhaftung und dem Ärger, den sie kassiert hatten, war der Eintritt in die *Spielhölle* jedem gestattet. Die Polizisten waren in Uniform gekleidet und bildeten zwei Dreierketten mit Adrian als Vorhut.

Ein Gefühl von Macht durchströmte ihn, ließ den Zwischenfall mit Adam verblassen. Er fühlte sich befreit. Wieder ganz er selbst, nur viel stärker. Anders. Als ob ihm nichts etwas anhaben könnte.

Das erste Mal in seinem Leben ertappte er sich bei dem Gedanken, dass sein Vater recht haben könnte. Jemand zu sein, war bedeutend. Der Gedanke war erschreckend und verlockend zugleich, eine stumme Verheißung.

Er war kein Niemand.

Er war Adrian Dennenberg.

Dann hob er die Hand und blieb stehen. Der Grasgeruch klebte wie ein Kaugummi an seiner Nase. Es war, als wären sie mitten in Amsterdam gelandet. Aus irgendwelchen Boxen drang Hip-Hop-Musik, der Bass brachte die Wände des Aufenthaltsraums zum Wackeln. Rauch und Dunkelheit rangen um die Vorherrschaft, denn die zugezogenen Vorhänge versperrten Licht und Hitze den Einlass. Nur ein einzelner Sonnenstrahl bahnte sich seinen Weg durch einen Schlitz und erhellte einen Glastisch, auf dem mehrere Bierflaschen standen.

Volltreffer.

Adrians Hand tastete nach dem Haftbefehl in seiner Hosentasche. Dieser würde nun nicht länger nötig sein.

Noch hatte niemand ihre Anwesenheit bemerkt.

Kemal warf Adrian einen wissenden Seitenblick zu. »Sollen wir alle festnehmen?«

Adrians Kopfschütteln war Ansage und Machtwort zugleich. Sie waren nicht deswegen gekommen. Aber vielleicht könnten sie die Dummheit dieser Idioten zu ihrem Vorteil nutzen.

Kemal nickte, gleichgültig und kühl. Auch die anderen Polizisten, allen voran Maxim und Jonathan, machten den Eindruck, als wäre mit ihnen nicht gut Kirschen essen.

Insgesamt zählte Adrian elf Personen im Raum. Alle männlich. Alle am Zocken. Die Ältesten waren eine Stufe unter ihm.

Über die Fernsehbildschirme, die sie überall aufgebaut hatten, flimmerten die unterschiedlichsten Spiele. Lautstark feuerten sie sich gegenseitig an, Schlachtrufe und nervtötendes Grölen erklangen.

Adrians Blick fischte nach den beiden gesuchten Jungs. Wie das Schicksal es wollte, saßen sie sogar nebeneinander.

In ihm herrschte eine Energie wie kurz nach einem Blitzschlag. Eine gespannte Stille, die darauf wartete, von Donner zerrissen zu werden.

Adrian gab seinen Polizisten ein Zeichen. Maxim marschierte auf die Anlage zu, während Jonathan sich um die Vorhänge kümmerte. Licht flutete den Raum, empörte Ausrufe ertönten, doch niemand machte sich die Mühe, sich nach der Ursache umzuschauen.

»Sebastian Kießling und Tarek Zerkaj?«, fragte Adrian so laut, dass ihn alle hören mussten. Dann trat er auf die Gesuchten zu. Kemal und Nils spürte er an seiner Seite. Sie standen direkt neben ihm.

Die beiden Jungen aus der Zehnten schauten von dem Bildschirm auf. Sobald sie Adrian und die anderen Polizisten erblickten, wich alle Farbe aus ihren Gesichtern.

Auch die anderen unterbrachen ihre Spiele und drehten sich interessiert zu ihnen um.

In diesem Augenblick verstummte die Musik. Hastig wurden gerollte Joints zwischen die Sofapolster geschoben, was Adrian mit hochgezogenen Augenbrauen zur Kenntnis nahm.

»Spart euch die Mühe«, sagte er, als die Jüngsten im Raum mit Unschuldsmienen die Bierflaschen außer Reichweite stellten. Sie sahen aus, als hätte ihre Mutter sie beim Masturbieren erwischt. Unter anderen Umständen hätte ihm der Anblick ein Lächeln abverlangt.

»Ihr seid hiermit vorläufig festgenommen.«

»Was? Warum?«, stieß Sebastian aus, schob die Brille auf seiner Nase höher, während Tarek neben ihm den Anschein erweckte, als würde er sich am liebsten Frodos Ring anstecken. »Wir haben überhaupt nichts gemacht!«

Adrians Augenbrauen rutschten noch ein Stückchen weiter in die Höhe. »Ach nein? Und was ist mit den Drogen und dem Alkohol?«

Tarek schrumpfte wie ein Luftballon, aus dem man plötzlich die Luft herausgelassen hatte, doch Sebastian sprang wütend vom Sofa auf.

»Ist das dein Ernst? Ihr habt doch das verdammte Zeug auf der Party gehabt! Ihr habt Tarek doch bestochen, das Zeug durchs Warenlager zu schmuggeln …« Anklagend deutete er auf Kemal, dann auf Maxim und die anderen Sportler, die keine Miene verzogen.

»Ich weiß nicht, wovon du sprichst. Soweit ich weiß, herrscht in Staat X strenges Verbot von Alkohol. Von dem Gras mal ganz zu schweigen.«

»Auf der Party ist es in Ordnung und hier nicht, oder was?« Eine Ader auf seiner Schläfe pulsierte vor Wut. »Das ist doch Bullshit!« Sebastian unterstrich seine Worte mit entsprechenden Gesten. »Was spielt ihr euch eigentlich so auf?«

»Ihr schafft es nicht mal, euch eine Woche lang an Regeln zu halten«, antwortete Adrian, ohne auf seine Frage einzugehen.

»Regeln? Welche Regeln? Wir haben ein bisschen Spaß, na und? Holt mal den Stock aus eurem Arsch!«

Jetzt wurde Adrian doch wütend, was aber nicht auf seine Tonlage abfärbte. Im Gegenteil. Seine Stimme wurde gefährlich leise. Denn er hatte einen guten Lehrer in seinem Vater gehabt. »Ihr verstoßt nicht nur gegen die Gesetze von Staat X, sondern auch gegen die Schulordnung. Und jetzt widersetzt ihr euch der Verhaftung, obwohl ihr eine Straftat begangen habt? Ich gebe euch noch eine Chance … Kommt einfach mit und die Sache geht friedlich aus.«

In Sebastians dunkelblauen Augen blitzte es nervös auf, während er mit dem Handrücken seine Brille zurechtrückte. »Warum nehmt ihr den Scheiß eigentlich so ernst? Das ist nur ein dämliches Projekt!«

Fast hatte er ihn. »Heißt das, du nimmst es nicht ernst?«

»Was? Natürlich nicht!« Sebastian sah ihn an, als wäre er total bekloppt. »Warum sollte ich? Ich bin froh, wenn diese dämliche Woche vorbei ist.«

Erst jetzt raffte er, dass Adrian ihm eine Falle gestellt hatte, doch es war zu spät. Seine Augen weiteten sich vor Überraschung, ein Laut drang über seine Lippen und sein Blick sprang zu den restlichen Polizisten, die sich wie eine schwarze Mauer um sie versammelt hatten.

»Moment, Moment …« Sebastian riss die Hände in die Luft, stolperte einen Schritt nach hinten. »Ihr glaubt doch nicht, dass Tarek und ich etwas mit der Sabotage zu tun haben? Ich schwöre, damit haben wir nichts am Hut!«

»Ich fürchte, du hast uns eben eine Bestätigung für den Haftbefehl geliefert. Nehmt ihn fest, dann können wir ihn in Ruhe weiterverhören.«

»Hey!« Sebastians Stimme überschlug sich, als Maxims Arm vorschnellte und nach ihm griff. »Fass mich gefälligst nicht an! Das könnt ihr doch nicht machen!«

Adrenalin schoss durch Adrians Körper, als Sebastian sich duckte und zum Schlag ausholte. Die anderen Jungs waren aufgesprungen und stürzten sich wie Raubtiere nach vorne, direkt auf seine Truppe zu.

Plötzlich ging es ganz schnell.

Zwei Polizisten gingen zum Angriff über. Es knallte. Glas zersplitterte. Körper wurden an die Wand gedrückt.

Wie wild begann Adrians Herz zu schlagen, als er sich umdrehte und das Chaos sah. Da kassierte er einen Fausthieb. Von links und völlig unvermittelt. Vor seinen Augen tanzten Sternchen, er fuhr taumelnd herum.

»Scheiß Polizei!« Ein Zehntklässler spuckte vor ihm auf den Boden. »Ihr Idioten nehmt euch genauso wichtig wie die da draußen!«

Adrian holte aus und schlug zu. Das Blut rauschte in seinen Adern und er spürte Wut in sich auflodern. Sie machten nur ihre Arbeit, verdammt!

Mit einem Knurren hechtete der Junge in seine Richtung und Adrian holte wieder aus, dieses Mal zielsicherer. Dumpf traf seine Faust auf den Oberarm des Zehntklässlers, der vor Schmerzen aufheulte und schützend die Arme vors Gesicht riss.

»Handschellen!«, rief Adrian, griff nach dem Arm des Jungen und drehte ihn auf den Rücken, damit dieser sich nicht mehr wehren konnte. Nils, der selbst jemanden festgenommen hatte, holte die provisorischen Handschellen heraus. Rosa. Aus Plüsch. Aber sie erfüllten ihren Zweck.

Eigentlich war Adrian davon überzeugt gewesen, sie niemals benutzen zu müssen, jetzt dankte er Stephan im Stillen dafür, dass dieser die Handschellen in einem Online-Portal bestellt und an das Warenlager hatte liefern lassen.

»Scheiße! Das tut weh! Lass mich los!« Kemal hielt Sebastian gefangen. Sein Griff war eisern, so fest wie ein Schraubstock. Das wusste Adrian nur zu gut, denn sein Freund hatte ihn oft genug in den Schwitzkasten genommen.

»Das ist Polizeigewalt! Das geht zu weit!«

»Halt die Klappe, Kießling! Hättet ihr uns nicht angegriffen, hätten wir uns nicht wehren müssen.«

Krachend ging Sebastian zu Boden, als Kemal und Maxim ihn unter sich festnagelten, und sein Schrei war so laut, dass die anderen zusammenzuckten. Tarek hingegen ließ sich wortlos die Hände auf den Rücken drehen. Adrian las Resignation in seinen Zügen. Weitere rosafarbene Handschellen klickten, Adrians Finger fuhren vorsichtig über die pochende Stelle in seinem Gesicht. Das würde einen üblen blauen Fleck geben.

Ein triumphierendes Gefühl stieg in ihm auf, als sobald sie die *Spielhölle* verließen. Die Gefangenen gingen alle in einer Reihe, schweigend und mit hängenden Köpfen. Zwei oder drei von ihnen warfen ihm feindselige Blicke zu.

Doch keiner von ihnen wehrte sich mehr.

Ihre Mienen sprachen Bände, als sie von den Polizisten abgeführt wurden. Vor den Augen der gesamten Schule.

Köpfe lugten aus Fenstern und die Waffelverkäuferin stand mit offenem Mund da, als sie an ihr vorbeimarschierten.

Die anderen hatten keine Chance gehabt.

Obwohl die Polizei in der Unterzahl gewesen war.

Aber sie hatte das Gesetz auf ihrer Seite.

MELINA

»Adrian Dennenberg muss richtig eine kassiert haben, das sieht ziemlich übel aus.«

»Ja, aber die anderen auch! Ich finde es gut, dass sie mal was gemacht haben. Diese Idioten haben die ganze Stimmung runtergezogen.«

Melina verhielt sich still und tat, als würde sie schlafen, während sie das geflüsterte Gespräch der beiden Mädchen belauschte, die drei Betten weiter lagen. Es war dunkel, nur durch einen kleinen Spalt zwischen den Vorhängen drang Mondlicht herein.

»Die Polizei sollte ruhig etwas mehr Macht bekommen.«

»Wieso das denn?«

»Na ja, ich fühle mich so einfach sicherer.«

»Hast du nicht gesehen, wie die sich aufspielen? Als würde ihnen Staat X gehören.«

»Ich finde das gut so.«

»Du bist seltsam. Sei doch froh, dass wir in einer Demokratie leben und alle Freiheiten genießen. Da müssen sie ein paar Andersdenkende nicht gleich so angreifen.«

»Die haben sich aber dermaßen danebenbenommen. Ich finde, sie schmoren zu Recht im Gefängnis.«

»Sie sind heute Nacht noch im Gefängnis?«

»Ja«, flüsterte das Mädchen, das eindeutig für strengere Regeln war. »Feliza arbeitet doch bei der Polizei. Sie hat es mir erzählt.«

»Oh Mann, wie schrecklich! Wegen ein bisschen Kiffen und Alkohol? Das war doch sonst nie ein Problem.«

Die andere schnaubte. »Sonst führen wir auch keinen Staat. Er kann nur funktionieren, wenn alle mitmachen.«

»Aber er ist nur so stark wie sein schwächstes Mitglied«, erwiderte das erste Mädchen und Melina stimmte ihr insgeheim zu. »Deswegen ist es wichtig, dass wir uns umeinander kümmern und gegenseitig tolerieren. Sonst können wir es gleich wie die Eskimos machen und die Alten auf eine Eisscholle setzen.«

»Das gibt es wirklich? Aber wir haben doch gar keine Rentner in Staat X ...«

»Metaphorisch gesprochen.«

Dann wechselten sie das Thema und wenig später verstummte ihr Gespräch völlig, während Melina noch wach lag und keinen Schlaf fand. Ihr Blick wanderte zu Olga, deren Bärchen-Schlafanzug trotz des schlechten Lichts zu erkennen war. Sie schlief mit einer Schlafmaske auf der Nase, darauf zwei große Augen, die Melina anstarrten.

Alle anderen im Schlafraum hatten bereits ihr Licht gelöscht und leise, gleichmäßige Atemzüge drangen bis zu ihr. Sie lag auf dem Rücken und scrollte durch die Staat-X-Nachrichten. Es war interessant zu sehen, wie unterschiedlich die beiden Zeitungen die Verhaftung der Betreiber der *Spielhölle* sahen.

»Hartes Durchgreifen der Polizei sorgt für Aufsehen« titelte die *Morgenpost X*. Laras Zeitung. Der Artikel setzte sich kritisch mit der Polizeiarbeit auseinander, analysierte die Erkenntnisse und beleuchtete alles etwas nachdenklicher. Genauso wie die Arbeit der Regierung, die wohl der Polizei gewisse Freiheiten gelassen hatte.

Die *Neue Zeitung* sang ein einziges Loblied auf die Regierung und die Polizei, bezeichnete die Verhafteten als Randalierer und Terroristen, schob die Schuld in ihre Schuhe.

Es war *das* Gesprächsthema. Für morgen hatte das Parlament sogar eine Sondersitzung einberufen.

Nachdenklich biss sich Melina auf die Unterlippe, überflog die anderen Nachrichten und grinste, als sie eine Hochzeitsanzeige las.

Anschließend schaltete sie die Taschenlampenfunktion ein und schlich sich auf Zehenspitzen aus dem Schlafraum, um noch einmal aufs Klo zu gehen.

»Du solltest hier nicht so alleine durch die Gänge schleichen. Man weiß nie, wer einem begegnet.«

Jemand lachte.

Melina fuhr auf dem Absatz herum, versuchte, in den Schatten der Nacht jemanden auszumachen. Die Stimme war dunkel und tief und drang bis in ihre Bauchmitte vor – auf eine angsteinflößende Weise.

»Wer ist da?«, fragte sie leise, zu ängstlich. Plötzlich schlug ihr das Herz wummernd in der Brust.

»Es ist Nachtruhe.«

Zwei Polizisten aus der Oberstufe kamen ihr hinterher. In ihren Uniformen und mit einem düsteren Ausdruck auf dem Gesicht wirkten sie nicht wie zwei freundliche Helfer.

»Ich wollte nur kurz ins Bad.«

»Alles klar.«

Melina setzte ihren Weg fort. Spürte ihre Blicke wie Nadelstiche im Nacken. Als sie wenig später wieder auf dem Rückweg war, traf sie erneut auf die beiden Polizisten. Einer von ihnen hatte ein geschwollenes Auge, was ziemlich übel aussah. Nils.

»Ist was?«, fragte er mit grimmiger Miene, als sie nicht anders konnte, als ihn anzustarren. Beinahe unmerklich zuckte Melina bei seinem rauen Tonfall zusammen.

»Nein ... nein«, murmelte sie und eilte rasch davon. Ihr Herz raste plötzlich wie wild in der Brust, verknotete ihre Zunge, und als sie wieder in ihren Schlafsack kroch, konnte sie lange Zeit kein Auge zumachen.

Kurz überlegte sie, Olga zu wecken, dann kam sie sich albern vor. Wegen was genau sollte sie ihre Freundin eigentlich wecken?

Es war ja nichts passiert.

VINCENT

Schon als Vincent heute Morgen unter der Dusche gestanden hatte, war ihm aufgefallen, dass die älteren Schüler ihm mit einer anderen Art von Respekt begegneten. Nicht weil er der Freund von jemandem war, sondern weil er der Polizei angehörte.

Aufmerksamer. Wachsamer. Ein wenig anerkennend. Aber auch voller Neugierde und Interesse.

Sobald seine Mitbürger ihn oder einen anderen Polizisten entdeckten, wurden ihre Gespräche leiser, das Starren nahm zu, ihre Haltung veränderte sich. Die Verhaftung von Sebastian und ein paar anderen aus der *Spielhölle* zeigte Wirkung. Eine starke Aktion hatte ausgereicht – die Flure waren ruhiger, sie wurden ernst genommen.

Im ersten Stock war viel los, was wahrscheinlich an der bunten Auswahl von Geschäften lag. Eine Bäckerei, ein Secondhandladen, ein Casino, das Retro-Kino und mehrere Essensstände und eine Saftbar. Die jüngeren Schüler, deren Arbeit noch nicht begonnen hatte, flitzten durch die Flure, wedelten aufgeregt mit ihren Xero-Scheinen und überlegten lautstark, was sie als Nächstes unternehmen könnten.

»Hey. Hier wird nicht gerannt!«

War das seine Stimme? Sie klang so anders.

Die beiden Jungen, die gerade an ihm vorbeigestürmt waren, zuckten zusammen und drosselten augenblicklich ihr Tempo.

Die Aufmerksamkeit um ihn herum veränderte etwas in ihm. Aufrecht und mit hocherhobenem Kopf schritt er durch die Flure, die Schultern leicht durchgedrückt, etwas selbstsicherer. Es war die Uniform. Es war der Zusammenhalt.

Es könnte aber auch einfach an Lara liegen.

Oder schlicht und ergreifend daran, dass er nicht eingeknickt war, als Adam sich gestern gemeldet hatte. Unbeantwortete Nachrichten, die in seinem WhatsApp-Verlauf verwelkten. Trotz des gesperrten Bildschirms hatte Vincent erkannt, dass keine von ihnen eine ehrliche Entschuldigung beinhaltete. Leeres Geplapper in dem hoffnungsvollen Versuch, alles unter den Teppich zu kehren.

Er hatte nicht vor, darauf zu antworten.

Drei Jungs, vielleicht zwölf, begegneten Vincent. Sie trugen übergroße Goldkettchen um den Hals. Als sie ihn wahrnahmen, änderten sie die Richtung und liefen rasch davon. Vincent setzte seinen Weg fort, ohne sich weiter mit ihnen zu beschäftigen.

Endlich war er am verabredeten Treffpunkt angelangt, positionierte sich gegenüber der Milchbar, in der alle möglichen Sorten von Shakes ausgeschenkt wurden. Felix, der mit ihm gemeinsam die Patrouille übernehmen sollte, war nirgends zu sehen. Das Schwarze Brett, an dem üblicherweise Hinweise zu Schulveranstaltungen und AGs hingen, war nun in eine Wand mit Informationen zu Staat X verwandelt worden.

»Feliza?«

Das Mädchen mit dem silbergrauen Kleidchen blieb abrupt stehen und drehte sich zu ihm um. Ihre Wangen röteten sich verdächtig.

»Oh, hey … Vincent.«

»Was machst du? Ich meine … ohne deine Uniform? Warst du heute Morgen nicht noch als Quynh-Anhs Assistentin eingeteilt?«

Sie senkte den Blick. »Na ja … es sind so viele ältere Jungs dazugekommen. Die Stimmung ist irgendwie eine andere.«

»Was meinst du? Es ist doch super!« Er verstand nur Bahnhof.

Sie rollte mit den Augen und Vincent fiel auf, dass sie nicht mehr so sehr funkelten wie bei ihrem ersten gemeinsamen Einsatz. »Ja, für dich vielleicht. Aber für uns Mädchen ist die Polizei nicht mehr das Richtige.«

»Also wurdest du nicht mehr zu den Patrouillen eingeteilt?«

»Nein. Wie du schon sagtest. Assistentin der Polizeisprecherin.«

Jetzt, wo Vincent darüber nachdachte, fiel ihm auf, dass nur ältere männliche Schüler, die meisten davon Freunde und Bekannte von Adrian, aber auch Leute wie Maxim und Jonathan, eingeteilt worden waren.

»Und was machst du dann?«

»Ich helfe einer Freundin an der Kasse aus, ansonsten bin ich arbeitslos.« Sie seufzte. »Wie dem auch sei. Mach's gut, Vincent. Und viel Spaß.«

Ohne ein weiteres Wort ging sie weiter.

Fragend sah Vincent seiner einstigen Kollegin hinterher und versuchte, sich einen Reim auf das zu machen, was er erfahren hatte. Ja, Adrian hatte für den heutigen Tag die älteren Schüler zu Patrouillen eingeteilt, um weitere Sabotagen zu verhindern – seine Sorge waren Trittbrettfahrer, trotz der gelungenen Verhaftungen. Sie hatten vor allem eine Aufgabe: Präsenz zu zeigen. Aber eigentlich war das kein Grund für Feliza, die Polizei zu verlassen.

»Hey.«

Felix stellte sich neben Vincent.

»Hey«, antwortete er, etwas unschlüssig, was er sonst sagen könnte. Die Situation war seltsam genug. Unter normalen Umständen hätten sie nichts miteinander zu tun gehabt. In der schwarzen Uniform wirkte Felix' Haut noch blasser. Er sah aus, als hätte er kein Auge zugemacht.

»Das mit eurer Bar tut mir übrigens leid«, sagte Vincent.

Felix zuckte mit den Schultern. »Kann man nichts machen.«

»Waren Sebastian und Tarek denn mittlerweile geständig oder sitzen sie immer noch im Verhörraum?«, erkundigte er sich. Allein der Gedanke an den düsteren Kellerraum, in dem in etwa so viel Leben steckte wie in einer Blechbüchse, ließ ihn innerlich erschaudern.

»Adrian verhört sie noch«, antwortete Felix, ein wenig ausweichend, so, als wollte er nicht zu viel preisgeben. Nachdem er prüfend einen Blick über die Schulter geworfen hatte, erkannte Vincent, dass nicht er der Grund dafür war, sondern die Ohren des Schulgebäudes.

»Immer noch?«

»Ja.«

Vincent stutzte. »Waren sie etwa die ganze Nacht im Gefängnis?«

Felix wich seinem Blick aus. »Ja. Wir haben ihnen die Handys abgenommen. Sie haben sich schon seit Wochen abfällig über Staat X geäußert. Und Stimmung dagegen gemacht, du weißt schon: ›One Solution – Revolution‹ und solche Sprüche ...«

Oh Mann. Ein paar Zehntklässler, die Antifa-Sprüche aufgeschnappt hatten und sich wichtigmachen wollten. Kurz hielt er inne – oder steckte da vielleicht doch mehr dahinter?

»Sie sind erst einmal in Untersuchungshaft. Aber nach der ersten Verhaftung meinte Sebastian wohl zu Adrian, dass er das büßen würde. Ist ziemlich unangenehm da unten.« Felix zog eine angeekelte Grimasse, als hätte er die Kochkünste von Vincents Vater probieren müssen. »Die ganzen Spinnweben, die Kälte. Ziemlich ungemütlich.«

Bei Felix' verschrecktem Gesichtsausdruck rutschten Vincents Mundwinkel ganz von selbst in die Höhe. Wenigstens war er nicht der Einzige, der sich da unten nicht wohlfühlte.

»Ihr seid doch von der Polizei, oder?«

Die hohe kindliche Stimme zu seiner Linken ließ Vincent innehalten. Neben ihm stand plötzlich ein Knirps. Im wahrsten Sinne des Wortes. Der Knirps reichte ihm bis zur Bauchmitte, was wahrscheinlich daran lag, dass Vincent in den vergangenen Monaten zu einem schlaksigen Stock herangewachsen war. Das Mädchen war vielleicht zwölf und nicht eine jener Zwölfjährigen, die aussahen, als wären sie einer Girlband entsprungen.

»Ja, kann ich dir helfen?«, fragte Vincent, wandte sich ihr zu.

Das Mädchen nickte eifrig, in ihren Augen stand eine Traurigkeit, die in Vincent sofort den Wunsch aufkommen ließ, eine kleine Schwester zu haben. Solange sie süß und unschuldig war.

»Da waren drei Jungs, die ich nicht kannte. Sie kamen in unseren Laden und haben das ganze Geld aus der Kasse mitgenommen. Ich kann unseren Chef nicht erreichen.«

Sofort musste Vincent an die Jungs von vorhin denken und überlegte fieberhaft, in welche Richtung sie verschwunden waren.

»Kannst du sie denn beschreiben?«, fragte Felix.

»Vielleicht zwei Klassen über mir.« In ihre Stirn gruben sich Falten. »Zwei waren blond und einer dunkelhaarig.« Erst jetzt bemerkte er, dass Tränen in ihren großen Augen schimmerten. Verdammt. »Aber so genau weiß ich das nicht, weil ich viel zu aufgeregt war.«

»Weißt du denn, wie viel sie gestohlen haben?«

»In der Kasse waren dreißig Xero.« Also umgerechnet sechzig Euro.

»Hey«, sagte Vincent sanft, weil der verzweifelte Blick des Mädchens sich wie ein Pfeil mit Widerhaken in sein Herz bohrte. Fürsorglich legte er ihr eine Hand auf die Schulter. »Mach dir keine Sorgen. Die schnappen wir uns. Dafür sind wir ja da.«

LARA

Die Stille war ohrenbetäubend. Tatsächlich war das einzige Geräusch, das durch den Raum geisterte, das nervöse Hüsteln des Gerichtsschreibers gepaart mit dem Rhythmus seiner auf die Tastatur einhackenden Finger. Er tippte, als würde sein Leben davon abhängen.

Dabei hatte der Prozess um den Raubüberfall noch gar nicht begonnen. Lara spürte eine gewisse Nervosität in sich aufsteigen, dieselbe Art von Nervosität, die man kurz vor einem Referat hatte.

Die hinteren drei Reihen des umfunktionierten Klassenzimmers waren für die Journalisten reserviert und sie war froh, so früh gekommen zu sein, denn bereits zwanzig Minuten vor Prozessbeginn waren fast alle Stühle belegt.

Das blonde Mädchen neben ihr hatte einen Laptop ausgepackt. Im Gegensatz zu Lara wirkte sie perfekt vorbereitet. Lara sah Fotos der drei Hauptverdächtigen auf ihrem Bildschirm flimmern. Anscheinend hatten sie den *K&L* Drogeriemarkt überfallen, einiges an Süßigkeiten und mehrere Hygieneartikel mitgehen lassen und dabei die Kassiererin bedroht.

»Entschuldige«, flüsterte Lara ihr zu und erntete dafür ein paar missbilligende Blicke der anderen, die sich in der produktiven Stille gestört fühlten.

Die tun ja gerade so, als hätte ich die Predigt in der Kirche gestört, schoss es Lara durch den Kopf.

»Was ist?«

»Wie bist du denn an die Bilder gekommen?«

Das andere Mädchen, vielleicht ein Jahr älter als sie selbst, taxierte sie von oben bis unten und Lara fühlte sich augenblicklich unvorbereitet.

»Du arbeitest für die *Morgenpost X*, oder?«

Irritiert hob sie die Brauen, denn ihr entging keineswegs der bissige Tonfall. »Ja, wieso?«

Beinahe triumphierend verzog das Mädchen die mit Farbe bepinselten Lippen. Kriegsbemalung. Eindeutig.

»Na ja, ich bin die Chefredakteurin der Konkurrenz. Und bei dem Quatsch, den ihr in der letzten Zeit verzapft ...«

»Quatsch?«, echote Lara und ihr Blick fiel auf das Namensschild der anderen Journalistin: Michelle Seiffert.

»Der Artikel von gestern Nachmittag ging ja mal gar nicht. Totale Hetze gegen den Staat.«

Lara fühlte sich wie vor den Kopf gestoßen. »Soweit ich weiß, hat Elif die Verhaftung sehr neutral dargestellt. Es war ja auch ein Artikel und kein Kommentar.«

»Typisch Elif. Immer ein bisschen stänkern. Immer ein bisschen gegen etwas sein. Außerdem habt ihr gestern viel zu viel Text für die Umstrukturierung der Polizei verwendet. Das war nicht einmal das wichtigste Thema nach der Sabotage.« Sie lachte gehässig.

Das war Laras Artikel gewesen und sie spürte, wie Ärger in ihr aufstieg. »Falls es dich interessiert, ich habe für den Artikel positive Rückmeldungen bekommen.«

»Von wem? Elif? Ist ja klar.«

»Leserkommentare im E-Mail-Postfach.«

»Wenn du das sagst«, erwiderte Michelle unbeteiligt. »Ich kann dir leider nicht verraten, wie ich an die Bilder gekommen bin – Betriebsgeheimnis. Wir müssen alle selbst unseren Job machen.«

»Ist das dein Ernst?«, rutschte es Lara heraus, wofür sie noch einen letzten K.-o.-Blick erntete, bevor Michelle sich demonstrativ von ihr wegdrehte. Ihre Finger flogen über die Tastatur und Lara war sich sicher, dass sie einfach irgendetwas tippte, nur um sie abzuwimmeln. Selten war ihr jemand so unsympathisch gewesen.

»Bitte erheben Sie sich für die ehrenwerte Richterin Decker.«

Über Laras Lippen glitt ein flüchtiges Lächeln, als sie der Aufforderung des im Anzug steckenden Sprechers nachkam. Seine Miene war so ernst, dass es aussah, als würde er sich für einen Job als Queen's Guard des Buckingham Palace bewerben.

Die zweite Tür des Gerichtsraums öffnete sich und ein schwarzhaariges Mädchen mit einer Schildpattoptik-Brille und einer bodenlangen Robe stolzierte mit leicht erhobenem Kopf herein. Ihr Gang war würdevoll und sie trug eine Akte unter dem Arm.

Unter anderen Umständen hätte Lara sich über die Ernsthaftigkeit lustig gemacht, aber das tat niemand. Sie konnte es nicht genau in Worte fassen, aber das alles fühlte sich ziemlich real an. Als wäre sie mittendrin in einem Theaterstück, ohne dass sie es wusste.

Laras Blick fiel auf die beiden Staatsanwälte in der ersten Reihe. Dank des Platzes links außen erkannte sie ihre angespannten Mienen, und als sich der Vordere der beiden umdrehte, um seinem Kollegen etwas ins Ohr zu flüstern, sah sie, dass es Daniel war. Olgas Bruder.

»Bitte nehmen Sie Platz.«

Namen wurden ins Protokoll aufgenommen und Richterin Decker erläuterte in kurzen, knappen Sätzen, wie die Verhandlung ablaufen würde. Noch waren die Angeklagten nicht anwesend. Sobald ihnen die Anklageschrift vorgelesen worden wäre, käme die Zeugenbefragung, Rückzug der Richterin mit ihren beiden Schöffen und anschließend die Urteilsverkündung. Schließlich existierte der Staat nur eine Woche, die Uhren tickten anders als in der Realität, wo sich ein Prozess über Monate hinziehen konnte.

Als die drei Angeklagten von schwarz bekleideten Polizisten hereingeführt wurden, hielt der Raum den Atem an und Lara spürte, wie ihre Hände feucht wurden, weil es jetzt ernst wurde. Und genau so fühlte es sich an. Echt.

Aus den Augenwinkeln bemerkte sie, wie ihre Konkurrentin eifrig etwas in ihren Laptop eingab, was Lara daran erinnerte, dass auch sie einen Job zu erledigen hatte. Also begann sie, die Szenerie und die Stimmung im Raum auf ihrem Notizblock einzufangen.

Alle waren sich ihrer Rolle bewusst, niemand hier drinnen nahm es auf die leichte Schulter. Die Angeklagten stellten sich neben die zwei Rechtsanwälte, die ihnen aufmunternd zulächelten. Angst hatte sich in ihre Mienen gefressen. Keine dreizehn Jahre alt und schon spürten sie zum ersten Mal, dass ihr Verhalten ernsthafte Konsequenzen nach sich zog. Lara verwettete ihren Job darauf, dass sie sich Staat X anders vorgestellt hatten.

Jemand musste auf Vorspulen geklickt haben, denn die Zeit verging auf einmal wie im Flug. Nur mit Mühe schaffte sie es, die richtigen Worte zu notieren.

Als der nächste Zeuge aufgerufen wurde, hörte Lara nur mit halbem Ohr hin. Doch als sie aufblickte, blieb ihr buchstäblich die Luft weg.

Denn in diesem Moment betrat Vincent den Raum, um vor Gericht eine Aussage zu machen.

Der Staat entspricht demokratischen und sozialen Grundsätzen.
Der Staat, Staat X.

Sarah lungerte in der Nähe des Crêpestandes herum, dessen Duft ein Hungergefühl in ihr auslöste, und beobachtete, wie Adrian Dennenberg zusammen mit Felix in Richtung Turnhalle ging. Felix, der sie entdeckt hatte, verabschiedete sich von Adrian und kam auf sie zu. Die schwarze Uniform stand ihm sehr gut.

»Ich habe leider keine Zeit«, sagte er, als er dicht vor ihr stehen blieb und ihr sein schiefes Lächeln schenkte. Sanft strich er ihr eine Haarlocke hinter die Stirn und drückte ihr einen Kuss auf die Lippen, der ihr Herz stolpern ließ. »Bis später.«

Seufzend sah Sarah ihm hinterher, bis er durch die Tür der Turnhalle verschwunden war.

»Felix, Adrians bester Freund, was?«

Ertappt fuhr Sarah herum und spürte, wie ihr die Hitze in die

Wangen stieg. Johanna Dreyfuß stand vor ihr, die Augenbrauen verschwanden beinahe in ihrem Haaransatz.

»Ich ... äh ...«

»Zuerst habe ich mir keinen Reim darauf machen können, wie Lars die Wahl trotz der vorausgegangenen Prognosen und Umfragen mit so deutlichem Abstand gewinnen konnte. Dann wurde mir klar, dass da etwas nicht stimmt. Aber ich habe keine Beweise«, begann Johanna, ihr Gesicht schien aus Marmor gemeißelt zu sein. Jedes Wort löste ein unbehagliches Gefühl in Sarah aus und sie schluckte, um Fassung bemüht. »Ich habe mich die ganze Zeit gefragt, wer die Verbindung ins Wahlkomitee sein könnte, wer irgendwelche Informationen oder Daten gelinkt haben könnte. Wer von dem sorgfältig ausgewählten Team dafür gesorgt haben könnte, dass Lars unrechtmäßig gewinnt.«

»Ist das dein Ernst?«, fragte Sarah, verlieh dabei ihrer Stimme so viel Selbstvertrauen und Sicherheit wie nur möglich. »Lars hatte genauso gute Chancen wie du. Ich finde es echt traurig, dass du dahinter eine Verschwörung vermutest.«

Johanna lächelte. Das Lächeln erreichte ihre Augen nicht. »Na ja ... ist es nicht seltsam, dass Stephan freiwillig seinen Posten aufgibt und ausgerechnet Adrian ihn angeboten bekommt?«

»Nein, eigentlich nicht. Stephan wurde es zu viel.«

»Am Starttag? Ausgerechnet dann, wenn der Spaß erst beginnt?«

Sie bewunderte Johanna, ihren Mut und ihre Stärke, für ihre Prinzipien einzustehen. Am liebsten hätte Sarah sie einfach eingeweiht, aber dann hätte sie sich selbst ans Messer geliefert. Sarah knetete ihre Finger, was Johanna auffiel. Also ließ sie rasch ihre Hände sinken und räusperte sich. »Ich weiß nicht so recht, was du eigentlich von mir willst ... Und warum du mir das alles erzählst.«

»Ich bin nicht blöd.«

»Ich weiß.«

Dieses Mal verfinsterte sich Johannas Miene. »Alles kommt ans Licht. Die Wahl war manipuliert.«

»Du klingst etwas ... durchgeknallt.« Obwohl sich Sarah bemühte, Johanna lächerlich dastehen zu lassen, brach ihr der kalte Schweiß aus. »Wir sind nicht die USA und wir verfügen auch nicht über dieselben Mittel wie Russland«, erwiderte Sarah und dieses Mal schaffte sie es, die nötige Portion Sarkasmus in ihre Stimme zu legen. »Die Auszählung ist anhand der Software erfolgt, ich war lediglich diejenige, die das Ergebnis verkündet hat.«

»Eine Software, die *du* mitentwickelt hast, oder etwa nicht?«

Oh nein.

Sarah versuchte, sich nichts anmerken zu lassen, doch Johanna schien ihre Reaktion zu bemerken, und ein triumphierendes Funkeln trat in ihre Augen.

»Ich wollte dir nur sagen: Auch wenn ich noch keine Beweise habe, heißt das nicht, dass es sie nicht gibt. Und ich werde sie finden. Darauf könnt ihr euch verlassen.«

ADRIAN

»Sechs Verhaftungen gestern und heute? Ist das dein Ernst?«

Lars fielen beinahe die Augen aus dem Kopf, gleichzeitig fuhr er sich mit den Fingern durch das blonde Haar, auch sein sonst so fröhliches Lächeln hing schief. Bald würde die nächste Parlamentssitzung beginnen, in der die weiteren Schritte besprochen und über mögliche Gesetzesänderungen abgestimmt werden sollte.

»Wir müssen die Sicherheitsvorkehrungen verschärfen, bevor alle denken, sie könnten machen, was sie wollen«, sagte Adrian, Autorität verlieh seiner Stimme einen sicheren Klang. »Wenn wir nicht bald etwas dagegensetzen, haben wir ein großes Problem.«

»Ja, aber ... wie sollen wir das machen?«, stammelte Lars verwirrt. »Dafür bin ich nicht Präsident geworden. Ich dachte, das geht viel einfacher ... Warum musstet ihr denn so viele Leute verhaften?«

»Hauptsächlich wegen kleinerer Delikte. Überfälle, Bedrohung.« Adrian war sich sicher, dass Lars die Zeitung gelesen hatte, und fügte deswegen hinzu: »Und wir wurden angegriffen, als wir Sebastian Kießling und Tarek Zaraj aus der Zehnten verhaften wollten. Sie stehen unter Verdacht, für die Zerstörungen verantwortlich zu sein.«

Lars sah aus, als hätte Adrian ihm gerade offenbart, sein Vater zu sein. »Überfälle sind *kleinere* Delikte? Warum habt ihr die anderen festgenommen?«

»Alkohol, Drogen«, entgegnete er leichthin.

Nervös nestelten Lars' Finger an der Krawatte, die wie ein Henkerseil um seinen Hals gebunden war. »Was denn für Drogen?«

»Bisher nur Gras, aber das kann sich ja schnell ändern, wenn sie erst einmal mitbekommen, was alles möglich ist.«

»Und wo sind die Leute, die verhaftet wurden, jetzt?«

»Im Gefängnis.«

Nun riss Lars erschrocken die Augen auf, sein Blick schoss zur geschlossenen Tür, um sich zu vergewissern, dass auch niemand von ihrem Gespräch Kenntnis nahm. Brütende Hitze hatte sich in dem leeren Klassenzimmer gesammelt. Die Staat-X-Müllmänner hatten wohl vergessen, den Abfalleimer zu leeren, denn der Gestank von vergammeltem Obst erfüllte die stickige Luft. Adrian machte sich innerlich eine Notiz, die Information weiterzugeben.

»Moment, welches Gefängnis? Ich dachte, das sei ein Spaß?«

Großartig. Ein Präsident, der nicht wusste, was in seinem eigenen Staat vor sich ging. Sehr vertrauenswürdig. Doch Adrian behielt seine Gedanken für sich und sagte stattdessen: »Das

Gefängnis war von Anfang an geplant. Irgendwo müssen wir die Gefangenen ja unterbringen.«

»Und wo ist es?«

Adrian fletschte die Zähne, was aber hoffentlich als Lächeln durchging. »Turnhalle. Keller. Ich habe einen Schlüssel.«

»Und sind die Gefangenen noch dort?«

»Ja. Sie sind es die ganze Nacht gewesen.«

»Oh.« Adrian realisierte, dass dies der Moment war, in dem Lars sich entscheiden würde. Für oder gegen ihn.

Adrian entschloss sich zu einem letzten Vorstoß, um zu sehen, wie weit Lars bereit war zu gehen.

»Wir haben bisher nur einfache Taschenkontrollen an den Schuleingängen durchgeführt, aber das sollte sich ebenfalls ändern. Schließlich haben sie ja irgendwie das Zeugs reingeschmuggelt. Außerdem sollte das Warenlager gesondert abgesichert werden. Nicht auszudenken, wenn das Schlagzeilen macht.«

Adrian sah Lars direkt an, hinter dessen Stirn arbeitete es gewaltig und die Worte sickerten in sein Bewusstsein ein. »Du wirst dann der Präsident sein, der für ein zu lasches Vorgehen in die Kritik gerät. Es ist deine Verantwortung. Man wird dir die Schuld geben.«

»Okay.« Sichtlich angespannt begegnete Lars seinem Blick, schluckte hörbar. »Und was schlägst du vor?«

Adrian lächelte, denn nun wusste er, dass er den Präsidenten in der Hand hatte. Endgültig.

»Das ist ganz einfach«, begann er und legte vertrauensvoll eine Hand auf Lars' Schulter. »Du tust einfach genau das, was ich dir jetzt sage.«

VINCENT

Vincent vergrub seinen Kopf zwischen den Händen und wartete. Und wartete. Er saß auf einem der drei aufgereihten Stühle vor dem Gerichtssaal und sein Blick sprang auf die Anzeige seiner Armbanduhr. Zwanzig vor zwei. Unruhig wippte sein Bein auf und ab, als wäre er tausend Treppen heruntergesprintet.

Er hasste nichts mehr, als vor anderen zu reden. Normalerweise war Adam derjenige von ihnen, der die Führung übernahm, die Blicke auf sich zog. Jetzt war es, als hätten sie die Rollen getauscht.

»Vincent Wehrmann?«

Als er aufblickte, stand eine Mitarbeiterin des Gerichts vor ihm. Das Mädchen, das ihm vorher nie wirklich aufgefallen war, trug einen schwarzen Blazer und enge Jeans zu hautfarbenen Ballerinas, und Vincent fragte sich unwillkürlich, wie sie es bei dieser Affenhitze aushielt.

Er brauchte einen Moment, um sich zu sammeln. »Ja.«

»Das Gericht ist so weit.«

Vincent nickte, versuchte, einen freundlicheren Ausdruck auf seine Züge zu kleistern, und stand schließlich auf. Seine Glieder fühlten sich bleischwer an, genauso wie sein Kopf.

Das Mädchen öffnete die Tür zum Gerichtssaal und er folgte ihr hinein.

Hier drinnen war es noch wärmer, es schien, als hätte es die Sonne ganz besonders auf diesen Raum abgesehen. Einige Zuschauer fächerten sich Luft zu, ihre Mienen zerliefen und Vincents Blick blieb an einem bekannten Gesicht in der hinteren Reihe hängen. Er blinzelte.

Erst, als sein Herz in der Brust zu poltern begann, wurde ihm klar, dass es sich dabei um Lara handelte. Sie sah genauso überrascht aus, kurz hob sie die Hand und winkte ihm zu, was er mit einem Nicken zur Kenntnis nahm.

Er kam der Aufforderung der Gerichtshelferin nach, sich an einem Tisch gegenüber der Richterbank niederzulassen.

Keiner im Raum sagte ein Wort. Stattdessen lagen erwartungsvolle Blicke auf ihm und in seinem Nacken begann es, gefährlich zu kribbeln.

Das Déjà-vu schoss mit einem Krachen um die Ecke, erwischte ihn mit voller Breitseite. Tausende Male hatte er es im Deutschunterricht erlebt, sein Hirn war ein einziges Vakuum.

Vincent sah die Richterin an, deren Augenbrauen wahre Kunststücke vollbrachten, und räusperte sich, während er die Hände unter dem Tisch zu Fäusten ballte, um ihr Zittern zu verstecken.

Du bist jetzt ein anerkannter Polizist. Du bist nicht mehr der Idiot von vor ein paar Tagen.
Du hast dich verändert.

»Könnten Sie die Frage noch mal wiederholen?«, fragte er mit fester Stimme.

»Ich habe Sie begrüßt, Herr Wehrmann, und Sie gebeten, fürs Protokoll Ihren vollen Namen und Beruf in Staat X zu nennen.«

»Natürlich.« Er gab seinen Namen an und fügte dann hinzu: »Ich arbeite bei der Polizei.«

»Sehr schön. Dann können wir beginnen. Würden Sie uns bitte schildern, wie es zu der Festnahme nach dem Raubüberfall auf den Drogeriemarkt *K&L* gekommen ist, die Sie durchgeführt haben?«

In Vincents Kopf herrschte gähnende Leere, nur mühsam rekonstruierte er die Geschehnisse, ähnlich wie bei *Malen nach Zahlen*. Stück für Stück. Angefangen bei seiner ersten Beobachtung der Jungs mit den Goldkettchen, der Kontakt mit dem Mädchen, ihre Beschreibung und die anschließende Verfolgung durchs Treppenhaus und schließlich die Festnahme der Diebe.

Daniel, der eine Klasse unter ihm war und dem er vor einer halben Ewigkeit mal Gras verkauft hatte, war wohl der leitende Staatsanwalt, denn er stellte Vincent präzise und einfache Fragen, die er mit Leichtigkeit beantwortete.

Nach einer halben Ewigkeit war die Befragung beendet und er wurde auf einen Platz hinten im Raum verwiesen. Als er aufstand, durchströmte ihn Erleichterung und tatsächlich so etwas wie Stolz, ein Gefühl, das seine Brust anschwellen ließ.

Da begegnete er dem Blick eines blonden Mädchens, das

direkt neben Lara saß. Ihre roten Lippen verzogen sich zu einem verheißungsvollen Lächeln, das mit wortlosen Versprechungen lockte. Erst als sie auffällig mit den dunkel geschminkten Augen klimperte, wurde Vincent klar, dass ihr hemmungsloser Flirtversuch in der Tat ihm galt.

Anscheinend hatte sich sein Status gehörig verändert.

Lara machte sich eifrig Notizen, und als sie den Kopf hob, reckte sie anerkennend den Daumen in die Luft, was einem Ritterschlag gleichkam.

Noch während er den neuen Sitz ansteuerte, merkte er, wie sicher er sich in seiner Haut fühlte. Ob es an Lara oder an der Erkenntnis lag, dass er es war, der maßgeblich daran beteiligt war, dass die Jungs mit den Goldkettchen verurteilt wurden, vermochte er nicht genau zu sagen. Vielleicht auch an beidem. Und während er dieser Frage nachging, wurden bereits die Schlussplädoyers gehalten.

Die Richterin zog sich zurück und es schien, als würde der Raum ein Mal tief ausatmen. Sofort stellten sich angeregte Gespräche ein, geflüsterte Vermutungen. Die drei Diebe sahen ziemlich mitgenommen aus. Eines war sicher: So schnell würden sie keine Straftat mehr begehen.

»Bitte erheben Sie sich für die ehrenwerte Richterin Decker.«

Stühle schrien knarzend auf, nervöses Rascheln erfüllte die stehende Luft. Dann ging alles ganz schnell. Das Urteil wurde gesprochen. Zehn Xero Strafe, drei Stunden Gefängnis und einen Tag gemeinnützige Arbeit für den Staat, unentgeltlich.

Der Kleinste der drei machte ein Gesicht, als würde er augenblicklich in Tränen ausbrechen.

»Nicht ins Gefängnis«, hörte Vincent ihn murmeln.

Dabei verspürte Vincent nicht den Hauch von Mitleid, schließlich hätte der Junge sich das vorher überlegen sollen. Bevor er der Kleinen die Kasse gestohlen hatte.

Keine fünf Minuten später war der Prozess vorbei. Die Jungs wurden von Vincents Kollegen abgeführt und er versuchte möglichst unauffällig zu warten, bis Lara sich durch die in den kühleren Flur fliehenden Zuschauer und Reporter gekämpft hatte.

»Du warst ziemlich souverän.« Lara hatte den Kopf schief gelegt, sah zu ihm hoch und grinste. Dabei fiel ihm zum ersten Mal auf, dass sich ihre Oberlippe sehr witzig kräuselte, wenn sie lächelte. »Na ja, bis auf den kurzen Aussetzer zu Beginn.«

»Das sagt ausgerechnet Miss *Don't Judge A Book By Its Cover*.«

Lara lachte. Laut. Herzlich. Ohne sich darum zu kümmern, was die anderen denken könnten, und Vincent fühlte sich, als hätte er einen Wettkampf gewonnen. Dabei bemerkte er, wie Daniel wütende Blicke in seine Richtung schleuderte.

War er etwa eifersüchtig?

Kurz zuckten Vincents Gedanken zu Adam, doch er drängte sie zurück und fragte stattdessen: »Sag mal, hättest du Lust, nachher ins Kino zu gehen? Soweit ich weiß, zeigen sie im Retro-Kino Filme aus den 90ern. Ich lade dich ein.«

Laras Gesicht begann zu leuchten. Als hätte man eine Lampe angeknipst. »Klar. Gerne. Ich arbeite bis 16 Uhr, danach habe ich frei.«

»Oh. Ich hätte genau bis um 16 Uhr Zeit, dann beginnt meine Schicht. Heute streife ich nachts durch die Gänge, obwohl ich heute Morgen schon drei Stunden gearbeitet habe. Aber ein paar

Mädchen sind abgesprungen und wir haben gerade einen Engpass.«

Ihr Lächeln fiel in sich zusammen. »Schade.« Sie sah ehrlich enttäuscht aus und knabberte dabei unbewusst an ihrer Unterlippe, was Vincents Hormone in den freien Fall beförderte. Na, Halleluja.

»Weißt du was? Ich spreche mit Adrian und frage, ob ich tauschen kann. Dann hole ich dich später nach der Arbeit in der *Morgenpost* ab.«

Da war es wieder. Ihr Strahlen.

»Schön«, sagte sie. »Schreib mir, ob es klappt.«

Vincent fragte sich, warum alles plötzlich so einfach schien. Normalerweise benahm er sich in der Nähe von Mädchen wie ein Körperkasper, aber seine Zugehörigkeit bei der Polizei hatte das anscheinend geändert.

Er war endlich auch jemand.

MELINA

»Warum kommt denn niemand?«

Olga stierte die Tür an, als könnte sie sie mit reiner Geisteskraft öffnen. »Das ist doch wie verhext. Kaum einer hat sich heute hier rein verirrt. Dabei haben uns doch so viele beim Wiederaufbau unterstützt. Der ganze Tag ging dafür drauf. Zum Glück hat uns das Finanzamt gestern nichts berechnet.«

»Wahrscheinlich liegt es daran, dass auf dem Schild draußen dick und fett ›Heißgetränke‹ steht«, entgegnete Melina in Grabesstimme, untermalt von dramatischen Musikklängen, die dank der neu verbauten Lautsprecher der *Büchereule* etwas Leben einhauchten.

»Wenn das so weitergeht, machen wir Minus und haben heute nicht mal genügend Geld, um uns die Eintrittskarten für das Konzert morgen zu kaufen.«

»Wir hätten eine Eisdiele eröffnen sollen.«

Etwas Weiches traf auf Melinas Gesicht und rutschte anschließend zu Boden. Es war eines der Geschirrtücher.

»Hey«, murrte sie und sah Olga an, die ihr die Zunge rausstreckte. »Moment. Welches Konzert?«

Trotz der gähnenden Langeweile, die jeden Zentimeter ihres Körpers bedeckte, entging ihr keineswegs, wie eine zarte Röte in Olgas Wangen kroch. Auf einmal war sie sehr damit beschäftigt, die Kaffeemaschine zu polieren.

»Olga?«

»Mhm?«

»Indem du mich ignorierst, verschwindet die Frage nicht einfach.«

Olga verzog das Gesicht, als hätte sie in eine Zitrone gebissen. »Meine Klugscheißerei färbt auf dich ab.«

»Indem du nicht auf meine Frage antwortest, verschwindet die Frage auch nicht«, hakte sie nach.

Olga seufzte. Zögerte. »*Happy Obscurus* spielen doch immer abends im großen Musiksaal.«

»*Happy Obscurus*?«

»Ja.«

»Adams Band?«

»Ja.«

In Melinas Kopf gab es eine Kurzschlussreaktion. Zum ersten Mal kam ihr der Gedanke, dass Olga nicht unbedingt auf die Dachterrassen-Party gehen wollte, weil ihr bloß danach gewesen war, sondern weil sie tatsächlich einen Grund dafür gehabt hatte. Der Gedanke war so absurd, dass sie ihre Freundin einige Sekunden lang sprachlos anstarrte.

Olga mit ihren schrägen Klamotten, der schrägen Art und dem absolut perfekt-nicht-perfekten Charakter – ein Giebel-Groupie? Nie und nimmer.

Vor Melinas geistigem Auge lief ein Kopfkino ab. Olga und Adam tanzend. Küssend.

An der Tür erklang ein Geräusch und rettete sie beide vor weiteren peinlichen Frage-und-Antwort-Spielen.

»Ha! Kundschaft!«, rief Olga einen Tick zu begeistert und sprang vom Barhocker, der wie ein Kreisel zu wanken begann, und stürzte auf die Tür zu, deren Klinke sich verdächtig langsam nach unten senkte.

Die Handflächen ineinandergelegt vollführte Olga eine perfekte Verbeugung. »*Konichiwa!*«

Melinas japanische Brieffreundin hätte nicht stolzer sein können.

Im Türrahmen stand Lara. Ihr langes Haar hing in einem nassen, geflochtenen Zopf über ihre Schulter und silberne Kreolen steckten in ihren Ohren, passend zu den silbernen Sneaker, in denen sie dank der stehenden Hitze umkommen musste. Melinas Blick blieb an ihrem Shirt hängen, in lilafarbener Schrift stand auf schwarzem Grund: *Don't Judge A Book By Its Cover*.

Lara grinste sie an. »Ich wollte mal schnell vorbeisehen und fragen, wie es bei euch läuft. Meine Pause habe ich nämlich für eine kurze Abkühlung genutzt und muss gleich wieder zurück in die Redaktion.« Sie sah sich um. Mittlerweile standen wieder neue Blumenkübel um die Sitznischen. »Ich finde es toll, dass ihr alles wieder auf Vordermann bringen konntet und die Bücherei neue Bücher ausgeliefert hat.«

»Normalerweise würde ich dir einen Kaffee aufs Haus anbieten, aber wir sind wirklich knapp bei Kasse. Uns bleiben die Kunden fern. Am ersten Tag ging es noch, vor allem morgens waren viele Leute da. Aber es will eben keiner seinen schwitzenden Hintern in Weichleder pressen.« Mit einer vagen Handbewegung deutete Olga auf die leeren Sessel. »Wir hätten uns die Mühe mit dem Wiederaufbau echt sparen können.«

»Na ja, vielleicht liegt es an den heißen Getränken«, mutmaßte Lara und zog die Stirn kraus, während Melina einen triumphierenden Blick mit Olga tauschte, die bloß die Schultern anhob.

Selbst ein einfaches Stirnkrausen sah bei Lara elegant aus und Melina fragte sich, ob es bei ihr selbst nicht eher wie ein Halloween-Kostüm wirken würde.

»Wie klappt es denn mit dem Schreiben? Deinen Artikel über die Sabotage und die Polizei fand ich übrigens ziemlich gut. Viel besser als den der Konkurrenz.«

Womit sie schamlos untertrieb. Olgas Schimpftirade auf die *Neue Zeitung*, in der dramatisch verkündet wurde, dass sie »um ihre Existenz bangen« müssten und »am Boden zerstört« wären, lag Melina noch immer in den Ohren. Das Foto hatte sein Übriges dazu beigetragen. Vermutlich war der reißerisch formulierte Text mit schuld daran, warum die Bewohner von Staat X ihren Laden bereits abgeschrieben hatten.

»Danke, dass du das sagst.« Lara nestelte mit den Fingern an dem Bettelarmbändchen herum, das um ihr Handgelenk gewunden war. »Die Leute sind wirklich nett und es macht großen Spaß. Außerdem lerne ich eine Menge, weil sich Elif und Julian total gut mit Journalismus auskennen. Das mit deinen Bildern tut mir übrigens richtig leid«, richtete Lara plötzlich das Wort an Melina und in ihren türkisfarbenen Augen stand ein ernsthafter Ausdruck. »Schade, dass du sie nicht wieder aufgehängt hast. Vor allem das eine – mit der blauen Grundfarbe. Es hatte so eine besondere Ausstrahlung, so leise und gleichzeitig stark.«

Womit Lara nicht nur das Bild beschrieb, sondern auch Melina. So, wie Adrian sie immer gesehen hatte. *Leise und trotzdem stark.*

Stumm schüttelte Melina den Kopf, gleichzeitig war alles wieder da. Adrians Nähe. Seine halbe Entschuldigung. Alles danach und alles dazwischen.

Wunderbar.

Dabei hatte sie gerade gehofft, für einen Moment aus Adrians unsichtbaren Fängen entkommen zu sein.

»Entschuldigung?«

Zwei jüngere Mädchen standen plötzlich in der *Büchereule*, kurze bunte Kleidchen wickelten sich um ihre dürren Beinchen.

»Ja?«, Olga sah sie neugierig an. »Kann ich euch helfen?«

»Wir suchen noch Arbeit«, sagte das Mädchen mit dem dunklen Teint und wilden Lockenkopf.

»Mitten im Projekt?«, fragte Olga verwundert.

»Na ja, wir wollen nicht mehr bei der Polizei arbeiten. Das passt jetzt nicht mehr.«

»Es ist anders als am Anfang«, fügte die Größere der beiden hinzu, die, wie Melina auffiel, einen viel zu ernsten Ausdruck in ihren Augen hatte.

»Wir schreiben leider keine guten Umsätze. Ich weiß nicht, ob wir euch bezahlen können.«

»Schade.« Die Mundwinkel des dunkelhaarigen Mädchens senkten sich abrupt. »Wir haben es überall versucht.«

Olgas Mutterinstinkte sprangen direkt an. »Okay. Das bekommen wir schon irgendwie hin«, sagte sie wie aus der Pistole geschossen. »Wir bereiten alles vor, dann könnt ihr wenigstens morgen noch hier arbeiten, einverstanden? 8 Uhr?«

Ein Strahlen trat auf die Züge der beiden Mädchen und Melina warf Olga einen Blick zu, die zuckte jedoch nur die Schultern.

Genau in diesem Moment öffnete sich erneut die Tür und wie aufs Stichwort spazierten zwei uniformierte Polizisten herein. Der eine war niemand Geringeres als Felix, Adrians rechte Hand. Der deutlich bulligere Typ neben ihm war einer der Sportler aus der Oberstufe. Er sah ihr nicht in die Augen, sondern war sehr damit beschäftigt, auf Olgas Oberweite zu starren.

Hatte Adrian Felix vielleicht gezielt geschickt, um nach ihr zu sehen? Zuzutrauen wäre ihm so eine Aktion, denn er war nie jemand gewesen, der seine Fürsorge direkt zeigen würde.

»Stimmt was nicht?«, fragte Olga beunruhigt. Auch Lara hatte sich in ihrem Ledersessel aufgerichtet. Die beiden Mädchen verdrückten sich in eine Ecke, so, als würde ihnen die bloße Anwesenheit der Polizisten Unbehagen bereiten.

Melina runzelte die Stirn. Das war seltsam.

Felix schüttelte den Kopf und räusperte sich. »Nein, keine Sorge«, beeilte er sich zu sagen, seine Stimme hatte eine beruhigende Wirkung. »Wir haben alles im Griff. Der Ort des Anschlags wird ab jetzt gesondert bewacht, weil der Polizeipräsident befürchtet, dass Trittbrettfahrer die Situation ausnutzen könnten. Also Adrian wollte, dass ich ... Ist alles in Ordnung?«

»Ja?«, sagte Olga, aber es klang wie eine Frage.

»Wir möchten wirklich, dass sich jeder in Staat X sicher fühlt. Nur, damit ihr Bescheid wisst.«

Der andere Polizist ergriff das Wort, seine muskulösen Oberarme zeichneten sich deutlich unter seiner Uniform ab. »Falls ihr etwas Verdächtiges bemerkt – egal was –, wir sind rund um die Uhr für euch da. Bitte achtet auf auffällige Verhaltensweisen von Mitschülern und meldet sie umgehend, ja? Wir helfen euch gerne.«

Er hatte ein Veilchen am Auge und erst jetzt erkannte Melina ihn wieder. Es war der Polizist vom abendlichen Rundgang. Ihr Nacken kribbelte, als sie seinem Blick begegnete.

Damit waren sie aus der Tür. Olga und Lara tauschten einen langen Blick.

»Langsam übertreiben sie es, findet ihr nicht?«, fragte Olga. »*Ort des Anschlags?*«, ahmte sie Felix' Tonfall nach.

Melina verstand, was sie meinte. Trotzdem fand sie die vielen Polizisten, die auf den Fluren patrouillierten, nicht verkehrt. Wenn sie bereits gestern da gewesen wären, würde ihr blaues Bild noch an der Wand hängen, statt in der unscheinbaren Kiste im Warenlager zu versauern und sie nachts in ihren Träumen heimzusuchen.

ADRIAN

»Woher sollen wir wissen, dass du das Ganze nicht inszeniert hast, um die Polizei nach deinen Interessen umzuformen? Die Tatverdächtigen des Sabotageaktes, Sebastian Kießling und Tarek Zeraj, mussten ja aus Mangel an Beweisen freigelassen werden.«

Ihre Arena war wieder einmal das Parlament, wie jeden Tag standen unterschiedliche Themen auf dem Programm. Heute war es seine Anhörung. Er sollte sein Handeln rechtfertigen.

Johanna hatte ihre Waffen gewählt. Adrian ebenso. Dieses Mal saß er jedoch auf einem Stuhl in der zweiten Reihe, dort, wo Besucher Platz nahmen.

Johannas wie Pfeile abgeschossene Wörter trafen zielsicher in Adrians Herz. Ein spöttisches Lächeln zupfte an seinen Mundwinkeln, um ihren Treffer zu überspielen. Die Blicke der anderen Parlamentsabgeordneten ruhten wie Laserpointer auf ihm, doch das störte ihn nicht. Im Gegenteil. Ihre Aufmerksamkeit gab ihm Rückenwind.

»Die Tatverdächtigen wurden tatsächlich freigelassen. Wir arbeiten noch daran, die wahren Hintergründe der Verwüstungen aufzuklären. In meinen Augen ist es aber deshalb umso wichtiger, die Gesetze möglichst bald umzusetzen.«

Aus dem Augenwinkel nahm Adrian zustimmendes Nicken wahr und spürte, dass auch die Abgeordneten aus Lars' Partei und der LVP geschlossen hinter ihm standen. Schließlich hatte der Präsident im Vorfeld schon einige Überzeugungsarbeit geleistet.

Eine Hand wusch die andere, so war das unter Freunden. Oder Mittätern. Oder bei schwachen Politikern, die Angst um ihre Reputation hatten.

»Diese Schritte sind notwendig, um die Sicherheit des Staates zu gewährleisten. Und damit wir möglichst bald die wahren Täter finden können.«

»Dein Geschwätz ist so was von populistisch und unwahr, dass es echt traurig wäre, wenn die hier anwesenden Abgeordneten sich davon überzeugen ließen.«

Adrian unterdrückte den Impuls, anerkennend einen Daumen in die Luft zu strecken. Eines musste man Johanna lassen: Sie hatte ihre Hausaufgaben gemacht. Dennoch änderte das nichts an der Tatsache, dass er die Wahrheit auf seiner Seite hatte.

»Aber die Geschehnisse der letzten Tage geben meinen Worten recht. Ich erfinde die Gefahr doch nicht. Ihr selbst wisst nur zu gut, dass es zahlreiche Projekte gibt, die genau aus denselben Gründen abgebrochen worden sind: Abzocke unter Schülern,

Drogen, der ganze Scheiß. Deswegen hat Stephan übrigens als Polizeipräsident schon im Vorfeld das Handtuch geschmissen. Ihm war die Verantwortung zu groß. Wie steht es mit euch?«

Schnaubend verengte Johanna die Augen zu schmalen Schlitzen, was Adrian mit einem lässigen Lächeln abfing. Wenn sie die Macht gehabt hätte, mit ihrem Blick zu töten, würde er auf der Stelle leblos vom Sitz rutschen.

»Ich glaube, du bist einfach nur angepisst, dass du nicht zum Präsidenten gewählt wurdest, und versuchst jetzt, auf diese Weise an die Macht zu kommen.«

»Findest du so eine Anschuldigung nicht etwas übertrieben?«, fragte Adrian nun, davon überzeugt, noch immer Oberwasser in der Diskussion um die Ausweitung der Polizeibefugnisse zu haben.

Sein Blick sprang zu der großen Uhr direkt über Lars' Kopf. Kurz vor vier. In acht Minuten begann die Abstimmung.

Lars sah Adrian an, ein kurzes Nicken, und er spürte, wie er sich noch etwas mehr entspannte, eine ausgeglichene Ruhe einkehrte, windstill und sicher.

Lars würde sein Versprechen halten.

Und dann hatte die Opposition so gut wie keine Chance, denn die Stimmen aus Lars' Partei würden ausreichen. Er war felsenfest davon überzeugt, das Richtige zu tun. Daran gab es keinen Zweifel. Nur konnten es die anderen noch nicht sehen.

»Es gibt genügend Regierungen, die versuchen, ihren Willen gewaltsam durchzusetzen.« Johanna hatte die Hände um das Rednerpult geklammert, als müsste sie sich daran festhalten, um sich nicht auf ihn zu stürzen.

»Zum Beispiel?«

»Der 11. September? Eine Initialzündung für den Krieg gegen den Irak, obwohl er nichts mit den Terroristen zu tun hatte.«

Adrian lachte laut auf. »Ist das nicht eine Verschwörungstheorie? Wahrscheinlich behauptest du jetzt auch, dass der 11. September von der CIA geplant und ausgeführt wurde, damit die Regierung einen Grund hatte, den Irak anzugreifen.«

Adrian bemerkte, wie die Journalisten in den hintersten Reihen auf ihre Laptops einhämmerten, das Kratzen von Kugelschreibern und Füllern über Papier erfüllte die Sprechpause. Falls das Gesetz durchging, hatte Adrian einen Hebel eingebaut, um sie in Zukunft aus den Sitzungen des Parlaments heraushalten zu können, aber das ahnten sie noch nicht. Es würde Maßnahmen zur Kontrolle der Presse geben. Eine Vorzensur. Wenigstens bei der *Morgenpost X*. Denn sie war die Zeitung, die sich mit ihren negativen Berichten gegen seine Pläne stellte.

Der *Neuen Zeitung* würden genau die richtigen Informationen zugespielt werden. Alles, was er brauchte, um für die Sicherheit des Staates zu sorgen. Zumindest so lange, bis sie die wahren Täter entlarvt hatten.

Das Augenmerk der Journalisten war wie das aller auf die Hauptpunkte gerichtet: die Verschärfung der Einlasskontrollen, das Einsammeln von Handys und Kommunikationsgeräten, Durchsuchungen ohne richterliche Anordnung – was nicht einmal alle Punkte waren. Zwei DIN-A4-Seiten voller Änderungen, die es durchzusetzen galt.

Gerade, als Johanna den Mund aufklappte, meldete sich der Sprecher des Parlaments zu Wort: »Die Redezeit für Sie ist abgelaufen, verehrte Abgeordnete«, sagte er und fügte hinzu, als Johanna zum Protest ansetzte: »Sie haben freiwillig Ihre Zeit dazu genutzt, auf die vorangegangenen Worte des Polizeipräsidenten einzugehen. Vielleicht wäre es nun besser, an dieser Stelle zu enden und ein Fazit der einzelnen Standpunkte zu ziehen. Wir haben bereits die Reden der Regierung sowie der beiden Oppositionsführer und des Polizeipräsidenten gehört. Vielen Dank an dieser Stelle.«

Das eintönige Klopfen auf Holz erklang. Johanna verzog säuerlich das Gesicht, begab sich allerdings ohne Kommentar zu ihrem Stuhl in der vierten Reihe. Der Raum war fast bis auf den letzten Platz gefüllt. Deowolken schwebten durch die stickige Luft, und obwohl die Rollläden bis zur Hälfte heruntergelassen waren, drang die Wärme wie ein Kaminfeuer hinein.

In kurzen, präzisen Sätzen fasste der Parlamentssprecher die letzte Stunde und die geführten Debatten zusammen.

Jetzt spürte Adrian, wie eine gewisse Nervosität in ihm aufstieg. Hatte Johanna mit ihren Worten doch noch etwas erreichen können? Prüfend sah sich Adrian im Parlament um. Überall hingen die blau-weißen Flaggen ihres Staates und dort, wo üblicherweise Einsteins und Newtons Gesichter mit Weisheiten die Wände pflasterten, war nun die Verfassung von Staat X angebracht.

Er sah in freundliche Mienen, zumindest auf der rechten Seite des Saals. Auch Quynh-Anh nickte ihm zu, lächelte voller Zuversicht. Sobald er in Richtung der Regierungsopposition schaute, wurde er von säuerlichen Augenpaaren gegrillt.

Aus irgendeinem Grund musste Adrian ausgerechnet jetzt an Melina denken, deswegen wandte er sich ab, weil er genau wusste, dass sie seine Achillesferse war. Sofort fühlte er sich wieder klein. Als wäre er zehn Jahre alt. Oder dreizehn. Jeder geteilte Moment, jedes Gespräch spielte sich wie bei einer Nahtoderfahrung vor seinem geistigen Auge ab. Er dachte an ihren Blick, der seine Mauern eingerissen hatte. Daran, dass er sie unter allen Umständen beschützen wollte. Vor allem vor sich selbst. Warum sonst benahm er sich bei dem einzigen Menschen, der alle Facetten von ihm kannte, wie ein absolutes Arschloch?

»Adrian?«

Er sah auf. Das Spotlight war auf ihn gerichtet. Für einen Augenblick geriet er ins Straucheln, konnte sich jedoch wieder mit einem Lächeln fangen.

Lars stand vorne am Rednerpult, strahlte Zufriedenheit und Ruhe aus, obwohl er nichts von dem war, was er vorgaukelte. Genauso wie Adrian selbst.

Ein Schauspieler auf einer Bühne, während ihn die Zuschauer für echt hielten.

»Ja?«, fragte er nun.

Lars lächelte. »Das Gesetz wurde durchgewinkt. Zweiunddreißig zu zweiundzwanzig Stimmen.«

LARA

Lara stand mit ihrem Rucksack und einem nervösen Flattern im Bauch vor der Redaktion, als Elif um die Ecke hechtete.

»Julian, in mein Büro!«

Sie sah verwirrt auf, als Elif in den Raum voller Schreibtische stürmte, wo sich alle hinter den Bildschirmen und ihren Artikeln verschanzt hatten. Im Hintergrund lief der aktuelle Sommerhit und der Duft von Kaffee, gemischt mit frischer Druckertinte, erfüllte die warme Luft. Wahrscheinlich kam Elif von der Parlamentssitzung, in der sich wohl etwas Neues ergeben hatte.

Lara blickte angespannt den Flur entlang und überlegte, wann sie das letzte Mal so aufgeregt gewesen war.

Die meisten der jüngeren Schüler hatten bereits ihre Sachen zusammengepackt. Für sie war die Arbeit und der heutige Tag in Staat X beendet. Die Nacht gehörte den älteren Schülern.

Sobald sie Vincent entdeckte, fing ihr Herz an, donnernd

gegen den Brustkorb zu schlagen. Er sah gut aus. Das schwarze Haar hing ihm in die Stirn, wodurch seine unergründlichen Sturmaugen ein kleines bisschen dunkler wirkten. Die Uniform stand ihm. Strahlte etwas Unnahbares, aber auch Sicherheit aus.

Auch sein Gang war selbstbewusst, und während er näher kam, beobachtete Lara verwirrt, wie einige Schüler seine Anwesenheit tuschelnd zur Kenntnis nahmen. Ein paar von ihnen sahen verängstigt aus, verschwanden im Innern ihrer Räumlichkeiten.

Dann stand Vincent vor ihr und schloss Lara in eine einfache Umarmung, die sich nach viel mehr anfühlte. Ihre Nase verschwand in seinem Shirt, sie drückte ihr Gesicht an seine warme Brust, lauschte einen Augenblick zu lange seinem Herzschlag und löste sich dann wieder etwas verlegen von ihm.

Eine Hand in den Nacken gelegt grinste er sie an. Sie war erleichtert, dass er genauso verlegen wirkte wie sie selbst.

»Kino?«

»Klar, gerne.«

»90er-Jahre-Film?«

»Perfekt.« Sie lächelte. Ehrlich, echt und von einem warmen Gefühl im Bauch untermalt wie eine leise Sinfonie, die ihr Bauch bei Vincents Auftauchen angestimmt hatte.

»Weißt du, was mir aufgefallen ist?«, fragte sie, als sie kurze Zeit später durch den Schulflur liefen, auf den kleinen Musiksaal zu, in dem das Kino lag.

»Was denn?«

Links und rechts waren Plakate mit den Spielzeiten der einzelnen Filme aufgeführt. Je näher sie kamen, desto mehr wickelte sie der Duft nach Popcorn ein.

»Du wirkst nicht mehr so ... grimmig. Irgendwie gelöster.«

Jetzt sah Vincent Lara grimmig an und ein Lachen kitzelte sich ihre Kehle hinauf, dass sie nur mit Mühe zurückhalten konnte. »Du schaust, als hätte ich gerade behauptet, deine Mutter sei in Wahrheit die Schneekönigin.«

Sofort löste sich die Sorgenfalte, die sich in seine Stirn gegraben hatte, auf. Dennoch fiel ihr auf, dass sich sein Blick umwölkte, als müsste er an etwas denken, das Schmerz hervorrief.

Der Vorraum des Kinos war leer, dafür aber viel kühler als der Flur und das Büro der *Morgenpost X*. Außer einem Pärchen, das vor ihnen an der Kasse anstand, war niemand zu sehen. Vincent zog seine Zigarettenschachtel aus der Hosentasche, als er nach seinen Xero-Geldscheinen suchte.

»Rauchen kann tödlich sein.«

»Ich weiß«, sagte er leise, fast ein wenig ehrfürchtig, aber kein bisschen genervt. Eher so, als hätte er es schon viel zu oft gehört und diese Tatsache einfach akzeptiert. Die Schachtel verschwand wieder in seiner Hosentasche, stattdessen zauberte er das Geld hervor. »Meine Mutter ist an dem Mist gestorben.«

»Oh. Dann solltest du das mit dem Rauchen vielleicht ganz sein lassen.« *Weil ich noch länger etwas von dir haben möchte*, fügte sie im Stillen hinzu.

Vincent sah sie überrascht an.

»Danke«, sagte er nach einer Weile.

»Wofür?«

»Dass du nicht als Erstes ›tut mir leid‹ gesagt und anschließend peinlich berührt geschwiegen hast.« Sein Blick fand ihren und beinahe hatte Lara das Gefühl, dass sich gerade etwas sehr Entscheidendes zwischen ihnen verändert hatte. »Das wäre die normale Reaktion gewesen.«

Bevor sie antworten konnte, nahm der Junge vor ihnen sie beide in Augenschein. Er machte hastig einen Schritt zur Seite, stolperte fast über die eigenen Füße und vermied tunlichst Blickkontakt.

»Wollt ihr nicht vor?«, fragte er. In seine Stimme hatte sich anscheinend ein Schallplattenfehler eingeschlichen, denn sie sprang mitten im Satz die Tonleiter hinauf.

Vincent zuckte unbeteiligt mit den Schultern, so, als würde er gar nicht merken, wie seltsam dieses Verhalten eigentlich war, und drängte sich dann an dem Pärchen vorbei. Verdutzt folgte Lara ihm, sah, wie sich die beiden zurückzogen.

»Sonderpreis«, hörte sie die Verkäuferin in dem rosa Kostüm, das an einen schlechten Maid-Manga-Abklatsch erinnerte, sagen. Wortlos schob Vincent den Bruchteil des eigentlichen Ticketpreises über den Holztisch.

Lara wurde plötzlich übel. Das Herz schlug ihr bis zum Hals. Ihr Blick wanderte zu Vincent, dem anscheinend nichts komisch vorgekommen war.

Was zur Hölle ging hier vor?

VINCENT

»Sag mal, ist das normal?«

»Was meinst du?«, fragte Vincent und ließ das Wechselgeld in seine Hosentasche gleiten, den Blick auf Lara gerichtet, die ihn mit großen Augen ansah.

Kurz überlegte er, ob er vergessen hatte, sein Kinn zu rasieren. Dann fiel ihm ein, dass ein Junge ihm heute Morgen im Bad extra zu der geglückten Rasur gratuliert hatte.

»Alles in Ordnung?«

Lara räusperte sich. »Ja, es ist nur so … Fällt dir das eigentlich nicht auf? Also … dass dich alle irgendwie anders behandeln?«

»Anders, inwiefern?« Mit zwei Fingern steckte Vincent die Tickets für den Film ein, wartete, bis Lara zu ihm aufgeschlossen hatte, und ging vom Foyer in den zweiten Vorraum, der für den gesonderten Schallschutz sorgte und in dem eine richtige Popcorn-Maschine und ein Eisladen aufgebaut waren. Hier waren die Fenster mit roten Samttüchern verdeckt und die Rollläden heruntergelassen, sodass die Atmosphäre tatsächlich an ein Kino erinnerte.

Kurz dachte er an seinen Vater. Mit ihm hatte er zuletzt einen Film gesehen. Die Wärme des Abends war wieder präsent, genauso wie die aufkeimende Hoffnung, dass sich die kleine Dreizimmerwohnung erneut wie ein Zuhause anfühlen würde, dann schob er den Gedanken jedoch beiseite.

»Du musst weniger bezahlen. Die Leute lassen dich vor. Und dann dieses eindringliche Starren.«

»Ehrlich?«, fragte Vincent ausweichend. In ihm kroch ein komisches Gefühl hinauf, ähnlich wie bei einem Niesen, aber er unterdrückte es.

»Ja«, sagte Lara nachdrücklich. »Ich habe es vorhin schon bemerkt, aber das gerade eben war wirklich seltsam.«

»Vielleicht gehen sie einfach respektvoll mit Polizisten um.«

Sofort machte sich allein bei dem Gedanken daran, die Abläufe der Polizei mit einer Journalistin zu teilen, ein schlechtes Gewissen in ihm breit. Zum ersten Mal fühlte er sich als wesentlicher Bestandteil einer Gruppe.

Adrian hatte verschiedene Abteilungen ins Leben gerufen, die alle ziemlich gut ineinandergriffen. Der engere Kreis um ihn und seine beiden Freunde, Felix und Kemal, übernahm größtenteils die Verhöre sowie die Gerichtsprozesse, wenn sie nicht selbst patrouillierten. Die Gruppe um Nils, Maxim und Jonathan ging vor allen Dingen den Verhaftungen nach, die Administration lag bei den jüngeren Schülern und der Rest, Vincent selbst inklusive, kümmerte sich um die Patrouillen. Und tatsächlich schienen all diese Maßnahmen zu funktionieren, denn während seines freien Nachmittags hatte es keine besonderen Vorkommnisse gegeben. Die Partys waren ausgeblieben, auf den Gängen war es nach 22 Uhr besonders ruhig und der Zusammenhalt unter ihnen wuchs. Immer weiter.

Doch die Polizeiarbeit ging Lara nichts an. Unter gar keinen Umständen wollte er aus dem Nähkästchen plaudern und am Ende seinen Namen in der nächsten Ausgabe der *Morgenpost X* als Insiderinformant lesen. Im Grunde sorgte sie sich nicht um ihn, sondern wollte nur der nächsten Story hinterherrennen.

Kurz verspürte Vincent so etwas wie Ärger, wollte Lara wegschieben, doch dann atmete er kurz durch und verdrängte die Gefühle.

Denn er mochte Lara. Sehr sogar.

Er riss sich aus den Gedanken, aber auch Lara schien nachzudenken. Ihre Zähne senkten sich in ihre Unterlippe, was unwillkürlich seine Aufmerksamkeit darauf lenkte. Schon wieder. In seinem Kopf herrschte plötzlich eine atemlose Stille, gleichzeitig spürte er Hitze in sich aufsteigen. Vincent versuchte, einen einigermaßen intelligenten Gesichtsausdruck zustande zu bringen.

Anscheinend hatte sie was gesagt, denn sie sah ihn erwartungsvoll an.

Konzentrier dich, komm schon.

Räuspernd kratzte Vincent sich im Nacken. »Was hast du gesagt?«

»Süß oder salzig?«, fragte sie und Vincent bemerkte den neckischen Unterton in ihrer Stimme, aber vielleicht wollte er ihn auch einfach hören.

Er schluckte. »Süß.«

»Perfekt.«

Lara holte einen zerknitterten Papierschein aus ihrem Rucksack, sah ihn dann mit ihren türkisfarbenen Augen an, sodass Vincent ihre Frage nur gedämpft hörte, als ob sie sich beide unter Wasser befänden.

»Ist doch in Ordnung, wenn ich dich einlade, oder?«

Dieses Mal brachte er ein Nicken zustande. Immerhin.

»Cola?«

Ein weiteres Nicken.

Während sie die Bestellung aufgab, versuchte er, sich etwas abzulenken, und studierte das Kinoprogramm der kommenden Stunden. Mit einem Lächeln drehte sich Lara wieder zu ihm um, die Colaflasche unter den Arm geklemmt, das Popcorn in der Hand balancierend.

»Und, was schauen wir uns an?«,

»In dem einen Kinosaal spielen sie gerade *Eine wie keine*, der hat vor zehn Minuten angefangen. Und im zweiten Kino soll in fünfzehn Minuten *Léon – Der Profi* beginnen.«

»Dann fällt die Entscheidung ja wirklich leicht. Mir zumindest.« Lara sah ihn an. Innerlich betete Vincent, dass sie Jean Reno genauso grandios fand wie er selbst. »Welchen Film würdest du denn sehen wollen?«

»*Léon – Der Profi*.«

»Perfekt«, sagte sie wieder. Sie gingen hinein und suchten sich einen ungestörten Platz.

Lara in der schützenden Dunkelheit des zum Kinosaal umfunktionierten Raums neben ihm, in seinem Arm, die Beine unters Kinn gezogen. Seine Finger in ihrem weichen Haar, ihr Kopf an seiner Schulter.

Natalie Portman und Jean Reno verblassten wie alles, das ihn daran erinnerte, dass es noch eine andere Welt gab. Eine Realität, in der sie bestehen mussten. Hier waren sie in ihrer eigenen kleinen Blase gefangen, die sie wie eine Schutzschicht umgab.

Lara in seinem Kopf und ihr Geschmack auf Vincents Lippen. Der Kuss war sanft und weich, fordernd und liebevoll zugleich. Es war der beste Kuss, den er je gehabt hatte.

Weil er echt war. Echt und ehrlich – wie Lara.

Sie schmeckte gut. Nach Popcorn und ein bisschen nach Cola.

Ihre Nähe wirkte wie ein Katalysator für all die negativen Gedanken, die leisen Zweifel, die sich in ihm breitmachten.

Vincent vergaß den Stress mit Adam, er vergaß alles andere.

Er vergaß und fühlte einfach.

*Der Präsident trägt die Verantwortung
für die politische Entwicklung des Staates.*
Die Regierung, Staat X.

Lars ahnte, dass seine Entscheidung falsch gewesen war. Er hätte sich niemals auf Felix' Vorschlag einlassen und Präsident werden sollen.

Was war er denn schon für ein Präsident?

Einer, der seinen Gönnern ausgeliefert war. Er fühlte sich schmutzig.

Die Dusche war heiß und lang, zu lang, länger als sonst. Mit nassen Haaren stieg er in die Anzughose, band sich anschließend die rote Krawatte. Dabei zitterten seine Finger und der Knoten hing völlig schief. An jedem anderen Tag hätte Lars den Knoten wieder gelöst und neu gebunden, aber heute war es ihm einfach egal.

Er hatte sich angreifbar gemacht. Er war nur noch eine Marionette. Eine Marionette in den Händen von Personen, denen er nicht vertraute. Es war lächerlich, doch die Verlockung war zu groß gewesen.

Gegen Johanna zu gewinnen, deren Sieg schon in greifbarer Nähe gelegen hatte. Endlich einmal beweisen, dass er nicht nur *nett* war. Der kleine Freund von Scheiße. Nein, Lars hatte ernsthaft daran geglaubt, etwas ändern, etwas bewirken zu können in Staat X.

»Alles in Ordnung? Du siehst ziemlich blass aus.«

Maxim, einer von Adrians Polizisten, trat gerade aus der Dusche in den Umkleideraum.

»Alles in Ordnung.« Lars' Mundwinkel schrien die Lüge in die Welt hinaus. »Ich muss einfach was trinken«, wiegelte er ab und machte sich auf zur täglichen Parlamentssitzung.

Auf dem Weg dorthin begegneten ihm viele Bürger, die die Nacht in der Schule verbracht hatten. Auf ihren Gesichtern spiegelte sich nicht mehr die unverhohlene Freude wie in den ersten Tagen. Ihre Mienen waren düsterer, als ob ein Gewitter aufgezogen war.

Lars wandte den Blick ab.

Wahrscheinlich war das alles Einbildung. Wahrscheinlich ging es ihnen gut und er sah einfach Gespenster.

In diesem Augenblick ging Sebastian Kießling um die Ecke.

Lars zuckte bei seinem Anblick zurück.

Rot unterlaufene Augen. Ein blauer Fleck prangte auf seinem Wangenknochen. Wie von unsichtbaren Gewichten gezogen hingen seine Schultern herab und auch die Brille auf seiner Nase machte einen schiefen Eindruck, als ob sie verbogen worden wäre.

Sebastian nahm ihn nicht wahr, sondern schlich weiter, als ob er versuchte, sich unsichtbar zu machen.

Lars beschleunigte seine Schritte, versuchte, seine Bedenken hinter sich zu lassen. Doch egal, wie schnell er lief, die Gedanken in seinem Kopf schienen nur umso lauter zu werden.

Flogen Adrian und Felix auf, würde das einen riesigen Rattenschwanz nach sich ziehen.

Gingen sie unter, würde auch er untergehen.

Lars atmete tief aus und straffte die Schultern, ehe er den Physiksaal betrat.

So weit würde es nicht kommen. Die Gesetzesänderungen waren gut. Sie gaben dem Staat Stabilität, gerade jetzt, wo alles auf so hölzernen Beinen stand. Die Polizisten machten lediglich ihre Arbeit. Staat X war in Sicherheit.

Alles war gut.

MELINA

»Ausweis, bitte.«

Melina schob ihren Staat-X-Personalausweis dem grimmig dreinschauenden Polizisten entgegen, wartete, bis er das Bild mit ihrem vor Müdigkeit schrumpeligen Gesicht verglichen hatte. Neuerdings wurden alle kontrolliert. Nicht nur die jüngeren Schüler, die erst gegen 8 Uhr die Schule betraten, sondern alle mussten einmal durch die Kontrollen in der Eingangshalle. Die Neuankömmlinge in einer Reihe, die Schüler, die in der Schule schliefen, in der anderen.

Er schaute auf das Bild. Er schaute Melina ins Gesicht. Wiederholte das Ganze zwei Mal. Anschließend drückte er ihr den Ausweis wieder in die Hand. Ein bisschen grob und ganz sicher nicht freundlich.

Danach holte er ein Tablet von dem kleinen Nebentisch und scrollte durch eine Liste. Als er Melinas Namen entdeckte, setzte er einen Haken dahinter. So garantierten sie also, dass sich jeder einer Kontrolle unterzog.

Melina war das Ganze nicht geheuer.

»Handy, bitte.«

Melina sah den Polizisten an. Dabei fiel ihr auf, dass sie keine Ahnung hatte, wer das war. Einer aus der Oberstufe?

In ihrem Bauch formte sich ein Knoten. Sie zwang sich, die Lippen zu bewegen und ihre Ängste zu überwinden. Irgendwie.

»Was?«, fragte sie nach kurzem Schweigen.

Sein Blick ließ Melina auf der Stelle festfrieren. »Wir sammeln ab heute die Handys ein.«

»Warum?« Die Frage glitt schon leichter über ihre Lippen.

Dieses Mal gab ihr der Polizist keine Antwort. Stattdessen tauschte er nur einen vielsagenden Blick mit seinem Kollegen. Sie zählte die Gestalten in Uniform: sieben. Sieben Polizisten, die sich um die Kontrolle kümmerten. Noch etwas sprang ihr dabei direkt ins Auge: Es waren alles ältere Jungs, kein einziges Mädchen war mehr unter ihnen.

»Ehrlich gesagt würde ich mein Handy gerne behalten«, hörte Melina sich sagen und war selbst überrascht, wie selbstverständlich sie die Worte über die Lippen brachte.

»Das geht nicht. Wir haben Anweisungen. Es geht um die Sicherheit des Staates. Hier.« Er reichte ihr einen dunkelgrünen Zettel mit einer Nummer. »Wir sperren die Smartphones auch gut weg.«

In der anderen Schlange sah Melina ein Mädchen, das sich den Anweisungen fügte. Ohne zu zögern. Wie ein Lamm, das lächelnd zum Schlachter geführt wurde. Resigniert griff auch sie in die hintere Hosentasche und überreichte dem Beamten ihr Handy. Er steckte es in eine Plastiktüte, heftete den passenden Zettel dazu und winkte sie durch die Kontrolle.

Mit einem mulmigen Gefühl begann für sie heute Staat X. Ohne Umwege steuerte sie auf die *Büchereule* zu, um sie für den neuen Tag aufzusperren. Noch während sie ihre Tasche hinter der Kaffeetheke platzierte, ging die Tür auf.

»Ist das zu glauben?« Olga stand in der *Büchereule* und warf die Arme in die Luft. »Die haben mich eine halbe Stunde gefilzt. Haben wohl gedacht, ich würde irgendwas ins heilige Reich schmuggeln! Dabei habe ich ihnen fünf Mal erklärt, dass wir seit vier Tagen in der Schule wohnen. Wie die Polizisten übrigens auch, aber das hat sie kein bisschen interessiert.«

Schwungvoll schmiss sie die Tür hinter sich zu, ihr hoher Zopf wippte bei jedem Schritt, zielsicher ging sie auf die Kaffeetheke zu und setzte sich auf einen der Barhocker. Passend zu ihrem dunklen Lippenstift und dem für ihre Verhältnisse konservativen Outfit, trug sie blauen Lidschatten.

»Morgen gehen wir zusammen los.«

»Wenn du nicht so ewig vor dem Spiegel gebraucht hättest«, sagte Melina mit einem Lächeln.

Olga schmollte. »Nicht jeder hat ohne Make-up ein so hübsches Gesicht wie du. Ich muss mir meins erst zusammenmalen.«

»Ach, quatsch!«, erwiderte Melina und spürte, wie ihr bei dem versteckten Kompliment Hitze in die Wangen stieg.

Olgas Grinsen verschwand ebenso schnell, wie es gekommen war. »Hast du die Typen in der Eingangshalle gesehen? Warum machen die überhaupt so einen Aufstand?«

Aus irgendeinem Grund fröstelte es Melina. Zaghaft zog sie die Schultern hoch. »Keine Ahnung. Wahrscheinlich wollen sie die Situation so unter Kontrolle bekommen.«

Olga machte eine Kopfbewegung hin zu ein paar Blättern, die auf der Theke lagen – für ihre unsichtbaren Gäste. »In der *Neuen Zeitung* stand, dass sie die Verdächtigen für die Sabotage freilassen mussten. Sie haben ein Interview mit Adrian geführt.« Man hätte beinahe behaupten können, dass sie dem Namen keine besondere Betonung zuteilwerden ließ, allerdings entging Melina ihr Blick keineswegs. »In dem Interview erklärt er ziemlich plausibel, dass die Maßnahmen sofort wieder gelockert werden, sobald man die wahren Täter gefasst hat.« Sie zog eine zweite Zeitung unter der anderen hervor. »Aber die *Morgenpost* hat auch einen kritischen Bericht über die Gesetzesänderungen gebracht, die gestern durchs Parlament gegangen sind.«

Melina scannte die Zeitungen nur flüchtig. Die Artikel waren mit reißerischen Überschriften versehen, passende Fotos, meistens herangezoomte Köpfe von Abgeordneten und natürlich von Adrian selbst, rundeten alles ab. Ihr war im Moment nicht danach, sie genauer zu lesen. Zum einen weil es sie nur an ihr eigenes Foto erinnerte, zum anderen war mit Olgas Einzug in die *Büchereule* die Realität wieder eingekehrt. Rote Zahlen.

Melina seufzte. »Olga, was machen wir mit den Aushilfen?« In zwanzig Minuten wollten die beiden Mädchen hier aufschlagen und sie hatte keine Ahnung, wie sie ihnen Gehalt zahlen sollten. »Gestern haben wir im fetten Minus abgeschlossen. Wenn es heute nicht besser wird, müssen wir sie direkt wieder entlassen.«

Olga ließ den Kopf hängen. »Ich weiß«, sagte sie kleinlaut.

Sie schwiegen für einen Moment. Doch dann durchbrach Olgas optimistische Seite das beharrliche Schweigen, schwungvoll hüpfte sie vom Barhocker. »Pass auf: Ich hol uns erst einmal etwas zu essen und dann überlegen wir uns den kostengünstigsten und genialsten Marketingplan aller Zeiten, okay? Soll ich dir ein Croissant mitbringen?«

Allein der Gedanke daran, in das weiche, französische Gebäck zu beißen, hellte ihre Miene sofort auf. »Gerne.«

»Super.« In typischer Olga-Manier flog sie durch die *Büchereule*, blieb dann jedoch an der offenen Tür stehen, die eine Hälfte ihres Körpers bereits im Flur, wo für diese Uhrzeit schon viel los war. »Übrigens: Heute Abend gehen wir zum Konzert von *Happy Obscurus*. Und keine Ausreden. Die Abschlussfeier im *Rooftop* wurde ja leider wegen der neuen Sicherheitskontrollen gestrichen. Dann können wir Staat X wenigstens beim Konzert ausklingen lassen.«

Damit war sie verschwunden und Melina blieb zurück. Mit einem nassen Lappen wischte sie über die kaum benutzten Tische, staubte die Regalreihen ab und überlegte, wie sie mehr Leute in den Laden bringen konnten.

Keine zehn Minuten später wurde ihre Bitte erhört, denn die Klinke bewegte sich zeitlupenartig nach unten. Entweder war es Olga mit dem langersehnten Croissant oder tatsächlich Kundschaft. Hoffnungsvoll blickte sie zum Eingang, doch anstelle von lesefreudigen Besuchern standen mal wieder zwei Polizisten in der *Büchereule*. Beide sehr groß, ihre Mienen eingefroren. Diesmal war nichts Freundliches oder Warmes in ihren Gesichtern zu finden. Der stahlblaue Blick des Größeren traf Melina so unvermittelt wie ein plötzlicher Regenschauer. Obwohl sie sich dagegen wehrte, spürte sie dennoch, wie es ihr eiskalt den Rücken herunterlief.

Die Sicherheit, die ihr die Polizisten gestern vermittelt hatten, schlug ohne Vorwarnung ins Gegenteil um.

Warum war Olga ausgerechnet jetzt nicht da? Sie hätte gewusst, wie man mit ihnen umgehen musste, hätte einen lockeren Spruch ausgepackt und ihnen dadurch ein Lächeln entlockt.

Melina beobachtete, wie die Polizisten näher kamen, ihre Schritte waren wachsam, lauernd, als wären sie auf der Jagd. Sie erkannte beide sofort. Nils und Jonathan. Beides Typen, um die sie eigentlich einen Bogen machte. Sie inspizierten jeden Millimeter der *Büchereule*, schritten durch den Raum, als würde er ihnen gehören. Vor der Bartheke blieben sie stehen, den Blick auf Melinas Gesicht gerichtet.

»Sieht gut aus. Fast wieder wie vorher.«

Melina stutzte. Sie konnte sich nicht erinnern, einen der Jungs schon einmal in der *Büchereule* gesehen zu haben.

Endlich fand sie ihre Stimme. »Kann ich euch helfen?« So gut es ging, unterdrückte sie den ängstlichen Tonfall.

»Wir sind wegen der Steuern hier.« Stahlblick. Nils.

»Welche Steuern?«, fragte sie, sichtlich irritiert. Soweit Melina wusste, hatte Olga ihren Anteil bereits am Abend zuvor gezahlt, so wie die restlichen Tage auch – vom Tag der Zerstörung mal abgesehen.

»Zusatzsteuern. Damit die Polizei die Sicherheit von Staat X auch weiterhin gewährleisten kann.« Das Lächeln des Dunkelhaarigen mit den kantigen Gesichtszügen, Jonathan, wirkte aufgesetzt und erst, als sie ein zweites Mal hinsah, bemerkte sie, dass es seine Augen nicht erreichte.

In Melinas Nacken prickelte es, wie damals in Adrians Wohnzimmer. Als die Gefahr lauernd näher kam und sie mit jeder Faser ihres Körpers spürte, dass etwas geschehen würde. Etwas abgrundtief Böses.

Für den Bruchteil eines Augenblicks schloss Melina die Augen, dachte krampfhaft an etwas anderes. An Kaschinski in seinem Terrarium, an die sichere Umarmung ihrer Mutter, wenn es gewitterte, an Bücher und ihren Zauber.

Dann nahm sie all ihren Mut zusammen. »Ich glaube nicht, dass es diese Steuer gibt.«

Wenn die Information in der Zeitung gewesen wäre, hätte Olga ihr davon erzählt.

»Willst du unsere Befugnisse infrage stellen?« Nils durchlöcherte sie mit seiner gebellten Frage.

Ja, schoss es Melina durch den Kopf, die Bedrohung schwebte nur noch ein paar Schritte von ihr entfernt. Die Nähe der beiden Polizisten war erdrückend, ihr Blick flog nun Hilfe suchend zur Tür, die sich jedoch nicht rührte.

»Dachte ich es mir doch.« Jonathan lächelte zufrieden, als sie nicht antwortete. »Das macht dann zehn Xero.«

Resigniert schüttelte Melina den Kopf. »So viel habe ich nicht in der Kasse. Wir hatten in den letzten Tagen kaum Kundschaft.«

Die Augenbrauen des Polizisten schossen in die Höhe. »Und das soll ich dir abnehmen? Vielleicht solltest du den Betrag einfach aus deiner eigenen Tasche bezahlen. Dann hätte sich das Thema erledigt.«

»Das ist … ziemlich viel Geld.«

»Du weißt, dass wir dich auch ins Gefängnis stecken oder vom Projekt ausschließen können.«

»Und aus welchem Grund?«, fragte sie leise.

»Behinderung der Staatsgewalt.«

Geschmeidig wie ein Raubtier auf Beutezug schlich Jonathan auf sie zu, was Nils mit einem wissenden Grinsen zur Kenntnis nahm.

Ein dumpfes Gefühl breitete sich in ihrer Brust aus. Hilflosigkeit. Melina schrumpfte.

Bedrohlich baute er sich vor ihr auf, rückte so dicht an sie heran, bis sie die hellblauen Sprenkel in seinen Augen erkennen konnte. Gerade Nase, kratergroße Poren, dunkle Brauen.

Sie wollte sich unsichtbar machen.

»Du solltest dich besser an die Spielregeln halten.« Das »sonst passiert was« musste er nicht aussprechen, seine Körpersprache war auch ohne Worte verständlich.

Verschwindet, dachte sie, blieb stumm, blieb hilflos und verzweifelt.

»Mach schon«, knurrte Nils.

Mit zitternden Fingern griff Melina unter die Kaffeetheke, holte ihren Geldbeutel aus der Holzablage und drückte Stahlblick den gewünschten Betrag in die ausgestreckte Pranke.

Als sich ihre Finger berührten, überkam Melina Ekel. Sie schaffte es nicht, ihnen in die Augen zu sehen, als sie sich beinahe zuckersüß bedankten, so als wäre das alles vollkommen normal, nur ein weiteres Geschäft, nur ein weiterer Tag in Staat X.

Und wahrscheinlich war es das auch für sie.

LARA

Wenn man einmal die Augen geöffnet, die Wahrheit erkannt hatte, konnte man sie nicht einfach wieder verschließen. Außer man war ziemlich feige.

Lara wollte nicht feige sein. Sie wollte einmal in ihrem Leben das Richtige tun. Ganz gleich, was die anderen von ihr denken mochten.

Alles andere wäre falsch. Alles andere könnte die Sicherheit von Staat X ernsthaft gefährden und das würde sie bestimmt nicht riskieren.

Wie ein riesiger Stein saß dieses bedrohliche Gefühl in ihrer Magengegend, selbst die Erinnerung an Vincent – an die Wärme und Nähe seines Körpers, das Lachen zwischen ihnen, die gelöste Stimmung – schaffte es nicht, sie davon abzulenken. Etwas ging hier vor, aber sie konnte den Finger nicht darauf legen. Es war, als würde sie einen Horrorfilm anschauen, kurz bevor der nächste Mord geschah, und sie wüsste genau, dass es passieren würde. Etwas lag in der Luft.

Nachdenklich kaute Lara auf ihrer Unterlippe herum, spürte, wie sich ihre Zähne in die Haut bohrten, und überlegte fieberhaft, was es sein könnte.

»Was ist los? Willst du nicht in die Mittagspause?«

Überrascht blickte Lara auf und musste feststellen, dass sie allein mit Elif im Büro der *Morgenpost X* war. Neben ihr beugte sich Elif über ihren Schreibtisch, neugierig flog ihr Blick über Laras krakliges Schaubild, das sie an ihre Kindergartenzeit erinnerte. Als sie verdammt stolz darauf gewesen war, ein viereckiges Haus malen zu können. *Polizei? Bevorzugung? Angst?* Die drei Wörter waren eingekreist. Dabei war sie sich nicht einmal sicher, was diese Hervorhebung zu bedeuten hatte. Und wenn es eines gab, worauf sich die Redaktion verlassen sollte, dann darauf, dass Lara nur mit verlässlichen Quellen arbeitete.

Elif runzelte die Stirn, richtete sich wieder auf. »Was ist das?«

Lara winkte ab. »Ach, nichts Wichtiges. Ich habe mir nur ein wenig den Kopf zerbrochen.«

»Und worüber? Das sieht mir nicht nach *nichts* aus.«

»Na ja, ich war mit einem der Polizisten gestern im Kino«, sagte sie, während ihr flammende Hitze in die Wangen stieg und sie stumm darum bat, nicht auszusehen, als wäre sie in einen roten Farbtopf gefallen. »Und da ist mir aufgefallen, wie anders er behandelt wird. Von den Schülern. Von der Kassiererin. Als ob er einen Freifahrtschein für alles hätte. Auch wenn er es nicht wirklich ausgenutzt hat, sie sind total seltsam mit ihm umgegangen.«

»Mhm.« Nachdenklich zog Elif eine Schnute. »Vielleicht war er mit der Kassiererin befreundet?«

Lara schüttelte den Kopf. »Nein, das hätte er mir gesagt. Ich habe ihn ja auch gefragt, ob er das bemerkt hat.«

»Gut. Aber was meinst du mit ›Angst‹?« Elifs Zeigefinger donnerte auf das Wort auf Laras Papier, erweckte den Gedanken zum Leben.

»Auch einfach eine Beobachtung. Wenn er den Gang entlangläuft, haben ein paar Schüler Angst. Zumindest sehen sie so aus. Oder sie verschwinden schnell um die Ecke.«

»Könnte tatsächlich bloß daran liegen, dass er bei der Polizei arbeitet?«

Elif hatte recht. Sie sah Gespenster. Das war albern und dämlich. Sie fühlte sich nur zu sehr in ihre Rolle als rasende Reporterin ein.

Gerade, als sie bereits das Handtuch werfen wollte, hob Elif die Brauen. »Tut mir leid, ich spiele hier gerade Advocatus Diaboli. Folge ruhig deinem Instinkt. Stürz dich rein, recherchiere, versuch, mit Leuten zu sprechen. Mit der Gesetzesänderung von gestern bekommt die Polizei mehr Macht, als vielleicht gut ist. Ich habe das in meinem Artikel ja auch deutlich kritisiert. Falls an deinen Beobachtungen tatsächlich etwas dran sein sollte, hätten wir einen echten Knaller.«

Lara merkte, wie gut ihr Elifs Lob tat. Ihren knurrenden Magen ignorierend packte sie ihre Notizen zusammen.

Ihre Rolle als Journalistin gab ihr Sicherheit. Auf einmal stellte sie laut Fragen, die sie sich vorher nicht einmal in Gedanken gestellt hätte, auf einmal hatte sie das Gefühl, Berge versetzen zu können, indem sie anderen auf den Schlips trat. Indem sie tiefer bohrte. Indem sie über ihren eigenen Schatten sprang.

Endlich.

Mit einem Lächeln warf sie den karierten Rucksack über die Schulter und machte sich auf den Weg in Richtung Kino. Ihrem ersten Anhaltspunkt.

Wie am Vortag war das Kino abgedunkelt, gerade lief nur ein Film und beim Ticketverkauf herrschte reger Betrieb. Leider war die Kartenverkäuferin von gestern nicht da, stattdessen stand ein dunkelblonder Junge in ihrem Alter in der Ecke und las mit gerunzelter Stirn in der Zeitung. Wahrscheinlich hatte er sie kommen hören, denn er blickte Lara fragend an, so, als ob er versuchte, sie zuzuordnen. Ohne ihn weiter zu beachten, ging Lara bis zur Popcornausgabe vor. Dort war es sogar noch etwas voller. Und da entdeckte sie die Verkäuferin von gestern.

Lara hielt sich im Hintergrund, wartete, bis auch der Letzte seine Finger in dem warmen Süßkram verschwinden gelassen hatte, und trat dann auf das Mädchen zu. Zwei Zöpfe, die in einem hohen Bogen abstanden, das rosa Kostüm betonte ihre schmale Taille und ihre Lippen waren zu einem kundenorientierten Lächeln hochgeschraubt. Vielleicht hatte sie tatsächlich einen Cosplay-Faible und nutzte die Projekttage, um sich in der Schule austoben zu können. Jedenfalls sah das Outfit niedlich aus.

»Hallo, womit kann ich dir helfen?«

»Ich war gestern hier. Nachmittags. *Léon – Der Profi.*«

»Ah, mit dem Polizisten.« Unsicherheit färbte ihre Stimme heller.

»Genau.«

»Hast du was vergessen?«

Lara schüttelte den Kopf, versuchte, so viel Zuversicht wie möglich auszustrahlen, indem sie sich um einen freundlichen Gesichtsausdruck bemühte. »Nein, das nicht. Aber ich habe eine Frage an dich. Du hast meiner Begleitung einen Rabatt gegeben. Hatte das einen speziellen Grund?«

Ihre Züge verschlossen sich wie ein Vorhang die Bühne nach dem letzten Applaus. »Ich weiß nicht, was du meinst.«

»Na ja, du hast ihm doch einen Sonderpreis angeboten, oder nicht?«

»Ich glaube, da täuschst du dich.«

Jetzt legte Lara die Stirn in Falten. »Nein, ich bin mir eigentlich ziemlich sicher.«

»Anscheinend bist du dir ja nur *eigentlich* sicher. Also nicht *wirklich* sicher.« Wie ein Feuer speiender Drache schleuderte sie Lara die Worte entgegen, jede Freundlichkeit war aus ihrem Gesicht gewichen. »Und im Gegensatz zu dir bin *ich* mir sicher. Ich halte mich an die Regeln des Kinos. Schließlich bin ich auch nur eine Angestellte hier und möchte meinen Job nicht verlieren. Und falls du keine Vorstellung besuchen willst, würde ich dich bitten, jetzt zu gehen.«

Abwehrend hob Lara die Hände. »Ich weiß ja nicht, was du hast, aber ich wollte dir eigentlich nur helfen.«

»Darauf kann ich verzichten«, fauchte sie, aber dann sah Lara es. Die Angst in ihrem Blick. Blanke Panik, so deutlich wie eine bunte Kontaktlinse. Aber vor was? Oder besser ... vor *wem*?

Resigniert trat Lara den Rückzug an. Draußen angekommen

holte sie tief Luft und starrte aus dem großen Glasfenster hinunter auf den Schulhof. All die Essensstände, die Spielstationen, die man um die Tischtennisplatten errichtet hatte. Sie meinte, Vincents Gestalt am Rand des Spielfeldes auszumachen, und verspürte einen Stich in der Brust. Lara hatte keine Ahnung, wie Vincent darauf reagieren würde, wenn er erfuhr, dass sie Nachforschungen anstellte. Eine Kostprobe eines Streits hatte sie ja bereits erhalten.

Obwohl Lara ahnte, dass sie Vincent durch ihre Aktion verstimmen würde, hatte sie das Gefühl, das Richtige zu tun.

Vielleicht zum ersten Mal in ihrem Leben.

Ein Finger tippte auf ihre Schulter. Als sie sich überrascht umdrehte, stand der Junge von der Kasse neben ihr. Er sah kurz über die Schulter, als müsste er sich vergewissern, dass ihnen keiner zuhörte.

»Ich habe euch belauscht«, sagte er. »Du bist Journalistin, oder?«

»Ja, wieso?«

»Von welcher Zeitung?«

»*Morgenpost X*.«

Er nickte, als hätte er es gehofft. »Zeig mir deinen Ausweis.«

Verwirrt kramte Lara den Personalausweis hervor und sobald er die Bestätigung schwarz auf weiß vor sich sah, schwappte Erleichterung über seine Züge.

»Gut. Ich bin Stephan Reinhardt.« Der Name sagte ihr nichts und das schien er zu merken, denn er fügte hinzu: »Ich war ursprünglich für den Posten des Polizeipräsidenten vorgesehen. Du bist die Neue, oder? Ich glaube, wir sollten uns unterhalten.«

VINCENT

Durch die bodentiefen Fenster des Erdgeschosses drangen warme Sonnenstrahlen, tanzten auf Vincents Haut. Die Gummisohlen seiner hellblauen Sneakers erzeugten ein Quietschen auf dem Boden.

Er brauchte länger als üblich durch die Flure im Untergeschoss. Viel länger. Was ihn ärgerte, da er eigentlich nicht noch später kommen wollte, schließlich würde sein Dienst in einer halben Stunde beginnen. Aber die Gänge waren förmlich mit Schülern verstopft. Und laut.

»Vincent.«

Als er sich zu der tiefen Stimme umdrehte, sah er sich Maxim und Jonathan gegenüber. Die beiden anderen Polizisten wirkten, als wären sie direkt aus einem amerikanischen Film entsprungen. *Leathal Weapon* ließ grüßen. Stoische Mienen, cooles Auftreten.

Seine Gedanken wanderten zu seinem Vater, den er irgendwie vermisste. Ihr gemeinsames Schweigen. Schon seltsam, dass man so etwas erst bemerkte, wenn man sich nicht mehr täglich sah.

»Ja?«, fragte Vincent und blieb stehen.

»Du bist doch mit der Neuen befreundet, oder?«

Vincent spürte, wie sich seine Muskeln anspannten. »Lara?«

»Die Journalistin. Die Kleine macht Ärger.«

Vincents erster Impuls war es, Jonathan für seine Worte zurechtzuweisen. Lara war vieles, aber garantiert nicht seine Kleine. Er hasste es, wenn man Mädchen auf diese Weise einfach jemandem zuwies, als ob sie ein Besitz wären. Aber er hielt die Klappe, wie so oft.

»Was meinst du?«

»Sie recherchiert für einen Artikel, für den sie nicht recherchieren sollte. Das bringt nur Ärger. Für uns. Uns Polizisten.«

»Sie arbeitet für die Zeitung, es ist ihr Job …« Es war ein billiger Versuch, für Lara in die Bresche zu springen.

Jetzt mischte sich Maxim ein, starrte ihn finster an. »Ist doch scheißegal! Auf welcher Seite stehst du eigentlich? Wer weiß, welche Insiderinformationen du ihr insgeheim zusteckst. Vielleicht solltest du gar nicht mehr bei der Polizei sein.«

»Was?« Vincent spürte, wie Panik in ihm aufstieg. Die Vorstellung, seine Position zu verlieren, presste ihm schmerzhaft die Luft aus der Lunge, und Laras Name verschwand wie in einem viel zu langen Abspann.

Endlich war er angekommen. Endlich.

»Wir sagen dir das, weil du was auf dem Kasten hast und wir

denken, dass du dich von ihr nicht so einspannen lassen solltest. Sie nutzt dich nur aus.«

Jonathans Worte trafen ihr Ziel, präzise und genau, und plötzlich war da in Vincent ein Gefühl, das er nicht näher ergründen wollte. Der Gedanke, dass Jonathan damit recht haben könnte, schmeckte wie Galle auf seiner Zunge.

»Sie arbeitet für die Lügenpresse. Sie schreibt boshaftes Zeug und das macht eine scheiß Stimmung. Sowohl bei uns im Team als auch bei den Mitbürgern. Du hast bestimmt mitbekommen, wie sie uns meiden.«

Vincent nickte langsam. Ja, ihm war das durchaus aufgefallen. Aber ihm gefiel das Gefühl … von Macht. Wie ihn die jüngeren Schüler ansahen. Wie sie ihn beobachteten, jeden seiner Schritte verfolgten. Nicht, weil sie ihn seltsam fanden, sondern weil sie ihm Respekt entgegenbrachten.

»Wenn du weiter bei der Polizei sein willst, musst du eine Entscheidung treffen, Vincent.«

»Warum?«

»Weil wir sonst nicht sicher sein können, dass du ihr nicht doch etwas verrätst. Ganz ehrlich? Es ist schon verwunderlich, dass sie auf einmal ihre Nase in Angelegenheiten steckt, die sie nichts angehen.«

»Woher wisst ihr eigentlich davon?«, fragte Vincent, weil er es nicht wahrhaben wollte, weil es einfacher war, als sich zu fragen, wie nah Jonathans Behauptungen der Wahrheit kamen.

Warum sollte sich Lara auch sonst mit ihm abgeben? Er war uninteressant. Kein Typ wie Adam oder Adrian, sondern einfach nur stinknormal.

»Wir haben unsere Informanten«, erwiderte Maxim ausweichend. »Überleg dir, was du machen willst. Du kannst nicht beides haben.«

Mit diesen Worten ließen sie ihn stehen. Vincent starrte ihnen hinterher, wie sie davonschlenderten, während ihnen andere Schüler ehrfurchtsvoll auswichen.

Die Leere in ihm war wieder greifbar. Die Antriebslosigkeit, die Perspektivlosigkeit, all das, was in seinem Leben so viel Raum eingenommen und innerhalb der letzten Woche so geschrumpft war, stand wieder vor ihm. Bereit, ihn ganz auszufüllen.

Er mochte Lara. Sehr sogar. Aber die Vorstellung, alles zu verlieren, ließ sie auf einmal verblassen.

Ihr Lachen wurde leiser. Ihre Präsenz.

Im Grunde hatte Vincent sich nie als Teil von etwas Größerem gefühlt und er wollte das nicht aufgeben. Für niemanden.

Bevor er wusste, was er eigentlich tat, setzten sich seine Füße in Bewegung. Er beschloss, Lara einen Besuch abzustatten.

LARA

»Vincent.«

Lara blieb abrupt stehen, denn Vincent lehnte an der Tür der *Morgenpost X*, die Arme vor der Brust verschränkt, in seine Uniform gemauert. Er wartete auf sie, aber irgendetwas an der Art, wie er sie musterte, verlieh ihr kein gutes Gefühl. Es war, als ob sich ein klaffender Abgrund vor ihnen aufgetan hatte. Dabei waren sie sich erst gestern so nah gewesen, dabei spürte sie das Prickeln seines Kusses noch immer auf den Lippen, hatte die ganze Nacht nur daran denken können. Daran und an das seltsame Verhalten um ihn herum.

»Hast du kurz Zeit?«

»Ja.«

Er ging voran, das Schweigen wie einen Schutzwall um sich errichtet. In einer Ecke blieben sie stehen.

»Was gibt's?«, fragte Lara, plötzlich hämmerte ihr Herz wie

wild in der Brust und ihr Rucksack fühlte sich zentnerschwer an, als hätte jemand heimlich Ziegelsteine hineingelegt.

»Ich glaube, es ist besser, wenn wir uns nicht mehr treffen.« Vincents Gesicht wurde bei den Worten hart wie Marmor und Lara runzelte verwirrt die Stirn, spürte, wie etwas in ihr einen Riss bekam. Sie fürchtete, dass es ihr Herz war.

Er musste von ihren Fragen erfahren haben. Sie hatte gewusst, dass er wütend sein würde, aber niemals hätte sie gedacht, dass er einen klaren Schnitt machen würde. Sich einfach von ihr trennte wie von einem Etikett, das im Nacken kratzte.

Wenn Vincent von ihren Recherchen wusste, dann wäre Stephan – ihr Informant aus dem Kino – womöglich in ernsthaften Schwierigkeiten. Stephan, der ehemalige Polizeipräsident, der seine Stelle zugunsten von Adrian geräumt hatte.

Lara durfte sich unter keinen Umständen in die Karten schauen lassen.

»Was? Warum?«

»Es könnte falsch aufgefasst werden.«

»Falsch aufgefasst?« Ihre Stimme wurde lauter, von plötzlicher Wut getrieben. »Von wem? Der Polizei? Vincent, das hier ist nur ein dämliches Projekt. Ja, es ist cool und es macht Spaß, aber es dauert nur eine Woche und morgen ist der letzte Tag, dann ist es sowieso vorbei.«

Dieses Mal hatte sie wohl den Finger genau in die Wunde gelegt, denn plötzlich verschloss sich der Ausdruck in seinen Augen völlig.

»Du kapierst das nicht«, stieß Vincent zwischen zusammengebissenen Zähnen hervor, riss die Arme in die Luft.

»Nein«, sie schnaubte aufgebracht. »Ich kapiere wirklich nicht, was das hier soll. Wir verstehen uns gut. Wir haben eine schöne Zeit miteinander. Warum willst du auf einmal keinen Kontakt mehr zu mir haben? Weil ich gestern die falschen Fragen gestellt habe? Weil es dir gerade ganz gut gefällt, dass dich alle bevorzugt behandeln?« Sie machte eine ausladende Geste in Richtung der Bürger des Staates, die ihrer Arbeit nachgingen, aber immer wieder neugierig zu ihnen hinübersahen.

Vincent schüttelte vehement den Kopf, die Lippen zu einer dünnen Linie zusammengepresst. »Du redest Unsinn!«

»Ach, ja? Wieso willst du denn sonst den Kontakt abbrechen? Das ergibt doch keinen Sinn!«

»Du schreibst für die Lügenpresse.«

Lara spürte, wie ihre Gesichtszüge entgleisten. »Wie bitte? *Lügenpresse*? Ist das nicht ein bisschen weit hergeholt?«

»Die *Morgenpost X* versucht nur, unsere Arbeit schlechtzureden. Dabei versuchen wir, für die Sicherheit zu sorgen, den Ärger fernzuhalten, damit der Staat überhaupt funktionieren kann! Wie du vielleicht mitbekommen hast, ging das nämlich ziemlich schief und wir hatten alle Hände voll zu tun, weil einige dachten, sie könnten sich wie Rambo aufführen. Du hast in genügend Gerichtsprozessen gesessen, du weißt, wovon ich rede.«

Zorn und Ärger loderten wie zwei Feuerherde in ihrem Körper, doch sie zwang sich, tief durchzuatmen. Es brachte nichts, wenn sie sich hineinsteigerte und etwas sagte, das sie anschließend bereuen würde. Das Einzige, was sie aus der funktionierenden Ehe ihrer Eltern gelernt hatte, war, dass man Konflikte nicht einfach unter den Teppich kehrte. Dann würde der Konflikt nur weiter anwachsen. Lieber einmal mehr streiten, lieber einmal mehr den offenen Dialog suchen – nur so konnte sie begreifen, was in Vincent vorging.

»Ja. Das kann sein ...«, lenkte Lara ein. »Aber dann erklär es mir. Was meinst du damit? Warum sagst du ›Lügenpresse‹? Und aus welchem Grund willst du nicht mehr mit mir gesehen werden?«

»Ich möchte keinen Ärger bei der Polizei, mir dämliche Fragen anhören. Ob ich dir Informationen zustecke, ob du nur deswegen mit mir abhängst.« Da war es wieder. Dieser dämliche Gedanke, doch sie ließ Vincent weitersprechen. Er raufte sich das Haar, wirkte gehetzt, verzweifelt, verloren. »Ich möchte nicht, dass sie meine Loyalität anzweifeln. Es ist vielleicht das erste Mal in meinem Leben, dass ich ...«

Vincent verstummte schlagartig, als hätte er bereits zu viel von sich preisgegeben, und auf seinem Gesicht stand wieder dieser Ausdruck, der Lara gänzlich ausschloss. Sie abwies.

Und dann erkannte sie endlich, was der Ausdruck bedeutete. Vincent war bereit, auf eine Beziehung, auf den Kontakt zu ihr zu verzichten, weil er sich der Polizei zugehörig fühlte.

So, wie sie neue Kraft aus ihrer eigenen Arbeit zog und plötzlich einen Sinn und ein Ziel sah, etwas, an das sie glaubte und für das sie einstand. Egal, mit welchen Konsequenzen. Sie war ehrgeizig geworden, schob den Gedanken an das, was die anderen von ihr hielten, beiseite. Selbst wenn es dabei um Vincent ging.

In gewisser Weise verstand sie ihn sogar. Irgendwie.

»Aber nur weil ich für die *Morgenpost X* arbeite, heißt das doch nicht, dass wir uns nicht treffen können.«

»Doch«, erwiderte Vincent. »Genau das heißt es.«

Er warf ihr einen letzten Blick zu, so viele Emotionen kämpften darin um die Oberhand, dann drehte er sich um und marschierte davon.

Lara blieb zurück, umklammerte die Schnallen ihres Rucksacks etwas fester und hörte tief in sich hinein. Traurigkeit klang in ihr nach, Sehnsucht nach Vincent, nach mehr, nach all dem, was sie hätten haben können. Sie spürte den Schmerz, spürte, wie sie den Gedanken an ihn losließ.

Dabei wollte Lara Vincent nicht loslassen. Sie mochte ihn. Ihre Unterlippe begann zu zittern, energisch blinzelte sie die aufsteigenden Tränen weg.

Normalerweise wäre sie ihm hinterhergerannt. Hätte gesagt, dass sie den Job kündigen würde, nur, damit er bei ihr bliebe.

Aber sie rührte sich nicht von der Stelle.

Sie erkannte, dass sie diese Person nicht mehr war. Sie war nicht mehr das Mädchen, das sich selbst für jemand anderen wegwerfen würde.

Jetzt hatte sie Prinzipien. Eine Mission.

Sie dachte an das Notizbuch in ihrem Rucksack, das mit vielen Worten gefüllt war. Und an das Versprechen, das sie Stephan, dem Jungen aus dem Kino, gegeben hatte. Einen letzten, großen Artikel zu schreiben, aber gleichzeitig bei ihren Recherchen vorsichtig zu sein.

»*Warum gehst du nicht zu einem Vertrauenslehrer?*«, hatte sie ihn gefragt.

Stephan hatte nur aufgelacht. »*Hast du mitbekommen, wie man Johanna dargestellt hat, nachdem sie angefangen hat herum-*

zufragen? Mittlerweile glauben selbst ihre eigenen Freunde, sie wäre eine hysterische Zicke. Man wird denken, ich sei nur neidisch, weil Adrian jetzt Polizeipräsident ist, und wolle ihn einfach schlechtmachen.«

»*Und warum meldest du dich erst jetzt?*«

»*Das alles geht zu weit. Ich habe die Polizei mitaufgebaut, die Leute eingestellt. Davon ist kaum noch etwas übrig, die Mädchen sind fast alle arbeitslos und die jüngeren Schüler hat man in die Administration verfrachtet. Sie sitzen den ganzen Tag in einem Büro und drehen Däumchen. Jemand muss etwas unternehmen.*«

Lara hatte geschluckt. »*Was meinst du?*«

»*Du hast jetzt alle Informationen und kannst sie den Lehrern geben, wenn es ganz aus dem Ruder läuft.*«

»*Ich schreibe einen Artikel darüber. Für Samstag. Der Abschlussartikel.*«

»*Dann solltest du aufpassen. Mit den Jungs ist nicht zu spaßen, wenn sie sich bedroht fühlen. Sie denken einfach, sie könnten alles machen, nur weil Adrian ihnen die Macht und Mittel verschafft hat.*«

Lara schloss einen Moment lang die Augen und hoffte, nein betete, dass Vincent mit der Sache, von der Stephan ihr erzählt hatte, nichts zu tun hatte.

ADRIAN

»Ihr könnt gehen.«

Wie ein einzelner Sonnenstrahl, der durch die Wolkendecke brach, drang das Kellerlicht in die Gefängniszelle. Drei leere Augenpaare blinzelten gegen den grellen Lichteinfall, einer der Gefangenen hob eine Hand, um sich dagegen zu schützen.

»Das wird auch Zeit.« Die Stimme des größten Jungen kratzte, so als hätte er sie seit Stunden nicht benutzt.

Etwas rührte sich in Adrian, als er ihre Gesichter genauer betrachtete. Augenringe. Müdigkeit. Etwas anderes, das er in ihrem Blick erkannte, doch nicht so recht einordnen konnte. War es Abscheu? Angst? Angst vor wem, *ihm*?

»Alles in Ordnung?«, fragte er deswegen. Normalerweise kümmerten sich die anderen Jungs um die Gefangenen. Maxim, Jonathan und Nils und ein paar aus deren Klasse, die er eigenhändig eingestellt hatte.

Die Gefangenen blieben stumm, als hätte man ihnen die Stimme geraubt. Ohne ein Wort zu sagen, drückte sich der Größte von ihnen an ihm vorbei. Als seine Schulter Adrians Oberarm streifte, sah er, wie der Junge zusammenzuckte und das Gesicht vor Schmerz verzog.

Bevor Adrian sich weiter darüber Gedanken machen konnte, schnellte seine Hand bereits nach vorne und umfasste das Handgelenk des Jungen. In seinem Blick stand eine Panik, die Adrian an ein Tier auf dem Weg zum Schlachter erinnerte, das sein tödliches Schicksal kannte.

»Alles in Ordnung?«, wiederholte Adrian, dieses Mal lauter und eindringlicher.

Der Gefangene schüttelte ihn ab, als wäre er eine lästige Fliege, doch etwas in der Art, wie er sich bewegte, wie er sich verhielt, brachte bei Adrian sämtliche Alarmglocken zum Läuten.

»Können wir gehen?« Er sah ihn dabei nicht an.

»Ja. Ihr wart drei Stunden hier unten und habt eure Strafe abgesessen. Die Staatsanwaltschaft hat eure Entlassung bereits unterzeichnet.«

»Gut.«

Adrian wartete, bis auch die anderen die Gefängniszelle verlassen hatten, dann schloss er wieder ab. Er hörte, wie die Jungen die Treppe hinaufliefen, geflüsterte Worte durchdrangen dumpf die eingekehrte Stille. Doch so sehr er sich anstrengte, er verstand sie leider nicht.

Felix und Kemal warteten oben in der Turnhalle auf ihn. Ein Blick in ihre Gesichter reichte völlig aus, um zu wissen, dass sie keine guten Nachrichten im Gepäck hatten. Immer wieder fuhr sich Felix mit seinen Fingern durchs Haar, ein Anzeichen dafür, dass die Kacke am Dampfen war.

»Was gibt's?«, fragte Adrian ruhig, sobald er seine Freunde erreicht hatte. Noch immer konnte er das seltsame Gefühl, das sich in seinem Bauch festgesetzt hatte, nicht abstreifen.

Kemal sah sich um, vergewisserte sich, dass niemand sie belauschte, und sagte dann: »Die Opposition hat einen Eilantrag gestellt, das Gesetz von gestern wieder zu kippen. Die Opposition gibt sich wohl nicht damit zufrieden, dass du das Gesetz durchgeprügelt hast. Wenn das oberste Gericht sich dagegen ausspricht, dann ist die Sache vom Tisch.«

»Nicht ich, sondern die Regierung«, murmelte Adrian, auch wenn das im Grunde keine Rolle spielte. Schließlich hatte Kemal recht. Die Gesetzesänderung war schließlich auf seinem Mist gewachsen.

In seinem Kopf spielte er alle möglichen Szenarien durch. Angefangen davon, wie Johanna freudestrahlend die frohe Botschaft verkündete, dass das Gesetz wieder gekippt worden war, bis hin dazu, dass die Idioten, die Staat X nicht ernst nahmen und zu ihrem persönlichen Spielplatz auserkoren hatten, einen Sieg davontrugen.

»Danke«, sagte er, setzte sich bereits in Bewegung und ließ seine Freunde verdutzt stehen. »Ich bin gleich wieder zurück.«

»Wo gehst du hin?«, rief Felix ihm irritiert hinterher.

»Zum Präsidenten«, antwortete er über die Schulter. »Es gibt eine Möglichkeit, den Eilantrag zu stoppen.«

Für lange Erklärungen war keine Zeit, denn der Kampf hatte bereits begonnen und die Uhren tickten in Staat X etwas schneller als draußen. Unter keinen Umständen würde er Johanna doch noch gewinnen lassen. Das hier war längst mehr als nur ein einfaches Projekt. Es spiegelte ihre Position in der Schule wider. Und Adrian würde garantiert nicht unter die Räder kommen. Nicht nachdem er sich seinen Posten so hart erarbeitet hatte.

Der Weg durch die Schulflure war niemals länger gewesen als in diesem Augenblick. Er wurde beobachtet, doch zum ersten Mal beschlich Adrian das Gefühl, dass etwas anders war. Dabei verteilte er sein Lächeln wie ein Werbegeschenk, aber es wurde überall zurückgewiesen. Als wären sie der vielen Werbung überdrüssig.

Lars war nicht in dem kleinen Zimmer neben der Bibliothek, das ihm und seinem Team als Büro diente, dafür fand Adrian ihn umgeben von Abgeordneten vor dem Parlament. Als er ihn erblickte, huschte ein angespannter Ausdruck über sein Gesicht, dann lächelte er. Adrian hatte den Eindruck, er würde am liebsten schreiend davonrennen.

»Ich muss mit dir sprechen. Unter vier Augen.«

Lars verstand, gab ein Zeichen und gemeinsam steuerten sie dasselbe leere Klassenzimmer an wie zuvor auch. Mit einer Hand zog Adrian die Tür hinter ihnen zu, sperrte die Außenwelt für einen Moment aus.

»Was ist?«

»Die Opposition hat einen Eilantrag gestellt, um die Gesetzesänderung zu stoppen.«

Ein Schatten fiel auf sein Gesicht. »Ich weiß. Ich habe gerade davon gehört.«

»Du kannst das ändern.«

»Was meinst du?« Lars sah ehrlich verwirrt aus.

»Es gibt eine Möglichkeit, die Exekutive zu umgehen und den Antrag aufzuhalten. Steht alles in der Verfassung. Du allein hast die Macht dazu. Dann wären wir wieder auf der sicheren Seite und könnten mit den notwendigen Sicherheitsmaßnahmen weitermachen.«

Was folgte, war ein langes Schweigen, das sich mit lautlosen Gedanken mischte, die zwischen ihnen standen. Wahrscheinlich ahnte er, wovon Adrian sprach, schließlich war Lars kein Idiot.

»Du meinst, ich soll ein Dekret erlassen, richtig?«

Er nickte abrupt, wartete, bis Lars sich etwas mit diesem Gedanken angefreundet hatte. Man konnte den inneren Monolog auf seiner Stirn erkennen. Das Abwägen, die Überlegungen, die in ihm heranreiften, eine Debatte über Vor- und Nachteile.

»Ja«, sagte Adrian dann. »Das Recht hat der gewählte Präsident, wenn er zuvor den Notstand ausruft. Und ich finde, die gegenwärtige Lage rechtfertigt so ein Vorgehen durchaus.«

Angespannt schürzte Lars die Lippen. »Was ist mit der Presse?«, fragte er. »Die hat uns sowieso schon auf dem Kieker. In ihrem letzten Leitartikel für die *Morgenpost X* hat Elif Kaymaz geschrieben, dass die Gesetzeslage zu schnell durchgepeitscht wurde und sich die Regierung zu viel herausnimmt. Wenn ich jetzt auch noch den Notstand ausrufe ...«

Auch er hatte den Artikel gelesen. »Deine Freundin Michelle hat ja gute Arbeit geleistet, die *Neue Zeitung* schreibt regierungsfreundlich, ist auf unserer Seite. Das ist wichtig«, sagte er. »Was Elif wirklich möchte, ist möglichst viele Zeitungen zu verkaufen. Du weißt doch selbst, wie ehrgeizig sie ist. Und die Verkaufszahlen geben ihr aktuell recht. Die *Neue Zeitung* ist heute Morgen nicht ansatzweise so gut weggegangen wie die Konkurrenz. Aber wenn wir uns jetzt von einem einzigen Leitartikel und einem Oppositionsaufschrei aus der Ruhe bringen lassen, können wir einpacken.« Adrian gab Lars einen Moment, um die Worte zu verdauen und setzte dann noch einen drauf. »Wenn du aber wirklich etwas gegen die Stimmungsmache und schlechte Presse tun möchtest, dann könntest du einen Schritt weitergehen.«

»Wie?«

»Wenn du den Notstand ausrufst, könntest du auch eine Pressezensur auferlegen.«

»Das bekomme ich nicht durch.«

»Du traust dir zu wenig zu«, erwiderte Adrian.

»Nein, das ist zu auffällig«, antwortete Lars, dieses Mal bestimmender. »Pressezensur geht zu weit. Wir sind eine Demokratie. Die Maßnahmen des Notstandes leite ich auch nur ein, weil mittlerweile so viele glauben, sie könnten machen, was sie wollen.«

»Wenn du jetzt einlenkst, wirkst du so schwach, dass du am letzten Tag noch deinen Rücktritt einreichen könntest. Das bist nicht du, Lars. Bis jetzt hast du souverän agiert. Dass Staat X so gut läuft, ist dein Verdienst. Gib ihnen jetzt keinen Grund, das alles zunichtezumachen.«

Das war mal wieder dick aufgetragen, aber Adrian kannte Lars. Die Verlockung war zu groß. Er hatte von der Macht gekostet, vielleicht wollte er auch einfach sehen, wie weit er gehen konnte. Was es bedeutete, die Kontrolle über einen kompletten Staat zu besitzen. Aber dabei übersah er vielleicht eins: dass Adrian im

Hintergrund eigentlich die Fäden zog. Mehr, als Lars möglicherweise lieb war.

»Du hast recht.« Sein Kopf ruckte hoch und runter. »Aber du solltest eins nicht vergessen: Wenn ich versage, dann gehen wir beide gemeinsam unter.«

Überrascht sah er den Präsidenten an. Vielleicht durchschaute Lars doch mehr, als Adrian glaubte, vielleicht spielte er auch nur mit, weil ihm zum jetzigen Zeitpunkt keine andere Möglichkeit blieb. Sie waren in eine Einbahnstraße abgebogen, sie konnten nicht einfach wieder umdrehen.

»Ja, ich weiß.«

Lars nickte. »Gut. Wir stecken in derselben Scheiße.«

Dieses Mal warteten Felix und Kemal vor der Tür auf Adrian, als er zurück zur Turnhalle ging. Und dieses Mal ließ ihn der Ausdruck in ihren Gesichtern Hoffnung schöpfen. Felix sah aus, als hätte er einen Sechser im Lotto gehabt, und hielt Adrian sein Smartphone kommentarlos unter die Nase.

»Was ist das?«, fragte er und blickte auf den Screenshot einer WhatsApp-Nachricht. Dann las Adrian, was dort stand.

Mit einem Schlag wich die Müdigkeit aus seinen Gliedern, jedes Geräusch seiner Umgebung drang überdeutlich an sein Ohr.

Denn dort stand auf dem grünen Hintergrund alles, was er wissen wollte.

Alles, was er brauchte, um die wahren Täter der Sabotage festzunehmen.

Alles, um sich an Adam Giebel zu rächen.

VINCENT

Die jüngeren Schüler hatten Staat X bereits verlassen. Wie auch die letzten beiden Abende zuvor veränderte sich die Stimmung schlagartig, wurde ernster.

Vincent blickte auf das Schulgebäude, aus den geöffneten Fenstern des großen Musiksaals drangen Gitarrenklänge gemischt mit dem Poltern von Schlagzeugkünsten. An Adam hatte er so lange nicht mehr gedacht. Er wollte sich von seinem Freund nicht mehr die Laune verderben lassen.

Seine Gedanken wanderten zu Lara, was sich anfühlte, als hätte er sich eigenhändig ein Messer in den Unterleib gerammt.

Er war ein Idiot. Weil er den Kontakt zu ihr abgebrochen hatte, aber es war das einzig Richtige gewesen. Noch nie hatte er sich so sicher gefühlt, so sehr als ein Teil von etwas Größerem. Nicht nur der Freund von jemand anderem zu sein. Sondern einfach er, Vincent. Staat X und seine Aufgabe als Polizist gaben ihm eine Bedeutung. Endlich, nach all den Jahren, die einer Kette aus bedeutungslosen Ereignissen geglichen hatten.

Wenn eine mögliche Beziehung mit Lara dem Ganzen im Wege stand, war er bereit, dieses Glück zu opfern.

»Kann ich dich kurz sprechen?«

Wie aus dem Nichts stand Adrian Dennenberg neben ihm. Trotz des dämmrigen Lichts der Abendsonne, die mit den Schatten der Nacht kämpfte, erkannte er Adrians durchdringenden Blick und musste unwillkürlich auf die Spitzen seiner schwarzen Sportschuhe starren. Dann kam ihm das albern vor und Vincent sah ihn direkt an.

Alles an ihm war einschüchternd, aber nicht auf eine bedrohliche Art. Sondern vielmehr so, als wüsste Adrian genau, was er tat. Als könnte ihn nichts aus der Bahn werfen.

»Klar.« Vincent nahm einen letzten Zug von seiner Zigarette, der Geschmack verlor sich auf seiner Zunge, dann ließ er den Stummel fallen und zerdrückte die glühende Asche unter seinen Schuhen. Dabei kamen ihm Laras Worte in den Sinn, ihr Gesicht erschien in seinen Gedanken und die schlechte Laune, die er den ganzen Tag über verdrängt hatte, keimte in ihm auf. Rauchen konnte tödlich sein und eigentlich wollte er nicht so enden wie seine Mutter. Aber vielleicht rauchte er auch einfach, um sich ihr etwas näher zu fühlen.

Es wurde Zeit, sich davon zu lösen. Von alten Mustern und Fesseln. Kurzentschlossen beförderte er die restliche Packung in den Mülleimer.

Adrian vergrub die Hände in den Hosentaschen.

»Ich weiß nicht, ob du es schon gehört hast, aber wir werden

Adam festnehmen«, meinte Adrian und kam direkt zum Punkt. »Das wollte ich dir sagen, bevor wir die Aktion starten. Du bist schließlich sein ... Freund.«

Tausend Gedanken schossen Vincent durch den Kopf, der lauteste von ihnen fragte sich, ob das ein Test war. Für seine Loyalität?

»Weshalb?«, fragte Vincent mit einer eigenartigen Stimme, als ob sich Misstrauen in ihr vergraben hätte. »Weshalb wollt ihr ihn festnehmen?«

»Wir glauben, dass er hinter der Attacke auf die *TT-Bar* und die *Büchereule* steckt. Deswegen haben wir einen Haftbefehl bei der Staatsanwaltschaft beantragt.«

Die Nachricht traf Vincent so unvorbereitet wie ein seitlicher Kinnhaken. Er blinzelte perplex und sammelte Wörter in seinem Mund, die alle nicht richtig schienen. Seine Zunge war wie verknotet.

Warum hätte Adam das tun sollen?

Adrian beobachtete ihn, gab ihm die dringend nötige Zeit, das Gesagte zu verdauen, auch wenn er dafür wahrscheinlich Tage brauchte.

»Ich glaube, ihr täuscht euch«, sagte Vincent schließlich, langsam, als müsste er sich an die Worte erst herantasten. »Adam ist nicht der Typ, der mutwillig irgendwelche Sachen zerstört.« Noch als er es aussprach, merkte Vincent, wie falsch das klang, schließlich hatte Adam Adrian provoziert. »Welches Motiv hätte er? Und wann soll das passiert sein? Er war auf der Party auf der Dachterrasse, schon vergessen? Am nächsten Morgen war schon alles verwüstet.«

Der Ausdruck in Adrians Gesicht wurde mörderisch. »Adam hat meine Schwester entjungfert und sie anschließend wie Dreck behandelt, bis sie sich nicht anders zu helfen wusste, als die Schule zu wechseln. Und was man so hört, war er auch nicht gerade nett zu dir. Warum verteidigst du ihn?«

In ihm wurde es windstill. »Woher weißt du davon? Ich habe es niemandem erzählt.«

»Quynh-Anh hat euch zufällig belauscht und es mir erzählt, weil sie Angst hatte, dass sich das auf deine Arbeit auswirkt. Ich verstehe einfach nicht, wie du immer noch zu ihm stehen kannst.«

Beinahe mitleidig schüttelte Adrian den Kopf, dann griff er in seine Hosentasche und holte sein Smartphone hervor. Der Bildschirm war noch schwarz, doch gleich würde er etwas offenbaren, das Vincent nicht wahrhaben wollte. Denn das würde das endgültige Ende ihrer Freundschaft besiegeln. Adam wäre damit einfach einen Schritt zu weit gegangen. Wenn er nur auf Rache aus war und dabei auf niemanden Rücksicht nahm. Für diese Person hätte er ihn nicht gehalten und mit so einer Person wollte er nichts zu tun haben.

Adrians fliegende Finger tippten den Code ein. Anschließend hielt er ihm das Handy unter die Nase und Vincents Augen fingen die WhatsApp-Nachricht ein.

Ihm wurde schlecht.

Da stand es. Schwarz auf weiß. Er schloss gequält die Augen, versuchte, das Gelesene auszublenden. Doch dafür war es zu spät.

Adam, der in einer Nachricht damit prahlte, für die Sabotage verantwortlich zu sein. Adam, der zugab, alles zerstört zu haben.

Aber warum?

Vincent überkam das Bedürfnis, einfach in den Musiksaal zu stürmen, die Wahrheit aus Adam herauszuschütteln und ihn zur Vernunft zu bringen. Egal auf welche Weise.

Denn Adam wollte ihn vernichten, am Boden sehen, er hatte mit Worten um sich getreten. Und weshalb? Sehr wahrscheinlich wegen eines Mädchens, das er nicht einmal richtig kannte. Wegen seines Egos.

Ein Mädchen, das Vincent nun hinter sich gelassen hatte. Jetzt konnte Adam ja seine Flirtversuche von Neuem starten, sollten die beiden doch miteinander glücklich werden. Vielleicht würde Lara ja ein exklusives Interview mit dem Rockstar der Schule ergattern. Dann hätte sie ihre Story.

»Glaubst du mir jetzt?«

Adrian durchdrang den Nebel in Vincents Kopf, er nickte, wenn auch zögerlich. Es war irrational, wahrscheinlich sogar bescheuert, aber ein Teil von ihm klammerte sich an die Hoffnung, dass sich das alles noch auflösen würde. Wie bei einem schlechten Scherz, den jemand noch erklären musste. Und hinterher brachen sie alle in Gelächter aus.

»Willst du mitkommen? Lars hat den Notstand ausgerufen. Das heißt, wir haben mehr Freiheiten bei den Festnahmen.«

Alles in Vincent sträubte sich dagegen. Aber er wollte dabei sein. Er musste dabei sein.

Sehen, wie Adam es zugab. Damit es real wurde, damit er mit hundertprozentiger Sicherheit sagen konnte, dass ihre Freundschaft beendet war. Denn eines war klar: Von einer Verhaftung würde sie sich niemals erholen.

MELINA

Etwas Rotes flog durch die Luft und klatschte gegen Adams schwitzenden Oberkörper, was ihm jedoch nur ein lässiges Lächeln abrang. Erst nachdem Melina zweimal hingesehen hatte, erkannte sie das auf der Bühne liegende Teil als BH eines der hier kreischenden Mädchen.

Der Musiksaal bebte, genauso wie ihre Ohren vor Tinnitus schrien.

Neben ihr nippte Olga an ihrem alkoholfreien und viel zu süßen Cocktail. Von ihrem Platz bei den weit geöffneten Fenstern hatten sie den besten Überblick über die vor Glückseligkeit zuckenden Körper.

»Zufrieden?«, fragte Melina ihre Freundin, als die Band eine kurze Trinkpause einlegte.

Olgas Augen leuchteten. »Ja. Sehr sogar.«

Melina konnte sich nicht daran erinnern, wann sie Olga in

den letzten Monaten das letzte Mal so ehrlich gelöst gesehen hatte. Und seit sie im Minus abgeschlossen und die beiden Mädchen bereits zum Abend wieder hatten entlassen müssen, war dieser Schatten in ihrem Blick gewesen wie eine dunkle Wolke, die sich ständig vor die Sonne schob. Was auch der Grund dafür war, warum Melina ihr den Vorfall mit den Polizisten nicht berichtet hatte, sondern ein krampfhaftes Lächeln auf ihr Gesicht gezaubert und so getan hatte, als wäre alles in bester Ordnung.

Weil Melina ihr nicht noch mehr Sorgen bereiten wollte. Oder nicht immer die Freundin mit den Problemen sein wollte. Und eigentlich war es keine große Sache gewesen. Zumindest versuchte sie, sich das einzureden.

»Wann wollte Lara kommen?«

»In zehn Minuten. Sie hat vorhin geschrieben, dass sie den Kopf freikriegen und eine Runde schwimmen gehen möchte, bevor sie kommt.«

»Möchtest du noch was trinken?«

Melina lehnte dankend ab. Ihr Blick streifte die erhitzten Gesichter der hauptsächlich weiblichen Fans, die darauf warteten, dass es weiterging. Dann bemerkte sie den Lichteinfall von den hinteren Eingangstüren.

Ihr Körper versteifte sich beinahe automatisch, noch bevor sie begriff, was sie sah. Eine Schockstarre, ähnlich wie am heutigen Morgen.

Neun in Schwarz gekleidete Gestalten glitten durch den Musiksaal, während das Donnern ihrer Schuhe die Unterhaltungen zerbrach, die ausgelassene Stimmung wie ein Messer zerschnitt. Melina brach in kalten Schweiß aus, wie gelähmt stand sie an ihrem Platz, war nicht in der Lage, den Blick von ihnen abzuwenden.

Sie zuckte zusammen, als Pavel das Schlagzeug malträtierte und damit das Ende der kurzen Pause einläutete. Überall brandete lautstarker Applaus auf, auch Olga sprang hoch und klatschte in die Hände. Sie bemerkte die drohende Gefahr nicht.

Schwarz gekleidet, in ihrer Uniform. Auf Brusthöhe war ein silbernes Abzeichen aufgestickt. Die Polizei von Staat X.

In Zweierreihen gingen sie nebeneinander und ihre Mienen waren ausdruckslos und starr, ein Anblick, den sie sonst nur aus Videos, in denen Militärparaden gezeigt wurden, kannte. Melina wollte schreien, aber aus einem anderen Grund als die ganzen anderen Mädchen hier. Wie schwarze Schatten schoben sich die Polizisten auf die Bühne zu, drängten Tanzende zur Seite, während Adam gerade seinen nächsten Song anstimmte.

»Olga.«

»Mhm?« Das Leuchten in ihren Augen erlosch schlagartig, sobald sie Melina ansah. »Was ist los?«

Plötzlich ging ein Raunen durch die Reihen, wurde wie ein Echo nach vorne getragen und gewann dabei an Lautstärke.

Melina spürte, wie sie trotz der angestauten Wärme eine Gänsehaut bekam, eine Gänsehaut, die sich auf ihrem ganzen Körper ausbreitete.

Das Raunen um sie herum wurde zu einem Orkanrauschen und ihr Blick eilte zu den Schlagstöcken, die an den schwarzen Ledergürteln hingen und bei jedem Schritt wie ein Taktzähler hin- und herbaumelten.

Der Knoten in Melinas Brust zog sich enger zusammen. Bestimmt waren es nur Attrappen, aber sie verfehlten dennoch nicht ihre Wirkung.

»Was zur Hölle?«, fragte Olga mit hochgezogenen Augenbrauen, verschränkte die Arme vor der Brust.

In diesem Moment betraten sie die Bühne. Einer von ihnen hielt sich im Hintergrund.

Zuerst brach das Schlagzeug ab, Pavel hielt die Stöcke in der Luft, starrte zu den Polizisten. Dann verstummte auch das andere Mitglied von *Happy Obscurus* und nur noch Adam war zu hören. Ein wenig verloren und total angepisst. Seine Augen suchten nach einem Schuldigen und blieben schließlich an den Polizisten hängen.

Er sagte etwas, das Melina nicht verstand, doch sie sah, wie er höhnisch die Lippen verzog. Schmerz zuckte über sein Gesicht, in jenem Augenblick, in dem er seinen Freund Vincent in den Reihen der Polizisten entdeckte. Es wurde plötzlich so still, dass Melina die Leute um sich herum atmen hören konnte. Die Anspannung war beinahe greifbar.

Felix, Adrians Freund, trat nach vorne. So entschlossen, wie sie ihn selten gesehen hatte.

»Adam Giebel, du bist vorläufig verhaftet.« Wie Pistolenkugeln flogen die Worte durch den Musiksaal.

»Und weshalb?«, höhnte Adam.

»Mutwillige Zerstörung der *Büchereule* und der *TT-Bar*. Wir haben Beweise.« Jonathan war an Felix' Seite getreten.

»Und was?«

»WhatsApp-Nachrichten.«

Adam klappte den Mund auf und schloss ihn wieder, trat dann

einen Schritt zurück, als ob er dadurch der Situation entkommen könnte.

»Ich hab den Mist doch nur behauptet, weil ich mich wichtigtun wollte«, stieß er nun hervor. »Das war ein Scherz unter Freunden. Habt ihr denn den Rest nicht gelesen? Ich habe Pavel gleich darauf geschrieben, dass ich ihn damit drangekriegt habe.«

»Das kannst du der Haftrichterin erzählen.«

»Vincent.« Winselnd sprang der Name über Adams Lippen. »Du weißt, dass ich das niemals tun würde. Ich bin jähzornig, ja. Aber Staat X gibt mir eine richtige Bühne. So viele Auftritte bekomme ich nie wieder. So etwas würde ich doch nicht einfach kaputtmachen, nur weil mir danach ist.«

»Aber jahrelange Freundschaften schon.«

Das saß. Melina zuckte zusammen, denn der Schmerz in Vincents Stimme war nicht zu überhören.

»Bringt ihn ins Gefängnis. In dem WhatsApp-Chat sind genug Beweise, um ihn wegzusperren. Ob er die Wahrheit sagt, wird sich später herausstellen.«

Adrian.

»Wie zum Teufel kommt ihr eigentlich an meine Nachrichten?«, rief Adam, als wäre ihm diese Tatsache gerade erst aufgefallen.

Volltreffer. Die Frage brannte auch Melina unter den Nägeln. Hatte jemand Adam verraten und seine Nachrichten weitergegeben? Doch dann fiel ihr ein, dass die Handys konfisziert wurden. Könnte es sein, dass sie Daten gehackt hatten? Erschrocken riss sie die Augen auf.

Dann verhafteten sie Adam. Mitten auf der Bühne.

Alles ging ganz schnell.

Adam sprang nach vorne. Die Fäuste erhoben. Das Gesicht zu einer Fratze verzerrt.

Ein entsetzter Schrei gellte durch den Saal, als die Polizisten ebenfalls zum Angriff übergingen.

Sie schlugen zu. Ein Mal. Zwei Mal. Drei Mal.

Adam ging zu Boden, ein Stöhnen auf den Lippen. Tatenlos sahen seine Bandkollegen dabei zu, wie die Polizisten auf ihn einschlugen.

Vier Mal. Fünf Mal.

Vincent stand dabei, doch er tat nichts.

Auch von den Zuschauern schritt niemand ein.

Melina wollte schreien. Sie wollte auf die Bühne springen, doch sie konnte sich keinen Millimeter bewegen.

Alle schienen wie gelähmt zu sein. Alle schienen dieses Verhalten zu tolerieren. Aus Angst?

Dann sah Melina zu Adrian.

Über ihr Gesicht mussten tausend Emotionen gleichzeitig huschen wie der Credit bei einem Abspann. Doch als ihr Blick auf die ausdruckslose Miene von Adrian prallte, wich jedes Gefühl aus ihrem Körper.

Neben Melina stieß Olga einen seltsamen Laut aus, eine Mischung aus Überraschung und Sorge, vielleicht war es auch etwas anderes. Das Einzige, was Melina in diesem Augenblick wahrnahm, war Adrians kühler Blick.

Und dann, endlich, wurde Melina etwas klar, das alles, woran sie geglaubt hatte, bis in die Grundfeste erschütterte.

Dieser Junge hatte nichts mehr mit dem Jungen, der ihr ihren ersten Kuss gegeben hatte, gemein. Vergessen waren die Heimwege von der Kirche, wo er sie jeden Sonntag abgeholt hatte. Verloren die gemeinsamen Nachmittage im Baumhaus im Garten seiner Eltern, die sie mit *Die drei Fragezeichen*-Hören und Fruchtzwergelöffeln verbracht hatten.

Endlich begriff Melina. Ihr Brustkorb zog sich schmerzhaft zusammen. Ihr wurde heiß, dann kalt.

Das war nicht Adrian, der aus seinem Blick sprach, sondern sein Vater. Eine Kopie.

Der Adrian, der sich immer an den Kammern ihres Herzens festgeklammert hatte, existierte längst nicht mehr. Der Adrian dort oben war der Chef der Polizisten. Diese Erkenntnis drückte sich bleischwer auf Melinas Brust, bis sie das Gefühl hatte, zu ersticken.

Nach und nach lösten sich die anderen aus ihrer Starre.

»Was tut ihr da?«, rief ein Mädchen aus dem Publikum, traute sich, dem Unglauben eine Stimme zu verleihen.

Doch die Polizisten ließen sich nicht von der Überzahl der Menge einschüchtern. Im Gegenteil.

»Wir verhaften einen Tatverdächtigen.«

»Hört auf, ihm wehzutun!«

»Er hat sich widersetzt.«

Der Ausdruck auf dem Gesicht des Polizisten, Maxim, wurde tödlich. Er sprang von der Bühne, eilte auf das Mädchen zu und drehte ihr den Arm auf den Rücken.

Melina fand keine Worte, doch mittlerweile waren die Polizisten mit Adam von der Bühne verschwunden, drängten ihn an den Zuschauern vorbei, die ihnen Platz machten. Die Menge wich weiter zurück, sodass die Polizeieskorte ohne Probleme die Tür erreichte. Das Mädchen, das sich getraut hatte, eine Frage zu stellen, wurde ebenfalls abgeführt. Sie weinte. Und keiner reagierte. Angst als Mittel der Macht. Angst lähmte sie alle.

Einen Augenblick später waren sie alle verschwunden, während Melina mit wild klopfendem Herzen dastand und nicht wusste, ob sie das alles nur geträumt hatte.

Jeden Moment würde sie aufwachen. Neben Olga, die mit ihrer seltsamen Schlafmaske und dem Bärchen-Schlafanzug neben ihr lag, und dann würden sie sich gemeinsam auf den Weg zur *Büchereule* machen.

Das alles war nicht real.

Es war ein Traum.

Es musste ein Traum sein.

Nach und nach erwachten die Ersten aus ihrer Starre, ein leises Murmeln setzte ein. Geflüsterte Fragen, von Unsicherheit gefärbt. Ein Funkenflug, der beinahe alle im Raum ansteckte. Die Fragen wurden lauter, fordernder.

»Was geht da vor? Warum nehmen sie ihn fest?«

Quynh-Anh, die Polizeisprecherin, eilte auf die Bühne und sicherte sich selbstbewusst den Platz am Mikrofon. Ihr Ausdruck war freundlich. Als ob nichts geschehen wäre. Als ob das alles völlig normal wäre.

Klar und sehr hell klang Quynh-Anhs Stimme über die Lautsprecher und erklärte die Beweggründe für die Verhaftung. »Uns tut es wirklich leid, dass wir das Konzert an dieser Stelle abbrechen müssen. Trotzdem noch einen schönen Abend.«

Damit verschwand sie von der Bühne.

Ungläubigkeit spiegelte sich in den Mienen der Konzertbesucher. Pavel sah aus wie ein mit Wasser übergossener Pudel, genauso wie Olga. Ihre Freundin schaute Melina sprachlos an.

»Nein. Das kann nicht sein. Ich wüsste davon. Ich hätte es gemerkt. Scheiße, Melina, was haben sie gerade getan? Ich … Wir müssen etwas unternehmen!« Sie zitterte. Ihre Worte waren gemurmelt, beinahe behutsam ausgesprochen, als würde Lautstärke ihren Wahrheitsgehalt beeinträchtigen.

»Wovon redest du?«

Olga sah Melina an, schuldbewusst. Dennoch konnte sie den Trotz in den hellblauen Augen ihrer Freundin erkennen. »Weil ich in der Nacht von der Party, in der Nacht der Sabotage, bis zum Morgen bei ihm war. Ich bin sein Alibi.«

LARA

Luft. Ich brauche Luft!

Verzweifelt versuchte Lara, ihre Lunge mit Sauerstoff zu füllen. Es war, als hätten sich zwei Gewichte auf ihre Schultern gelegt, um sie tiefer ins Wasser zu drücken.

Immer wieder suchten ihre Finger nach dem Beckenrand, doch ihr unbekannter Angreifer war stärker. Zielstrebiger. Tödlicher.

Laras Gedanken überschlugen sich. Sie machte eine Drehung unter Wasser, stieß sich vom Rand ab. Der unerwartete Angriff hatte ihr die Luft aus der Lunge gepresst, zu viel Luft.

Vierzig Sekunden unter Wasser. Vielleicht etwas mehr. Und doch dehnte sich die Zeit für einen kurzen Moment, ließ jedes Gefühl und jede Emotion zu.

Ich hätte mich einfach an die Regeln halten sollen, schoss es Lara durch den Kopf. Es gab nur eine Erklärung. *Sie* waren auf ihre Recherchen über Staat X gestoßen. Und *sie* würden alles dafür tun, um sie zum Schweigen zu bringen.

Laras Nägel bohrten sich in die Haut ihres Angreifers. Es musste verdammt schmerzhaft sein. Doch die Genugtuung hielt nicht lange an. Über ihrem Kopf tanzten Lichter, Sterne, die sich durch die Glasfront des Schwimmbads kämpften.

Das Wasser zeichnete die Konturen des Gesichts ihres Angreifers weicher. Ließ es verschwimmen. Es kam ihr vertraut vor. Zu vertraut. Ihr Herz machte einen entsetzten Satz.

Ein Name zuckte durch ihren Kopf, Verzweiflung machte sich in ihr breit. Nein, *er* konnte es nicht sein. Allen hätte sie es zugetraut. Nur nicht *ihm*.

Ihre Lunge blähte sich auf. Ihre Glieder wurden schwer. Schwärze umnebelte ihren Geist.

Dunkelheit.

Und das Nichts.

Einen Augenblick später spürte sie plötzlich, wie der Druck nachließ, ihr Angreifer ließ von ihr ab. Lara schnappte nach Luft, als sie die Oberfläche durchdrang.

»Das ist eine letzte Warnung! Hör auf rumzuschnüffeln!«

Lara blinzelte, die Stimme verschwamm. Gierig sog ihre Lunge den Sauerstoff ein, schwarze Punkte tanzten vor ihren Augen, schwach und benommen stützte sie sich am Beckenrand ab.

Die Stimme war männlich, eindeutig und vertraut, zu vertraut, aber alles drehte sich. Alles drehte sich und ihr Kopf fühlte sich schwer und träge an und ihre Gedanken waren zu langsam, so, als ob jemand die Verbindung gekappt hätte.

Durch einen Schleier sah sie eine dunkel gekleidete Person davonhasten. Eine Tür öffnete und schloss sich wieder.

Jemand hatte sie mit voller Absicht unter Wasser getaucht, die Warnung war unmissverständlich gewesen. Aber wer würde so weit gehen? Einer der Polizisten? Vincent?

Nein. Unmöglich. Sie musste sich getäuscht haben. Durch den Lichteinfall unter Wasser hatte sie nur Konturen wahrgenommen und ihr Gehirn hatte sich Vincents Gesicht und seine Stimme zusammengebastelt. Das war die einzig plausible Erklärung!

Ein Schauder rann ihren Rücken hinab und sie zitterte. Nicht vor Kälte, sondern vor Angst. Ihr wurde plötzlich speiübel bei der Vorstellung, dass jemand, dem sie sich so nah gefühlt hatte, ihr tatsächlich etwas antun könnte.

Ihr Angreifer hatte gewusst, dass sie schwimmen gegangen war. Womöglich hatte er sie beobachtet. Und seine Chance gesehen …

Dies war kein Spiel mehr. Kein einfaches Projekt. Es nahm gefährliche Strukturen an – lebensgefährliche Strukturen.

Der Gedanke, was passiert wäre, wenn Lara noch länger unter Wasser gewesen wäre, verstärkte die Übelkeit. Hatte jemand wirklich versucht, sie zu verletzen?

Sie nahm ihre ganze Kraft zusammen, um aus dem Becken zu steigen. Ihr war eiskalt. Laras Lippen bebten. Wie betäubt setzte sie einen Fuß vor den anderen, torkelte mehr, als dass sie ging, zu den Duschen. Sie stellte das warme Wasser an, bis ihre Haut brannte, sich geschwollen anfühlte, bis sie sich wieder lebendig fühlte.

Ihr war schwummrig, als sie die Umkleidekabine betrat.

Im ersten Moment zweifelte sie an dem, was sie sah. Ihr Rucksack stand offen auf einer Bank. Ihre Kleider lagen verstreut daneben, es sah wie nach einem Bombeneinschlag aus. Eine Farbexplosion und mittendrin lag ihr Notizbuch. In der Mitte aufgeschlagen. Die Enden herausgerissener Seiten schrien ihr entgegen.

Langsam machte sie einen Schritt auf das Notizbuch zu, strich vorsichtig darüber. Vier Seiten fehlten. Es waren die Seiten, deren Inhalt Staat X ins Wanken bringen könnte. Und zwar gewaltig.

Jemand hatte tatsächlich versucht, wegen ihrer Recherchen ihr ernsthaft Schaden zuzufügen. Ohne an die Konsequenzen zu denken. Ihren möglichen Tod. Und für was? Ein Schulprojekt?

Mit einer Hand stützte sich Lara an der Wand ab, schloss die Augen und atmete tief durch, das Handtuch schützend um ihren Körper geschlungen.

Sämtliche Horrorszenarien spulten im Schnelldurchlauf durch ihren Kopf. Vincent konnte mit all dem nichts zu tun haben.

Oder etwa doch?

Warum sonst hatte er sie abgewiesen? Weil sie etwas auf der Spur gewesen war, etwas, das er vertuschen wollte.

Obwohl Lara sich mit Händen und Füßen dagegen wehrte, drang die spitze Nadel des Zweifels direkt in ihr Herz, infizierte sie mit ihrem Gift. Krampfhaft überlegte sie, wie groß die Wahrscheinlichkeit war, dass er eine so oscarreife Darbietung hingelegt und sie getäuscht hatte.

Nun, im Grunde kannte sie ihn kaum. Eine Nacht voller Wörter. Ein Kuss. Ein guter Kuss. Und ihre Gefühle. Ihre dämlichen Gefühle.

Eigentlich war Vincent ein Fremder für sie. Und er war einer von ihnen. Das hatte er ihr selbst gesagt. Er wollte einer von ihnen sein und bleiben.

Energisch schüttelte sie den Kopf. Nein, das glaubte sie nicht. Schließlich hatte sie sich immer auf ihr Bauchgefühl verlassen können, eine gute Menschenkenntnis gehabt.

Sie würde ihn zur Rede stellen. Jetzt. Auf der Stelle. Sie würde ihn direkt fragen, ihm erzählen, was geschehen war, und ihn um Hilfe bitten.

Das würde seine Augen öffnen. Hoffentlich.

Von neuem Mut erfasst, zog sich Lara an, packte alles in den Rucksack und flocht ihre nassen Haare zu einem Zopf. Erleichterung durchströmte sie, sobald sie die Schwimmhalle hinter sich gelassen hatte.

Die Warnung von Stephan hallte wie ein dumpfes Echo in Lara nach, doch ihr Gefühl sagte ihr, dass dies ihre Chance war zu erfahren, was hier tatsächlich gespielt wurde. Was es mit den Polizisten auf sich hatte. Wie weit sie wirklich gingen. Ob sie die Gesetze ausnutzten, um *für Sicherheit zu sorgen.*

Mittlerweile war es ziemlich spät, die letzten rosafarbenen Schleier glitten längst nicht mehr bis zum Horizont und der Weg über den Schulhof wurde nur noch von den Straßenlaternen beleuchtet. Lichtsplitter, kreisrunde Spotlights, die Lara gekonnt umschiffte.

Alles ergab langsam einen Sinn. Sie begriff, warum so viele Schüler Angst vor den Polizisten hatten. Wie konnte es sein, dass sie in so kurzer Zeit ihre Macht und ihre Überlegenheit derart missbraucht hatten?

Sie dachte an das, was Stephan ihr gesagt hatte. Er hatte mit Aussteigern der Polizei und Freunden gesprochen, Insider, die berichteten, was sich wirklich hinter den Kulissen abspielte. Systematische Erpressung, mit den neuen Gesetzen des Staates im Rücken. Geld, Zusatzsteuern, Gefälligkeiten. Weil sie es konnten. Weil sie niemand daran hinderte. Weil sie die Stärksten waren.

Angst als Druckmittel.

Sie hatten die Erwachsenen-freie Zone ausgenutzt, um sich ihr eigenes Reich zu schaffen. Der ausgerufene Notstand tat sein Übriges. Den Polizisten stand dadurch der Weg zu noch mehr Einschüchterung, noch mehr Kontrolle offen.

Glaubten sie denn ernsthaft, dass ihnen keine Konsequenzen drohten?

Spätestens morgen würde Staat X ein Ende finden. Und dann hoffentlich auch dieser Mantel des Schweigens, der sich über die Schule gelegt hatte. Niemand traute sich, etwas zu sagen, weil die Polizei ja eigentlich die Institution war, an die man sich wenden sollte.

Aber wie viele von ihnen steckten da mit drin? Auch Vincent?

Lautlos presste sie sich gegen die Außenglaswand der Turnhalle, näherte sich vorsichtig dem Eingang. Mit einer Hand öffnete sie die Tür, versuchte, möglichst geräuschlos zu atmen, und ging hinein. Der Flur der Turnhalle war wie das Innere eines Fotostudios beleuchtet, die grellen Strahlen blendeten sie so sehr, dass ihr Tränen in die Augen schossen.

Je weiter sie vordrang, desto betäubter fühlte sie sich. Insgeheim hoffte Lara, dass ihre Sneaker bei der Berührung mit dem Linoleumboden keinen Freudenschrei ausstießen.

»Wen haben wir denn da?«

Laras Herz blieb stehen. Wortwörtlich. Nur, um einen Augenblick später in einem doppelt so schnellen Takt weiterzuschlagen.

Dann fuhr sie auf dem Absatz herum.

Vor ihr ragte ein älterer Schüler auf, die Arme vor der breiten Brust verschränkt, mit stählernem Blick aus eisblauen Augen. Um ihm ins Gesicht sehen zu können, legte Lara den Kopf zurück, doch sie bereute die Entscheidung noch im selben Moment.

Kurz fragte sie sich, ob das die Typen waren, von denen Stephan gesprochen hatte. Er hatte sie besonders vor ein paar Sportlern gewarnt: Nils. Maxim. Jonathan. Ihre Namen sagten Lara zwar nichts, dafür hatte er ihr jedes Detail ihres Aussehens beschrieben.

Matt glänzte das aufgestickte Polizeiabzeichen, während ein anzügliches Grinsen von seinen Lippen fiel, direkt auf sie hinab. Als sie den Ausdruck in seinen Augen bemerkte, wurden ihre Handflächen feucht.

Kalt. Emotionslos. Als wäre sie nicht Lara, seine Mitschülerin, sondern seine Beute.

»Ich wollte nur ...«, begann sie, stockte jedoch, sobald sie die Unsicherheit aus ihrer Stimme heraushörte. Von irgendwoher drang Musik. Vielleicht feierten sie hier gerade eine Party. Und sie war mitten hineingeplatzt.

Der Polizist kniff die Augen zusammen, wirkte überhaupt nicht mehr glücklich, sie zu sehen. »Moment, du bist doch diese Journalistin von der *Morgenpost X*? Was willst du hier?«

Lara war sich ziemlich sicher, dass es keine gute Idee war, auf diese Fragen zu antworten. Also presste sie die Lippen aufeinander und schwieg, was ihn nur umso wütender machte.

Drohend kam er einen Schritt näher. Obwohl sie nicht gerade Melinas Größe hatte, musste Lara den Kopf jetzt beinahe in den Nacken legen, um ihn ansehen zu können.

Ihre Knie wurden weich. Scheiße. So hatte sie sich das nicht vorgestellt.

In ihrem Kopf herrschte gähnende Leere und Lara versuchte, sich an alle Abwehrtechniken zu erinnern, die sie im Laufe der Jahre irgendwo aufgeschnappt hatte. Knie in die Weichteile. Geschlossene Faust. Auf die Ohren schlagen.

Wenn es hart auf hart kam, wollte sie sich wenigstens halbwegs verteidigen können. Und sei es nur, um fliehen zu können.

Sollte es so weit kommen.

»Bist du taub?«

»Nein.«

»Dann antworte mir gefälligst.«

»Du kannst mich mal!«, spie Lara ihm entgegen.

»Miststück!«, antwortete er wütend. »Warum bist du hier?«

Wieder hüllte Lara sich in eisiges Schweigen, doch es war ein einziger Blick, der sie verriet. Der Polizist fing ihn auf, sah mit einem Röntgenblick zu ihrem Rucksack und für ein, zwei Sekunden hoffte Lara, dass er nicht so schnell schalten würde.

Blitzartig und viel agiler, als sie ihm zugetraut hätte, machte er einen Satz auf sie zu, sodass Lara zurückstolperte und mit dem Kopf gegen die Wand knallte. Vor Schreck gruben sich ihre Zähne in die Zunge.

Es war, als hätte sie in einen rostigen Eisennagel gebissen.

Schmerz explodierte in bunten Sternen. Sie hörte jemanden lachen. Das Lachen und die Deckenbeleuchtung verschwammen mit den Sternen.

»Du hättest unsere Warnung nicht ignorieren sollen.«

Dunkelheit griff nach Laras Geist. Zog sie in eine Umarmung. Kurz dachte sie noch, dass sich das mit der Abwehrtechnik erledigt hatte.

Dann dachte sie an gar nichts mehr.

MELINA

Ich bin sein Alibi.

Olgas Worte schwirrten in Melinas Kopf, während sie durch die verlassenen Gänge eilte, die in der Dunkelheit an einen Splatterfilm erinnerten und nichts mehr von einem Schulgebäude besaßen.

Sie stürzte auf die Treppe zu. Die Sohlen ihrer Chucks malträtierten jede Stufe, so laut, dass es jeder hören konnte. Dann stieß Melina mit beiden Händen schwungvoll die Holztür auf, wurde von der kühlen Abendluft in Empfang genommen und füllte ihre Lunge mit frischem Sauerstoff. Sie lechzte nach mehr und Melina atmete tief ein, ihre Gedanken rauschten wie ein Sternschnuppenschauer an ihr vorbei.

Es war genug.

Das, was Melina heute Abend gesehen hatte, war erschreckend. Und sie würde nicht den Mund halten. Sie würde nicht schweigen, bis die stummen Schreie in ihrem Innern zu dem unnachgiebigen Druck führten. Bis sie wieder zur Klinge griff. Bis sie wieder loslassen musste.

Dieses Mal war es genug.

Staat X hätte ein tolles Projekt sein sollen. Zwar mit Verantwortung, aber auch mit Spaß und vielen schönen Momenten.

Stattdessen hatte sich Staat X in etwas verwandelt, vor dem Melina Angst hatte. Aber sie würde sich dagegen wehren.

Dabei hatte sie Olgas Worte wie den Schlachtruf eines Kriegers im Ohr.

Adam hatte Olga geschrieben, direkt nach der Party. Noch in der Nacht. Weil sie sich schon länger schrieben. Zuerst waren es bloß Worte. Online-Offenbarungen mit albernen Emojis, nicht mehr als ein bisschen Spaß, ohne sich darüber Gedanken zu machen, dass in jeder Bildschirmnachricht auch ein Stück Persönlichkeit steckte.

Er ist einsam, hatte Olga gesagt, mit diesem traurigen Gluckenblick, den Olga aufsetzte, wenn sie sich allein für die Welt verantwortlich fühlte. Er war verletzt und einsam, wahrscheinlich auch einfach bloß betrunken gewesen, und Olga hatte Mitleid gehabt, wie mit allen Vögeln, deren Flügel gebrochen waren. Sie hatte sich zu ihm geschlichen, als die anderen Jungs schon geschlafen hatten. Dann hatte sie bei ihm übernachtet und er hatte ihr sein Herz ausgeschüttet.

Ohne es zu wissen, hatte sein bester Freund Vincent vor einem halben Jahr das Mädchen geküsst, das Adam wirklich mochte. Aber das konnte er seinem Freund nicht sagen, weil er sonst wie ein Idiot dastehen würde. Adam, der jede Eva flachlegte.

Anscheinend besaß er nicht nur gebrochene Flügel, sondern auch ein gebrochenes Herz.

Und dann war er neben Olga in ihrem Bärchen-Schlafanzug eingeschlafen, friedlich und endlich befreit, weil er sich jemandem anvertrauen konnte. Am nächsten Morgen hatte sich Olga davongeschlichen, verkatert. Adam war mit dem schlechten Gewissen zurückgeblieben, seine Deckung für einen Moment vernachlässigt zu haben. Aber er konnte unmöglich hinter der Sabotage stecken. Dafür hatte er keine Zeit gehabt.

Mit jedem ihrer Schritte reifte Melinas Entschluss stärker heran. Sie fühlte sich unbezwingbar, ein jauchzendes Hochgefühl, das sich bis in den kleinsten Winkel ihres Körpers festsetzte.

Endlich wusste sie, was zu tun war. Nach all den Jahren wusste sie, wie sie sich selbst befreien konnte.

Ihr Ziel war die Turnhalle.

Es war an der Zeit, Adrian loszulassen.

»*Wohin gehst du?*« Alarmiert.

»*Etwas klarstellen. Ein für alle Mal.*« Selbstsicher.

»*Ich komme mit.*« Entschlossen.

»*Nein. Ich muss das alleine klären.*« Entschlossener.

Melinas Körper stand in Flammen, nur mit Mühe konnte sie ihre Wut zügeln. Jahrelang hatte sie Verständnis für Adrian aufgebracht. Mal um Mal hatte sie sein rücksichtsloses und egozentrisches Verhalten entschuldigt, genauso wie das, was vor drei Jahren geschehen war. Mal um Mal hatte Melina Ausreden gesucht, Erklärungen, Ausflüchte, bis die Ausflüchte zu Lügen wurden und Lügen schließlich zur Wahrheit.

»Adrian?«

Die Turnhalle war hell erleuchtet, aber es war niemand zu sehen. Quietschend schloss sich die Tür hinter ihr, rastete ins Schloss ein und Melinas Ruf verhallte in der Stille des Polizeipräsidiums. Vermutlich waren sie alle ausgeflogen, gingen ihren wichtigen Tätigkeiten nach – verhafteten und bedrohten und schlugen noch mehr Schüler.

Normalerweise hätte sie sich in Olgas Obhut begeben, Schutz gesucht, sich unsichtbar gemacht, so wie sie es immer getan hatte, wenn die Angst sie zu überwältigen drohte.

Aber auch das war nicht die Wahrheit.

Die Wahrheit war, dass Melina nicht zerbrochen war, als Adrian damals nicht zurück ins Zimmer gekommen und Melina alleine mit seinem Vater gelassen hatte. Obwohl sie Adrian stumm angefleht hatte zu bleiben, sie zu retten, hatte er seine Augen verschlossen vor dem, was sich in dem perfekten Wohnzimmer mit der perfekten Innenausstattung abgespielt hatte.

Sie hatte nur in sein Gesicht, das die ungeschminkte Wahrheit offenbart hatte, sehen müssen, um zu wissen, dass es ihre Aufgabe war, stark zu sein. Niemand würde sie retten, wenn sie es nicht selbst tat.

Also war Melina stark gewesen. Für ihn, weil er es in diesem Moment nicht sein konnte. Und für sich, weil Adrian sie nicht beschützen würde.

Deswegen hatte sie nach der Hand seines Vaters gegriffen, der schwieligen, schmierigen Hand, die auf Wanderschaft gegangen war, immer tiefer, immer weiter, und hatte sie festgehalten.

Er war zusammengezuckt, hatte sie durchdringend gemustert, den harten Mund leicht geöffnet, der gierige Blick verschleiert.

Niemand hatte ihn je herausgefordert. Niemals. Es stand in seinen Augen. Und jetzt stellte *sie* seine Autorität infrage, diese übergreifende Macht, die er wie einen Zauber über sein Haus gelegt hatte.

Unantastbar. Unverwundbar.

»*Ich muss gehen*«, hatte sie gesagt, leise, aber mit Nachdruck.

Dann war sie aufgestanden, hatte nicht mehr zurückgeblickt und war gegangen.

Aus dem Haus und aus Adrians Leben.

Denn Melina war stark.

Und heute würde sie es wieder sein. Adrians Blick, der nun so sehr dem seines Vaters ähnelte, ließ ihr einfach keine andere Wahl. Beinahe war sie ihm sogar dankbar dafür, dass er ihr endlich die Augen geöffnet hatte. Schließlich konnte sie sich nicht ewig hinter ihrer Schüchternheit oder den abgeschnittenen Haaren verstecken.

Leise betrat Melina den Hallenboden, auf dem bunte Linien Felder bildeten. Am anderen Ende entdeckte sie zwei umgedrehte Bänke und einen Lautsprecher. Musik tönte heraus, tiefe Bässe, die sie durchdrangen. Als sie darauf zulief, beschlich Melina ein ungutes Gefühl wie die Gewissheit einer schlechten Note, bevor der Lehrer die Arbeit austeilte.

»Hallo?«

Bierflaschen und der penetrante Gestank von Gras waberten wie ein unstetiger Nebel durch die Halle. Mehrere Rucksäcke stapelten sich wie Türmchen neben den Bänken. Anscheinend hatte jemand eine Party gefeiert. Oder war noch dabei.

»Was willst du hier?«

Ruckartig riss Melina den Kopf herum und sah einen großen Typen in Polizeiuniform auf sie zukommen, die Brauen wölbten sich unheilvoll über seinen dunklen Augen. Jonathan.

Doch das, was Melina irritierte, war der aggressive Unterton in der Stimme des Polizisten. Hinter ihm tauchten zwei weitere Gestalten auf, schleichend kamen sie näher, umkreisten sie.

»Ich suche Adrian.«

Wie auf Kommando hüpften die Mundwinkel des Polizisten in die Höhe. »Der ist nicht da.« Er tauschte einen triumphierenden Blick mit seinen Kollegen aus. »Wir haben hier das Sagen. Moment, bist du nicht die Kleine aus der *Büchereule*?«

Melinas Kopf endete genau auf seiner Brusthöhe. Doch seine Gestalt wurde größer, überragte sie wie ein Turm. Die anderen bezogen Stellung, abwartend, bereit, sich die Beute zu teilen, wenn noch etwas übrig blieb.

Noch bevor sie den Alkohol im Atem des Polizisten roch, als er sich zu ihr herabbeugte, gnadenlos in ihre Privatsphäre eindrang, kam die Angst.

Zitternd reckte sie das Kinn. »Wenn Adrian nicht hier ist, würde ich gerne wieder gehen.«

»Das kannst du doch auch.«

Als Melina Anstalten machte, sich an ihm vorbeizudrängen, stellte er sich ihr in den Weg und blickte ihr ins Gesicht.

Etwas blitzte in den Tiefen der dunklen Augen auf. Und Melina wurde klar, was er in ihrem Gesicht erkannt haben musste: Schwäche. Das perfekte Opfer.

»Nicht so schnell. Vielleicht habe ich es mir anders überlegt. Bist du wegen der anderen hergekommen?«

»Welcher anderen?«

»Die Neue. Die Journalistin.«

Melina schnappte nach Luft. »Wo ist Lara?«

Ihm schien aufzugehen, dass er sich verraten hatte, denn sein Blick verdunkelte sich noch mehr und in seine Stimme schlich sich ein bedrohlicher Unterton, beinahe ein Knurren. »Das geht dich nichts an.«

Mittlerweile war sie eingekreist. Jeder Fluchtweg abgeschnitten.

Dann schrie Melina. Nicht mehr innerlich. Laut und deutlich schrie sie um Hilfe, doch niemand würde sie hören.

Eine Hand legte sich über ihren Mund, groß und grob.

»Hältst du das für eine gute Idee?«, fragte einer der anderen Polizisten – war es Maxim oder Nils? – Jonathan.

Jonathans Blick durchlöcherte ihn förmlich. »Wenn's dir nicht passt, kannst du dich ja verziehen.«

Der andere rührte sich nicht von der Stelle und Jonathans zweite Hand umschloss ihre Hüfte, zog sie näher heran. Melina prallte gegen seinen Oberkörper.

Sein Grinsen wurde wölfisch. »Mir haben deine Bilder übrigens gefallen ... bevor wir sie zerstört haben.«

Dann wollte er seinen Mund auf ihren pressen, seine Hand ging auf Wanderschaft.

»Nein!« Ihr Schrei war laut und animalisch.

Wut und Angst beflügelten sie. Melina erinnerte sich glasklar an die Abfolge der Schritte, an jede Bewegung, die sie im Selbstverteidigungskurs gelernt hatte. Sie war ein halbes Jahr dort hingegangen, hatte geübt, gekämpft.

Nie wieder. Nie wieder würde sie zum Opfer werden.

ADRIAN

Das Blut gefror in Adrians Adern in jenem Moment, in dem er die Polizisten über einer zarten, dunkelhaarigen Gestalt thronen sah. Wühlende Hände, die tastend über ihr gepunktetes Kleid glitten, auf der Suche nach Erlösung.

Jemand stieß einen klagenden Laut aus. Vielleicht war er es. Er hatte keine Ahnung.

Das Blut rauschte wie ein Orkan in seinen Ohren, ein lautes Dröhnen, das immer mehr von ihm einnahm.

Der Anblick von Melina, so schutz- und hilflos, ließ etwas in ihm zerbrechen, spülte gleichzeitig eine Erinnerung wieder an die Oberfläche, die er so lange versteckt hatte – irgendwo in den Tiefen seiner kaputten Seele. Es war jene Erinnerung, die er so lange zurückgedrängt und unter mehreren Schichten von Emotionen begraben hatte, in der Hoffnung, sich ihr nie wieder stellen zu müssen.

Adrians Vater. Seine Hand auf Melinas Schenkel, ihre weit aufgerissenen Augen, seine eigene Unfähigkeit.

Und dann war da noch ihr Blick, der sich bis heute in seine Seele eingebrannt hatte. Verloren. Voller Hoffnung darauf, dass er sie rettete. Aber genau das hatte er nicht geschafft.

Stattdessen war er aus dem Zimmer geflohen, hatte sich zitternd in dem Bad mit den großen Spiegeln eingesperrt und seinen eigenen armseligen Anblick darin so lange ertragen, bis er die Geräusche im Wohnzimmer verstummen gehört hatte. Bis die durchdringende Stimme seines Vaters an der Tür und seiner Seele gekratzt und abfällig gemeint hatte, dass *seine kleine Freundin* ganz dringend hatte gehen müssen.

Damals war Adrian gelähmt gewesen. Gerade mal dreizehn.

Jetzt war alles anders.

Es war ihm gleichgültig, was die anderen von ihm dachten. Es waren drei Polizisten, aber er konnte sie aufgrund der Entfernung nicht erkennen. Wie Aasgeier umkreisten sie Melina, kamen immer näher. Finger, die sich tastend einem bestimmten Ziel näherten.

Einer von ihnen griff an Melinas Schenkel und Adrian stieß ein Knurren aus.

Nichts und niemand gab ihnen das Recht, diese Grenzen zu überschreiten oder die Macht, die sie besaßen, auszunutzen.

Wut explodierte in seinem Körper, ließ ihn vor Anspannung zittern.

Mit wackligen Beinen setzte Adrian sich in Bewegung, wurde schneller, immer schneller, bis sein Atem unnatürlich laut in seinen Ohren klang.

»Nein!« Ein Schrei hallte durch die Turnhalle, laut und bedrohlich, willensstark und sicher.

Plötzlich schnellte Melinas Knie hoch und Jonathan stöhnte unter der Wucht des Aufpralls. Als Nächstes rammte sie ihren Ellenbogen in seinen Hals und Adrian blieb stehen. Ließ die erhobenen Fäuste sinken, das Herz raste in seiner Brust.

Melina war schon immer die Stärkere von ihnen beiden gewesen. Nur hatte das keiner gesehen. Keiner gedacht. Sie hatten sich von ihrer zierlichen Erscheinung, ihrer schüchternen Art blenden lassen.

Und waren direkt in ihre Falle getappt.

Ihre Bewegungen waren fließend wie ein Tanz, wie eine wunderschöne Melodie. Der Ausdruck auf ihrem Gesicht war entschlossen, ihre Miene konzentriert und Adrian hatte noch nie etwas Schöneres gesehen.

Melina benötigte seine Hilfe gar nicht.

Sie war nicht auf ihn angewiesen, aber *er* brauchte sie und diese Erkenntnis löste ein warmes Gefühl in ihm aus.

»Verpisst euch!« Nun ging er selbst zum Angriff über, obwohl sie in der Überzahl waren. »Lasst sie los! Seid ihr wahnsinnig geworden?«

Jonathan. Maxim. Und Nils.

Warum taten sie so etwas? Waren sie völlig bescheuert?

Innerhalb einer Millisekunde rasten tausend Fragen durch seinen Kopf, dann stand er vor ihnen.

Krachend schlug Adrian zu. Mit der Faust. Er hörte ein Knacken, hoffte, dass es eine Nase war. Es war ihm egal, ob ihm ein Schulverweis drohte. Das hier ging zu weit.

Rasend vor Zorn demolierte er Knochen, prügelte auf Körper ein. Neben ihm warf Melina ihm einen kurzen Blick zu, sie verstand, dass er ihr helfen musste. Nicht, weil sie seine Hilfe brauchte, sondern weil er es sonst nicht mit seinem Gewissen vereinbaren konnte. Er nicht damit leben konnte, ihr noch einmal nicht beigestanden zu haben.

Die Jungs waren betrunken und – noch schlimmer – volltrunken vor Selbstüberschätzung und irgendwo in seinem Hinterkopf wusste Adrian, dass dies nicht von ihnen allein ausgegangen war, sondern dass er sie dazu gebracht hatte. Indem er sie angefeuert, Gesetze durchgesetzt und ihnen mehr und mehr Macht verschafft hatte.

Seine Schläge wurden härter, gnadenloser, bis Adrian seine Knöchel nicht mehr spürte, bis er nicht mehr wusste, ob er seine Polizisten oder sich selbst bestrafen wollte.

Keuchend stand er über ihnen, während sie sich stöhnend auf dem Boden wanden.

»Du warst nicht da!«

Es war ihre Stimme, die Adrian aus dem Nebel zurückholte. Sein Blick schnellte zu Melina. Um ihre Nase tanzten verängstigte Sommersprossen, doch es waren ihre Augen, ohne jeden Hauch von Wärme, die ihm den Boden unter den Füßen wegzogen.

Entsetzt machte er einen Schritt auf sie zu, stolperte, verlor den Halt. Er ging auf die Knie.

Plötzlich war Melina dicht vor ihm, und obwohl alles an ihr, angefangen von den zerwühlten Haaren bis hin zu den verrutschten Trägern ihres Kleides nach *Opfer* schrie, rammte sie ihm zielsicher die Fäuste gegen den Brustkorb.

»Du warst nicht da!«

Er wusste nicht, ob sie von gerade eben oder damals sprach, aber das spielte keine Rolle, denn ihr Vorwurf bohrte sich wie eine Speerspitze in seinen Oberkörper.

Erst jetzt bemerkte er, dass ihr Tränen über die Wangen strömten, die Mascara-Spuren auf ihrer blassen Haut hinterließen. Dennoch wirkte sie fest entschlossen, kein bisschen zerbrochen.

»Es tut mir leid.«

Sie beide wussten, dass er nicht nur heute, sondern die ganzen letzten Jahre meinte.

»Ich weiß.« Doch in ihren Augen stand ein Ausdruck, der ihn innerlich resignieren ließ. Denn sie hatte die Türen verschlossen. Möglicherweise kam seine Entschuldigung zu spät.

»Es tut mir leid«, wiederholte Adrian, dieses Mal eindringlicher.

»Du bist für dieses Chaos verantwortlich! Wie du Adam Giebel festgenommen hast, war der Höhepunkt, Adrian. Du hast es so weit kommen lassen …«

»Ich werde ihn sofort aus dem Gefängnis freilassen.«

Melinas Augen weiteten sich, als ob sie sich plötzlich an etwas erinnerte. »Lara! Deine Polizisten haben sie wahrscheinlich auch angegriffen. Vielleicht ist sie im Gefängnis …« Sie spie die Worte förmlich aus. »Und wie es aussieht, haben sie auch etwas mit der Sabotage zu tun!«

»Was?«, fragte er ungläubig.

Alles bröckelte. Stein für Stein.

»Hey, Moment! Da stecken wir nicht alleine mit drin! Das ist auf Michelles Mist gewachsen«, versuchte sich Maxim, der noch immer mit schmerzverzerrtem Gesicht am Boden lag, zu verteidigen. »Es war ihre Idee! Sie hat uns erpresst. Sie hat uns mit den geschmuggelten Drogen und dem Alkohol erwischt und gedroht, uns bei den Lehrern zu verpetzen. Wir hatten keine Wahl.«

Hinter ihnen ertönten Schritte über den Hallenboden, über den zerbrochene Bierflaschen verstreut waren. Klein-Amsterdam in der Luft.

Als Adrian sich umblickte, entdeckte er Felix, Kemal und Vincent sowie Quynh-Anh und ein paar der älteren Schüler. Die Jungs schnappten sich die Polizisten, die am Boden lagen, ohne Fragen zu stellen. Polizisten? Etwas in ihm sträubte sich dagegen, sie so zu bezeichnen. Es waren Schüler, nichts als Schüler, genau wie Adrian selbst. Keine Sonderrechte. Keine Macht.

Sie waren niemand. Und er war ein Niemand ohne sie.

Kurz stellte sich Adrian die Frage, wie sie die Augen davor hatten verschließen können. Sie alle. Die Zeichen waren dagewesen, nur hatten sie sich geweigert, sie zu lesen.

Weil es sich gut angefühlt hatte.

»Lara ist wahrscheinlich im Gefängnis«, sagte Adrian zu Vincent. »Wir müssen sie so schnell wie möglich da rausholen.«

Kreidebleich wandte Vincent sich um und stürmte davon.

»Ich werde deinen Vater anzeigen, Adrian. Er muss für das, was er versucht hat, zur Rechenschaft gezogen werden.«

Adrian spürte das innerliche Unbehagen, ahnte, dass sich nun etwas in seinem Leben gehörig ändern würde. Es kam darauf an, für welchen Weg er sich entschied.

Felix sah ihn fragend an.

»Mein Vater hat sich an Melina vergriffen. Und ich habe weggesehen«, sagte er schließlich, ging einen Schritt in die einzig richtige Richtung. »Aber das hat jetzt ein Ende. Wir sollten die Polizei rufen.«

Felix wurde bleich im Gesicht. »Aber ... aber ...«

Adrian schüttelte den Kopf. »Nein, das Projekt muss ein Ende haben. Hier wurde gerade eine Straftat verübt.« Er schluckte. »Die letzten Tage ist Staat X außer Kontrolle geraten. Wir haben zu viel gewollt. Ich habe zu viel gewollt. Schon allein, dass du die Wahl manipuliert hast ... Es ist Zeit aufzuräumen.«

Zum ersten Mal in seinem Leben gestand er Fehlverhalten und Schwäche ein, vor anderen, vor Melina, vor sich selbst.

Und es war in Ordnung. Denn es war richtig. Schwäche einzugestehen bedeutete nicht, schwach zu sein, sondern Größe zu zeigen.

Es war ein erster Schritt. Es war ein Neuanfang.

VINCENT

Das alles war falsch.

Es fühlte sich falsch an.

Es schmeckte falsch, verschimmelt, schlecht.

Staat X, seine Position als Polizist, war nichts anderes als eine Illusion gewesen. Er hatte mit angesehen, wie sie Adam zusammengeschlagen hatten, hatte es zugelassen. Er war bereit gewesen, Lara zu opfern.

Und wofür das alles?

Für nichts.

Der Schlüssel knallte auf den Boden. Er verlor Zeit, tastete blind danach und schob ihn endlich ins Schloss. Seine Gedanken taumelten im Kreis, als hätte er sich sein Hirn zugedröhnt.

Wie hatte er so blind sein können? Wieso hatte er sich von einem Team, das nicht einmal echt war, so blenden lassen, und stattdessen das aufgegeben, was echt war?

Lara. Lara war echt. Und richtig.

Es waren Augenblicke wie diese, die einen sein Leben reflektieren ließen. Egal, wie kurz es auch sein mochte. Noch während er am Schloss herumdokterte, fasste Vincent einen Entschluss.

Er lebte nur einmal. Er war nur einmal jung. Und er hatte nur einen Vater.

Der es nicht verdient hatte, dass Vincent ihn für etwas bestrafte, für das er nicht einmal wirklich etwas konnte. Den Tod seiner Mutter und den Umgang mit seiner eigenen Trauer, der Zeit danach und dazwischen und vielen vergeudeten Momenten, die einfach in Schweigen gemündet waren. Irgendwo auf halber Strecke hatten sie sich verloren, aus den Augen, aber niemals aus dem Herzen.

Ohne davon zu wissen, hatte Lara ihm die Augen geöffnet. Indem sie ihm Fragen gestellt, Zweifel gesät hatte. Aber er hatte bis jetzt gebraucht, um es zu erkennen.

Was auch immer sich zwischen ihm und seinem Vater entwickeln würde, brauchte einfach Zeit.

»Was machst du denn hier?« Lara saß wie ein Häufchen Elend in der Ecke, zusammengekauert, die Arme um ihre löchrige Jeans geschlungen. »Bist du gekommen, um deinen Freunden beizustehen?« Sie klang geschwächt und müde. Keine Ahnung, wie lange sie hier drinnen hatte ausharren müssen.

Ihr Anblick verengte Vincents Brustkorb. Am liebsten würde er Lara in eine Decke packen und in sein Bett verfrachten. Mit Tee, einem Jean-Reno-Film und viel Ruhe. Er wollte ihr gerne antworten, doch die Wörter wanden sich um seine Zunge und lähmten sie.

»Haben sie dir wehgetan?«, fragte er sie. »Hat dir irgendjemand wehgetan?« *Ich bringe sie um.*

»Willst du das vielleicht tun?«

»*Was?*«

»Du steckst doch mit ihnen unter einer Decke.«

Vincent fiel aus allen Wolken, aber er konnte Lara nicht verübeln, dass sie so dachte. Er hatte schließlich alles getan, um sie von sich zu stoßen. Dabei brauchte er kein Team, nicht Adam, niemanden, um jemand zu sein – eigentlich brauchte er nur sich selbst, nur erkannte er das erst jetzt.

»Oh Mann, das kannst du doch nicht wirklich denken ... Lara es tut mir aufrichtig leid, aber ich schwöre, ich hatte keine Ahnung davon. Bist du verletzt?«

Ihm wurde übel.

Aber zu seinem Glück schüttelte sie den Kopf. »Nein, nicht absichtlich zumindest. Ich bin mit dem Kopf gegen die Wand geknallt, nachdem ich über meine eigenen Beine gestolpert bin.«

»Weil jemand dich bedroht hat.«

Mittlerweile hatte Vincent sie erreicht, ging vor ihr in die Hocke und strich ihr eine verlorene Haarsträhne aus der Stirn. Lara wandte den Kopf ab, ihr Blick war kühl und abweisend.

»Lara, ich hatte wirklich keine Ahnung. Ich ... ich war ein Idiot, weil ich dachte, dass wir etwas bewirken. Und ich habe geglaubt, ich würde dazugehören ... das war ... dämlich. Ein Teil der Polizisten hat sich ziemlich danebenbenommen.«

Zögerlich hob sie den Blick, verhakte sich in seinem. »Du hast nichts mit ihnen zu tun, oder?«

»Nein. Aber ich bin auch zu weit gegangen. Ich habe zugesehen. Bei den Verhaftungen. Ich war ein Teil davon.«

Er spürte, wie Laras Finger sich mit seinen verknoteten. Trost suchend. Als wäre er derjenige, der ihr tatsächlich Schutz bieten könnte.

Geräuschvoll presste sie die Luft aus der Lunge, und als ihr Blick seinen einfing, merkte er, dass sie es nicht wirklich geglaubt hatte. Vielleicht hatte sie einfach gedacht, dass alle Polizisten unter einer Decke steckten.

»Gut. Ich war auf dem Weg zu dir, ich wollte mit dir sprechen ... Ich wurde im Schwimmbad angegriffen und man hat mir meine Notizen gestohlen. Jemand wollte nicht, dass alles auffliegt.«

»Was?« Seine Stimme klang dumpf.

Lara schloss die Augen. »Jemand hat versucht, mir ernsthaft wehzutun. Es war dieser Sporttyp mit den eisblauen Augen. Dieser Bullige. Er hat mich unter Wasser gedrückt.«

»Nils«, zischte Vincent zwischen zusammengepressten Lippen hervor.

»Ja«, sagte Lara. »Das kann sein. Ich kenne seinen Namen nicht.«

»Dafür wird er bezahlen! Adrian ist schon dabei, die Polizei zu rufen.«

Lara sah ihn wieder an. Fragend.

»Die richtige Polizei«, fügte Vincent hinzu und erläuterte ihr in kurzen Worten, was sich seit ihrem Verschwinden alles abgespielt hatte. Adams Verhaftung. Die kleine Party der Polizisten und ihr jähes Ende, als Melina aufgetaucht war.

Lara schüttelte immer wieder den Kopf, versuchte zu begreifen, wie sich die Ereignisse überschlagen hatten und was dies nun bedeutete.

Als Vincent endete, fühlte er sich leer und er war erleichtert, als Lara sanft seine Hand drückte.

»Danke.«

Vincent mochte das Gefühl von ihrer Hand in seiner. Daran könnte er sich gewöhnen.

»Wofür?«

Jetzt war es doch da, ihr Lächeln. »Dass du gekommen bist. Das reicht für den Anfang.«

LARA

Die Schrecken des Abends verblassten wie die Konturen eines blauen Flecks. Alles wurde leichter, beinahe schwerelos. Als hätte man ein riesiges Gewicht von ihren Schultern gehoben.

Oben angekommen rückte Lara etwas von Vincent ab, der es mit hochgezogenen Augenbrauen zur Kenntnis nahm, jedoch nichts sagte. Der Grund näherte sich mit langen Schritten. Als hätte jemand Adam einen Stempel ins Gesicht gedrückt, prangte das Wort »Entschuldigung« wie ein Mahnmal auf seiner Stirn. Hinter ihm ging Felix, einen Schlüsselbund, wahrscheinlich für die Gefängnisse, in der Hand.

Adam sah fertig aus. Mitgenommen.

Kein Wunder! Lara hatte gehört, wie die beiden Polizisten ihn in der Zelle nebenan blöd angemacht hatten.

»Ich lasse euch zwei mal eben alleine«, murmelte Lara, sah den Widerwillen in Vincents Blick und lächelte ihm ermutigend zu. Er brauchte sie nicht. Das war eine Sache zwischen ihm und seinem Freund.

Sie hörte nicht, was Adam sagte. Doch das Stottern in seiner Stimme strafte seine bemüht lockere Haltung Lügen.

Als Lara sich umblickte, entdeckte sie, dass sich mittlerweile fast alle der älteren Schüler in der Turnhalle versammelt hatten. Auch die Vertrauenslehrer waren unter ihnen.

Olga empfing Lara mit einer Umarmung. Sie duftete nach Vanille und Sommer, ein bisschen nach Regen und ganz viel nach Freiheit. »Ich hab mir echt Sorgen gemacht, als Melina verschwunden ist. Und dann läuft hier so eine Scheiße ab und die Jungs sagen mir, dass du unten im Gefängnis eingesperrt warst. Warum haben sie das getan?«

»Ich habe recherchiert. Für einen Artikel. Stephan, der ehemalige Polizeipräsident, hat mir gesteckt, dass einige der Polizisten die Schüler bedrohen. Die Typen müssen von meinen Recherchen Wind bekommen haben. Ist ja noch mal alles gut gegangen.«

»Zum Glück.« Dennoch haftete ein besorgter Ausdruck auf ihren Zügen wie ein Schatten, der sich nicht lösen wollte.

Lara sah sich um. »Wo ist Melina?«

»Auf der Toilette. Sich frisch machen, nachdem Frau Ellwanger sie sich angesehen hat. Sie ist ja Ersthelferin und hat auch schon die Wunden der Polizisten versorgt. Adrian hat sie ja ganz schön übel zugerichtet.« Sie seufzte. »Wenn das mal nicht auf einen Schulverweis hinausläuft.«

»Wo ist Adrian jetzt?«

»Er spricht mit Sarah, Felix, Lars und Direktor Ehlsberg. Anscheinend gab es eine Wahlmanipulation.«

»Was?«, echote Lara.

Olga nickte eifrig. »Jetzt lösen sich langsam alle Knoten auf und bringen ganz schön Übles ans Licht.«

»Weiß man denn, wer hinter der Sabotage gesteckt hat?«

»Maxim hat behauptet, dass ...«, setzte Olga an.

»Das war ich«, unterbrach sie jedoch eine helle Stimme hinter ihnen, und als sie sich umdrehten, stand ihnen Michelle gegenüber, die Chefredakteurin der *Neuen Zeitung*. Nervös knetete sie die Hände, senkte den Blick zu Boden.

Laras Herz stand still. Mit allem hatte sie gerechnet, aber nicht damit.

»Du hast die *Büchereule* und die *TT-Bar* zerstört?«

»Na ja«, sagte Michelle kleinlaut, schüttelte den Kopf, als könnte sie selbst kaum glauben, was sie getan hatte. »Ich war es nicht alleine, die Jungs haben mir geholfen. Maxim hat die Wahrheit gesagt. Ich habe zufällig Adrian und Kemal belauscht und erfahren, dass die Jungs Alkohol und Gras für die Party ins *Rooftop* schmuggeln wollten. Da ist mir die Idee einfach gekommen. Ich habe ihnen gedroht, zu den Lehrern zu gehen. Viel Überzeugungsarbeit musste ich allerdings nicht leisten.«

Lara konnte nicht glauben, was sie hörte, und auch Olga sah sprachlos aus, denn ihr Mund klappte immer wieder auf und zu.

»Und wieso ausgerechnet die *Büchereule* und die *TT-Bar*?«, fragte Lara.

Michelle zuckte mit den Achseln. »Ich habe einen Generalschlüssel für die *Büchereule*, weil das unser Klassenzimmer ist und ich die Klassenbücher führe. Die Bar war nur zufällig ge-

wählt, weil jemand vergessen hatte, die Fenster zu schließen ...«
Michelle verstummte.

»Aber ... warum?«, fragte Olga fassungslos. Mittlerweile hatte sich ein Kreis um sie gebildet, die Worte wurden weitergetragen, fanden immer mehr Zuhörer.

»Unsere Auflage war im Keller. Wir hätten den nächsten Tag nicht überlebt. Wir hätten die Zeitung schließen müssen und es war immer ... mein Traum ... Dadurch konnte ich garantieren, dass wir die Ersten vor Ort sind. Die Story brühwarm und exklusiv bringen. Damit war die *Neue Zeitung* gerettet.«

Lara bemerkte, wie Tränen in Michelles Augen schossen, doch sie verspürte nicht einen Hauch von Mitleid. So weit war die Chefredakteurin also gegangen. Und wofür? Nur um ihre Zeitung zu retten.

»Und was ist mit der Wahlmanipulation?«, fragte nun Johanna, der man die Strapazen der letzten Tage deutlich ansehen konnte. Anscheinend hatte sie die letzten Worte aufgeschnappt und sich dazugesellt, die Arme vor der Brust verschränkt, ein wütendes Blitzen in den Augen.

Lara nickte ihr zu. Sie fand es gut, dass Johanna nie klein beigegeben hatte, sondern immer für Gerechtigkeit eingestanden war, obwohl ihr niemand geglaubt hatte.

»Ihr habt über jede Änderung der Regierung positiv berichtet, obwohl wir keine Demokratie mehr waren, sondern auf eine Diktatur zugesteuert sind! Das hat mit guter Pressearbeit nichts zu tun!« Sie spie Michelle die Worte förmlich entgegen.

Die ließ den Kopf hängen. »Ich weiß. Es tut mir leid. Lars hat mich darum gebeten und wir sind schließlich Freunde. Und er hat mir exklusive Interviews versprochen. Da konnte die *Morgenpost X* nicht mithalten. Es war ... zu verlockend.«

»Es geht nicht nur um Freundschaften und Verkaufszahlen«, meinte Johanna energisch. »Und man steht jedes Mal vor einer Entscheidung. Jedes Mal! Man kann immer noch handeln, immer noch einlenken!«

»Aber es war einfacher, es weiterlaufen zu lassen«, antwortete Michelle mit brüchiger Stimme.

Jetzt herrschte betretenes Schweigen. Niemand schien zu wissen, was er sagen sollte. Das, was hier geschehen war, würde einige Zeit zum Aufarbeiten kosten.

Lara blickte sich um, denn Blaulicht füllte die Straße. Die Polizei war eingetroffen. Die richtige Polizei. Erleichterung durchdrang ihren Körper, die Anspannung wich. Endlich.

Endlich hatte sie das Gefühl, loslassen zu können.

MELINA

Drei Polizeiwagen vor den Toren der Schule, alles war in blaues Licht getaucht, neugierige Gesichter an den Fenstern der umliegenden Häuser. Personalien wurden aufgenommen. Dazwischen ahnungslose Vertrauenslehrer. Direktor Ehlsberg, ausnahmsweise nicht in Anzug, sondern in Schlappen und Jeans, stand geknickt in all dem Trubel und machte ein Gesicht, als wäre er gerade aus einem tiefen Traum gerissen worden.

Aufgescheuchte Eltern irrten über den Schulhof. Mütter und Väter, die ihre Kinder in die Arme schlossen.

Erst nach und nach kamen die Dinge ans Licht. Die Schläge der Polizisten. Die Bedrohungen. Wahrscheinlich würde ihnen allen zumindest ein Schulverweis drohen.

Aber sie würden für ihre Taten einstehen müssen. Alle miteinander. Allen voran Adrian.

Erschrocken sah jeder vom einen zum anderen, fragende Gesichter. Aber auch Erleichterung. Darüber, dass es nun endlich vorbei war.

Erst als Melina die Befragung der Polizisten, der echten Polizisten, hinter sich gebracht hatte und Olga nach ihrer Hand griff, während sie auf Lara warteten, die als Nächste mit den Polizisten sprach, rutschte die Anspannung von ihren Schultern.

Ausgelaugt und völlig entkräftet.

Was nicht allein an dem Angriff der Polizisten und der Konfrontation mit Adrian lag. Sondern auch daran, dass sie selbst geschwiegen hatte.

Sie hätte etwas sagen sollen. Sagen müssen. Als die Polizisten in die *Büchereule* gekommen waren, um sie zu erpressen, hatte sie ihnen ein leichtes Spiel gemacht. Sie hätte sich überwinden, ihre Unsicherheit über Bord werfen und für sich selbst einstehen müssen.

Denn leider bedeutete einfacher nicht, dass es richtig war.

»Scheiße, ich hatte solche Angst.«

Plötzlich fiel Melina kopfüber in eine Umarmung und wurde an eine weiche Brust gepresst.

»Ich hab mir echt Sorgen gemacht, als du einfach so verschwunden bist. Und dann, als du da gerade neben den Polizisten standest, sahst du so verloren aus.«

Melina schluckte, versuchte verzweifelt, ihren trockenen Mund zu befeuchten, damit er all die richtigen Wörter ausspuckte.

»Oh, Melina. Warum hast du mir denn nicht gesagt, dass die Staat-X-Polizisten zu dir in die *Büchereule* gekommen sind und dich abgezockt haben?«

Sie schaffte es nicht, ihrer Freundin länger in die Augen zu sehen, die sie so liebevoll musterte, dass es ihr die Kehle zuschnürte. »Angst. Hilflosigkeit. Ich wollte nicht noch kleiner wirken, als ich mich ohnehin schon gefühlt habe. Außerdem hattest du andere Sachen im Kopf. Ich wollte dich nicht mehr belasten.« Hilflos zuckte sie mit den Schultern, denn selbst in ihren eigenen Ohren klangen die Sätze hohl. Wie eine doofe Ausrede, die keinen Sinn ergab.

»Und was ist mit Adrian?«

Melina konnte ihr nicht in die Augen sehen und drehte Olga den Rücken zu. Sie starrte zu der Flagge mit der Schildkröte hinauf, die am Schuleingang wehte. Kurz dachte sie daran, dass die Schildkröte, die einzelnen Panzerschuppen, für jeden von ihnen gestanden hatten. Aber sie hatten es nicht geschafft, Staat X am Leben zu halten.

Weil die Stützen, auf denen der Staat errichtet worden war, marode gewesen waren. Weil die einzelnen Personen den Staat nicht getragen hatten.

Es wurde Zeit, ehrlich mit ihrer besten Freundin zu sein.

»Adrians Vater hat vor drei Jahren versucht, mich sexuell zu missbrauchen.«

Ein paar erschrockene Sekunden lang legte sich die Stille bleischwer über sie. Olgas Hand fuhr zu ihrem Mund und ihre Augen weiteten sich erschrocken. Ein erstickter Laut kroch über ihre Lippen. Sie rang nach Worten, doch heraus kam nicht eine Silbe. Nicht eine Silbe, die dem Grauen gerecht werden konnte.

»Er hat es nur versucht. Er ist einen Schritt zu weit gegangen, er hat mich angefasst. Aber selbst das reicht.«

Jetzt, so ausgesprochen, war es, als ob sie mit der Offenbarung auch das nagende Schamgefühl verließ.

Es fühlte sich gut an. Ein erster Schritt, sich weiter zu öffnen. Ein Schritt, der Wahrheit mehr Platz zu gewähren, auch wenn es Melina mehr Kraft kostete, als zu schweigen.

»Oh, Melina. Warum hast du denn nichts gesagt?«, flüsterte Olga schließlich. Sie klang heiser.

»Ich konnte nicht.«

»Ich wäre doch da gewesen. Dem Schwein hätten wir es gezeigt! Du hättest das nicht die ganze Zeit mit dir allein herumtragen müssen ...« Die Worte sprudelten förmlich aus ihr heraus. »Uns wäre schon irgendetwas eingefallen. Oh.« Olga schien ein Gedanke gekommen zu sein. »Deswegen der Selbstverteidigungskurs?«

»Ja.«

»Du hättest jederzeit zu mir kommen können!«

»Danke.« Melina lächelte, spürte die Bande ihrer Freundschaft wie eine Wärmflasche auf ihrem Bauch. »Das weiß ich. Deine Nähe allein hat mir Kraft gegeben. Auch wenn ich nicht mit dir darüber reden konnte.«

»Ich bin immer für dich da«, erwiderte Olga tonlos und Tränen schimmerten in ihren Augen. Sie schwieg einen Moment und fragte dann: »Und jetzt?«

»Ich werde ihn anzeigen.« Entschlossen. Stark. Und sicher.

»Das ist gut«, sagte Olga. »Das musst du auch.«

»Ja«, antwortete Melina bestimmt.

ADRIAN

»Es tut mir wirklich leid, selbstverständlich übernehme ich die volle Verantwortung.«

In dem Meer aus Gesichtern, die alle gekommen waren, um seiner Hinrichtung beizuwohnen, fand sein Blick ein grünblaues Augenpaar, das ihn wie ein Rettungsring aus dem Wasser zog.

Adrian stolperte über den Schmerz, der sich in Melinas Züge gegraben hatte, doch es war genau dieser eine Blick, eine Rückblende zu dem Moment mit seinem Vater, der ihm den Mut gab weiterzusprechen.

»Ich übernehme die Verantwortung für die Taten der Polizisten, die während meiner Aufsicht ihre Amtsbefugnisse missbraucht haben. Wir sind zu weit gegangen. Die Wahlmanipulation. Die Beeinflussung der Presse. Der Vertrauensbruch gegenüber den Lehrern, die sich auf uns verlassen haben …«

Es war kurz nach 22 Uhr. Herr Simon verzog bei Adrians

Worten das Gesicht, als hätte er ihm einen Schlag verpasst. Auch Direktor Ehlsberg sah enttäuscht aus. Als ob zwei Gewichte daran klebten, hingen seine Mundwinkel herab, das freundliche Funkeln seiner Augen war einem harten Ausdruck gewichen.

Adrian fühlte sich beschissen. Im Grunde war das meiste von dem, was geschehen war, seine Schuld. Und er würde die volle Verantwortung dafür übernehmen, selbst wenn ihm eine Anzeige und ein Schulverweis drohten. Wahrscheinlich sogar noch mehr, aber das konnte er zum gegenwärtigen Zeitpunkt noch nicht absehen.

Kurz dachte er an seinen Vater, an dessen Reaktion, wenn er von all dem erfahren würde. Aber Adrian empfand nichts als Verachtung für ihn.

Melina würde ihn anzeigen und Adrian würde sie dabei unterstützen, was auch immer es kosten würde. Er würde für sie da sein. Und für seine Mutter und seine Schwester. Egal, für welchen Weg und welche Schritte sie sich entscheiden würden, sie hatten einander. Und das war alles, was zählte.

Adrian war froh, dass die Sportjungs bereits mit einem Schulverweis nach Hause geschickt worden waren, ohne Hoffnung auf ein Gnadengesuch. Auch würden ihnen rechtliche Konsequenzen drohen. Für den Angriff auf Lara, der Neuen, aber vor allem für den auf Melina.

Dennoch war seine Tat nicht zu rechtfertigen. Adrian hatte einfach rot gesehen. Zum Glück war nichts Schlimmeres passiert. Die Verletzungen der Jungs waren nur oberflächlich, Jonathan trug bloß ein blaues Auge davon.

Melina hatte in Notwehr gehandelt.

Adrian hatte sich für einen Angriff entschieden.

Darin lag der gravierende juristische Unterschied und dafür musste er geradestehen.

»Gut, danke, Adrian. Wenigstens besitzt du die Größe, deine Schuld einzugestehen. Bevor wir uns hier versammelt haben, gab es im Vorfeld ein kurzes Gespräch zwischen den Lehrern und mir«, sagte Direktor Ehlsberg und ließ seinen Blick über die versammelte Schülerschaft schweifen. »Wir sind zu dem Schluss gekommen, dass wir Staat X vorzeitig abbrechen und das morgige Abschlussfest, das ja gleichzeitig unser Sommerfest gewesen wäre, verschieben werden. Was alles andere anbelangt, so würden wir doch gerne eine Nacht darüber schlafen, die Ereignisse des heutigen Abends erst einmal sacken lassen und morgen ein Treffen einberufen. Wir werden eure Eltern informieren. Und vermutlich auch eine Mitteilung an die Presse herausgeben, die sich sicherlich für den Vorfall interessieren wird.« Er sah müde aus, gezeichnet. Kurz sah er Adrian in die Augen, dann fuhr Direktor Ehlsberg fort: »Jetzt wird es Zeit, dass wir alle nach Hause kommen. Morgen steht ein langer Tag an. Der erste Tag einer Aufarbeitung.« Seine Schultern schrumpften.

Wahrscheinlich würden erst die Untersuchungen der Polizei aufdecken, was wirklich alles geschehen war.

»Das hast du gut gemacht.« Melinas Schulter berührte seinen Ellenbogen, als sie sich neben ihn stellte. Ihre Nähe hatte eine beruhigende Wirkung, als hätte er sich ein paar Baldriantropfen reingezogen. »Es ist richtig, dass du die Verantwortung übernimmst, auch wenn nicht alles deine Schuld ist.«

»Doch«, antwortete Adrian, blickte zu Melina hinab und sah

wieder das kleine Mädchen, das mit einem diabolischen Grinsen seinen Sandkuchen mit der Schaufel zerstört hatte. Sie war für so viele Jahre seine beste Freundin gewesen. Etwas blitzte in den Tiefen ihrer Augen auf, eine flüchtige Erinnerung vielleicht, genau wie bei ihm. »Doch, mit mir hat es angefangen. Mit mir und meinem Ego, also musste ich das tun. Vielleicht habe ich die Taten nicht direkt begangen, aber ich war involviert, und somit war es meine Pflicht, dafür auch die Konsequenzen zu tragen.«

Als sich ihre Blicke kreuzten, spürte Adrian eine angenehme Wärme in sich aufsteigen.

Und dann sprach er etwas aus, das er sich selbst noch nicht eingestanden hatte. Es öffnete verschlossene Türen, in seinem Innern und in eine neue Zukunft.

»Ich hab dich vermisst, Kaschinski.«

»Ich dich auch, Dennenberg.«

EPILOG

*Bei Rechtsverstößen, die über die Verantwortung
von Schule als Staat hinausgehen,
gilt das Schulgesetz bzw. das Gesetz der BRD.
Der Staat, Staat X.*

Mumu wickelte sich mit einer lautstarken Begrüßung um Laras Beine, noch bevor Vincent die Tür richtig aufgeschoben hatte. Draußen war es noch hell und die Stille, die sie den ganzen Weg bis in seine Wohnung begleitet hatte, verflüchtigte sich nur langsam. Wie ein Traum, kurz nach dem Aufwachen.

Lara wollte nach dem Treffen in der Schule nicht nach Hause, sondern lieber Zeit mit ihm verbringen. Ihre Gedanken wären dann nicht so laut, hatte sie gemeint. Ihre Eltern hatten trotz Bedenken zugestimmt, was nicht zuletzt an dem Versprechen lag, sie pünktlich um 21 Uhr wieder abzuliefern.

»Ihr habt eine Katze.« Es war keine Frage, sondern eine Feststellung, wie so vieles, was aus Laras Mund kam.

»Ja«, antwortete Vincent, versuchte dabei, den Schlüssel aus dem Schloss zu ziehen. Lara war in die Hocke gegangen und streichelte behutsam das getigerte Fell. Es war das erste Mal, dass er die Möglichkeit bekam, Lara richtig anzusehen. Die Ereignisse des gestrigen Tages hatten nicht nur deutliche Spuren bei ihm, sondern auch auf ihrem Gesicht hinterlassen.

»Hat sie einen Namen?«

»Mumu«, sagte er, biss sich jedoch im nächsten Augenblick auf die Zunge. »Blümchen«, schob er schnell hinterher.

»Wie *Benjamin Blümchen*?«

»Ne, wie das Stinktier aus *Bambi*.«

Zum ersten Mal seit Vincent sie aus dem Gefängnis befreit hatte, zuckten ihre Mundwinkel in die Höhe. Erleichtert nahm er zur Kenntnis, dass auch ihr Blick wieder weicher wurde. Die ganze Zeit über, während Direktor Ehlsberg in der Aula über die Ereignisse, Aufarbeitung und die polizeilichen Ermittlungen gesprochen hatte, war ihr Gesicht wie versteinert gewesen.

Als Lara die kleine Wohnung betrat, wurde Vincent bewusst, dass er noch nie ein Mädchen mit nach Hause gebracht hatte. Etwas ungelenk nahm er Lara die Jeansjacke ab und warf sie über den übervollen Garderobenständer, auf dem sowieso keine Lücke mehr zu erkämpfen war.

»Hunger?«, fragte er.

Sie nickte und sah sich neugierig im dekorativ äußerst spärlich eingerichteten Flur um. Eine Schuhbank, ein Spiegel, ein Schirmständer. Ihr Blick blieb an dem einzigen Stück hängen, das seine Mutter kurz nach seiner Geburt auf einem Flohmarkt erstanden hatte. Einen ausgefransten Perserteppich, der an einer bestimmten Stelle deutlich heller verfärbt war. Dort, wo Vincent nächtelang neben seiner Mutter gelegen hatte, um so zu tun, als könnte der Teppich fliegen, während sie ihm Geschichten aus fernen Ländern zugeflüstert und ihm durchs Haar gestrichen hatte.

»Pizza?« Plötzlich hatte er einen Kloß im Hals.

Wieder ein Nicken. »Gerne. Tatsächlich hab ich den ganzen Tag noch nichts gegessen. Irgendwie fällt mir das seit gestern ziemlich schwer. Klingt blöd, oder?«

»Gar nicht«, erwiderte er.

»Ah, du hast Besuch«, ertönte es hinter Vincent und er fuhr zu seinem Vater herum, dessen Miene sich bei Laras Anblick erhellte.

Wahrscheinlich sah sein Vater so erstaunt aus, weil er niemals damit gerechnet hatte, so ein Mädchen in den eigenen vier Wänden vorzufinden. Und mit aller Sicherheit war er auch der einzige Erziehungsberechtigte, der heute nicht in die Schule gekommen war, aber Vincent nahm es ihm nicht übel, denn er wusste, dass sein Vater hatte arbeiten müssen. Er würde ohnehin ein ausführliches Protokoll des Treffens erhalten.

Die Enden seines Hemdes waren ihm aus der Leinenhose gerutscht und die Lesebrille kippte ihm fast von der Nase. Trotzdem sah er zufrieden, sogar hoffnungsvoll aus wie damals, als Vincent verkündet hatte, mit dem Kiffen aufzuhören.

»Lara, mein Vater. Paps, das ist Lara.« Irgendwie schaffte er es, die Worte nicht zu verknoten und sich bei der Vorstellungsrunde nicht wie ein totaler Idiot anzuhören.

»Ich habe da gerade etwas von Pizza gehört. Soll ich kurz runter zum Italiener? Kommt, ich lad euch ein.« Sein Vater redete schnell, was ihm nicht ähnlich sah, denn normalerweise war er so wortkarg wie Vincent. »Ich bringe einfach eine Mischung mit, da kann jeder was runterklauen. Was meint ihr?«

Jetzt lächelte Lara, so aufrichtig wie immer. Plötzlich erschien ihm sein Vater auch nicht mehr so alt, sondern einfach nur wie ein Mann, der die letzten Jahre mit einem verbitterten Sohn hatte aushalten müssen.

Sobald die Tür hinter seinem Vater ins Schloss gefallen war, bemerkte Vincent, dass Lara zitterte. Er konnte nicht sagen, ob es vor Angst oder Wut war, doch als sie den Mund aufklappte, klang sie eindeutig sauer.

»Wir hätten handeln sollen! Viel früher. Schon, als wir zusammen im Kino waren und mir etwas aufgefallen ist. Ich hätte etwas sagen sollen. Zu den Vertrauenslehrern gehen sollen. Aber irgendwie ... hat sich einfach keiner getraut.«

Ihre Worte spülten die Erinnerung wieder an die Oberfläche, das schlechte Gewissen und das Gefühl, versagt zu haben, breiteten sich in seinem gesamten Körper aus.

»Ja. Das ist meine Schuld.« Flüchtig fuhr sich Vincent mit der Hand übers Gesicht, um die Geister zu verscheuchen, aber dafür waren sie noch zu präsent. Allein der Gedanke daran, dass Lara im Schwimmbad angegriffen worden war ...

»Was passiert eigentlich mit Nils?«

»Ich habe gestern Abend mit meinen Eltern gesprochen und sie unterstützen mich bei einer Anzeige. Es ist wichtig aufzustehen, auch wenn man gemeinsam zur Schule geht. Das macht es zwar schwerer, aber irgendwie ...«

Sie verstummte und hob die Achseln.

Vincent nickte verständnisvoll und atmete tief aus. »Ich weiß, was du meinst. Es wird einfach dauern, bis alles aufgearbeitet wird, und auch ich werde bestimmt eine Strafe bekommen.«

»Du hast niemanden bedroht. Du hast deine Macht nicht ausgenutzt«, erwiderte Lara. Es war das erste Mal seit Staat X, dass sie so offen miteinander sprachen, und Vincent hatte Angst vor diesem Moment gehabt. Aber es fühlte sich richtig an, sich allem zu stellen. »Du hast Direktor Ehlsberg gehört, die polizeilichen Ermittlungen laufen. Einiges wird bei der Staatsanwaltschaft landen, die werden dann abwägen, wie es weitergeht. Aber ich kann mir nicht vorstellen, dass du für das, was die anderen Polizisten getan haben, bestraft wirst.«

Auch wenn sein Herz dabei so wild klopfte, dass er Angst hatte, es könnte jeden Augenblick aus seiner Brust springen. Er hatte Angst, Lara zu verlieren, wo er sie doch gerade wiedergewonnen hatte.

»Das sagst du nur so«, murmelte er.

»Nein, das meine ich so«, antwortete sie, dieses Mal energischer als zuvor. »Du hast dich dem Zusammengehörigkeitsgefühl hingegeben, ja. Aber du hast nichts Illegales gemacht.«

Vincent schluckte, rieb sich mit der Hand übers Gesicht und versuchte, das unangenehme Gefühl zu verscheuchen, das sich plötzlich an ihm festsaugte wie ein Blutegel.

Wie hatte er seine Augen nur so verschließen können? Und er fragte sich, wem man mehr Schuld geben konnte: Den Sportjungs und Adrian Dennenberg, der das alles erst möglich gemacht hatte, oder ihm, der die ganze Zeit dabei gewesen war, ohne zu bemerken, was da wirklich abgegangen war.

Lara schien seine Resignation zu spüren, denn plötzlich schlangen sich ihre Arme um seine Bauchmitte. Vincent hörte ihren flatternden Herzschlag, vergrub seine Nase in ihrem duftenden Haar und schloss für einen Moment die Augen.

»Lust auf *Lethal Weapon 3*?«

Die Stimme seines Vaters riss ihn aus der Erinnerung und Lara aus der Umarmung. Verlegen standen sie nebeneinander, während sich der köstliche Geruch von zerlaufenem Käse im gesamten Flur ausbreitete. Mumu miaute zu ihren Füßen.

Vincent sah Lara an, deren Oberlippe sich wieder so witzig kräuselte, als sie lächelte. Fragend hob er die Brauen.

»Ein Film über korrupte Cops ist vielleicht genau das, was ich jetzt brauche«, sagte sie leise, was ihm unfreiwillig ein Lachen entlockte.

DANKSAGUNG

Dieses Buch zu schreiben war eine einzige Herausforderung. Zwei Jahre, vier Perspektiven und vier völlig unterschiedliche Fassungen.

Danke an alle, die das Buch gelesen – und einen Leseknick hinterlassen – haben, nur so hat diese Geschichte wirklich gelebt!

Natürlich möchte ich an dieser Stelle ganz herzlich Frau Baiker vom Johannes-Kepler-Gymnasium Weil der Stadt danken. Als ich mich mit der Bitte an die Schule gewandt habe, ihre Verfassung »ausleihen« zu dürfen, wurde ganz demokratisch in der zuständigen Schulklasse darüber abgestimmt. Schön, dass es geklappt hat!

Aus eigener Erfahrung weiß ich, wie viel Arbeit hinter dem Projekt »Schule als Staat« steckt und wie sehr sich alle darauf freuen. Aber als Autorin hat man zum Glück die Freiheit, Wahrheiten zu verbiegen oder sehr umgangslockere Vertrauenslehrer einzubauen … auch wenn das vielleicht nicht ganz der Realität entspricht!

Ein großer Dank geht an meine Agentin, Christiane Düring. Für deine superehrliche Kritik, aber auch für deine Begeisterung an den richtigen Stellen, die Telefonate und den Glauben an mich und diese Geschichte.

Bedanken möchte ich mich auch bei meiner wunderbaren Lektorin Sarah. Ohne deinen Einsatz, diese Geschichte noch mal von vorne umzukrempeln, wäre dieses Buch niemals das, was es jetzt ist.

Insgesamt möchte ich allen vom Loewe Verlag danken, die sich so tatkräftig hinter den Kulissen für dieses Buch eingesetzt haben. Insbesondere Jeannette Hammerschmidt für die Plotarbeit und Jessica für das tolle Cover!

Danke auch an meine Betaleserinnen und die Autorinnen, die mich jetzt schon seit mehreren Jahren begleiten. Allen voran Lisa, die die richtigen Worte findet. Michaela, für viele kritische Fragen. Jessica, dieses Mal als Sensitive-Reader. Nina, weil du diese Geschichte so magst. Laura, für dein offenes Ohr. Yvonne, dafür, dass sie immer recht hat. Mona, für die Word-Wars der ersten Fassung. Bianca, für den leckersten Schokoladenbrownie in Edinburgh, und Lola und Sabine, für eure Zeit.

Danke an meine Freunde und Familie, auf die ich mich verlassen kann. Mama und Oma, für viel zu viele russische Volksmärchen. Ganz besonders möchte ich den Bsouls danken, die mich stärken, immer zu mir stehen und mir den Rücken freihalten.

Mein größter Dank gilt aber meinem Mann. Danke für dein Verständnis, den unerschütterlichen Glauben an mich, das Essen vom Koreaner, wenn der Abgabetermin naht, und all die kleinen Dinge dazwischen.

Carolin Wahl wurde 1992 in Stuttgart geboren, fühlt sich aber in anderen Ländern genauso zu Hause wie im Schwabenländle. Reisen und Geschichten erzählen gehören seit der frühesten Kindheit zu ihren großen Leidenschaften. Egal, ob die fremden Welten zwischen zwei Buchdeckeln oder ein paar Flugstunden entfernt liegen. Nach einem Germanistik- und Geschichtsstudium in München und einem längeren Aufenthalt in Edinburgh erkundete sie mit ihrem Ehemann mehrere Länder und Städte: von der Ost- und Westküste Nordamerikas über den asiatischen Großstadtdschungel bis hin zu versteckten Wasserfällen auf der Isle of Skye. Für ihre Texte wurde sie bereits mehrfach ausgezeichnet. Heute lebt die Autorin wieder in ihrer Heimatstadt.